U0105548

# 明清之際士大夫研究：
# 作為一種現象的遺民

趙園　著

# 目次

# 遺民論

## 第一節　論「遺」

### 辨析與界定

　　我首先注意到明清之際以至清代「明遺民論者」所熱中的諸種辨析，其基本動力不像是理論興趣。中國士人在人倫衡鑒上，有無窮的熱情與豐富的經驗累積，但與遺民有關的辨析又似非僅僅出諸上述熱情。

　　首先是「遺」、「逸」之辨。

　　儒家經典似並無「遺」、「逸」這一種區分。陳垣《明季滇黔佛教考》說：「昔孔子論逸民有三等，曰不降其志，不辱其身，伯夷、叔齊歟，此忠義傳人物也。謂柳下惠、少連，降志辱身矣，言中倫，行中慮，此隱逸傳人物也。謂虞仲、夷逸，隱居放言，身中清，廢中權，此方外傳人物也。」接下來說「明遺民」，「剃髮可謂降志辱身矣，然苟不仕，君子猶以為逸也」（卷五第 262 頁）。這裏說「逸民」，仍然以「逸」通「遺」。明清之際的論者，對「逸」、「遺」，卻辨之特嚴。[1]歸莊序時人朱子素《歷代遺民錄》，特為指出朱子素用意

---

1　也仍有例外，如屈大均就不大關心其間的區分。「逸民」的原型是由儒家經典提供的。屈大均當著自我闡釋時，仍直接利用有關的思想資源，「取孔子所稱隱者錄為一編，名曰『《論語》高士傳』」，並以「七人之堂」名其堂（參看《翁山文外》卷一《七人之堂記》。按「七人」即《論語》中的儀封、晨門、荷蕢、楚狂接輿、長沮、桀溺、丈人）。

之異於聖人：「孔子表逸民，首伯夷、叔齊，《遺民錄》亦始於兩人，而其用意則異。凡懷道抱德不用於世者，皆謂之逸民；而遺民則惟在廢興之際，以為此前朝之所遺也。」「故遺民之稱，視其一時之去就，而不繫乎終身之顯晦，所以與孔子之表逸民，皇甫謐之傳高士，微有不同者也」（《歸莊集》卷三第 170 頁）。上述區分當歸莊撰寫此序時，已屬常識性見解，所以鄭重申述，無非出於遺民自我詮釋的衝動。

至於到全祖望的那個時期，混淆卻可能出自複雜的動機，故而對明遺民事蹟特具興趣的全氏，認為有強調其間區分的必要。全祖望在其《移明史館帖子五》中說：「惟是隱逸一傳，歷代未有能言其失者。少讀《世說》所載向長、禽慶之語，愛其高潔，以為是冥飛之孤鳳也，及考其軼事，則皆不仕新室而逃者，然後知其所謂富不如貧、貴不如賤，蓋皆有所託以長往，而非遺世者流也。范史不知其旨，遂與逢萌俱歸逸民，於是後之作史者，凡遇陶潛、周續之、宗炳之徒，皆依其例，不知其判然兩途也」（《鮚埼亭集》外編卷四二）。全氏意在借諸體例「史法」標明價值、意義，著眼在其人「道」之不同。他因《潤上徐先生祠堂記》（稽田）：「稽田抱劉琨祖逖之志，而又欲雪其王裒之恥，故終身冥行不返家園。」「且由是而知先生之高蹈，非石隱者流也」（《鮚埼亭集》卷三〇）。你由全氏對此的強調，可以相信其人尚未出「明清之際」的語境。

李楷（叔則）《宋遺民廣錄序》開頭就說：「遺民非逸民也」（《河濱文選》卷四）。「遺」、「逸」之辨的必要性，多少繫於後世（即孔子之後之世）士人對「逸」的評價態度的變化；這種變化在宋元以來的理學氣圍中得到了強化。在理學人物，問題的敏感處無非在「逸」這一語詞所提示的人生態度。丁元薦說過：「處亂世吾得二人焉，一曰管幼安……其一文中子，教授河汾，陶鑄諸將相才為文皇用，所為隱

居求志，非沮溺倫也」（《西山日記》卷下《日課》）。到易代之際顧炎武的說文中子，王夫之的論管寧，著眼處也在其人處亂世的積極姿態，即隱而不逸。

在傳統語境中，與「逸」相對待的是「仕」；「逸民」是以不仕為標記的。當王夫之說「雖衰世之朝廷，猶賢於平世之草野」（《周易內傳》卷二，《船山全書》第 1 冊第 205 頁）時，固然由「士的造就」著眼，卻明白無誤地表明瞭他關於「仕」的價值態度。既然以為君子「以仕為道」，王夫之對世俗所稱的隱者（多屬「逸民」）即少所許可，對「隱」也界定特嚴。他說：「遁非其時，則巢、許之逃堯、舜，嚴光、周黨之亢光武也；非其義，則君臣道廢，而徒以全軀保妻子為幸，孟子所謂小丈夫也」（同書卷三第 291 頁）。「遇難而恣情曠廢，無明道之心，志節雖立，獨行之士耳，非君子之所謂貞也」（同卷第三一一頁）。[2]王夫之論「潛德」，涉及了其時士夫的諸種生存情境。其賦予其所謂「退」、「處」、「遁」的含義之積極，尤能見出他本人的儒者面目——終極目標既是「龍德」的達成，而「處」與「出」均之為「憂入聖域」的路徑。大致同時的顏元，對《論語·微子》篇所記逸民頗不謂然，說：「天為世道人心生聖賢，原不是教他『逸』的。七先生身份各有一定的，可不可便各自成一高品，而不做擔當世道、勞濟生民的人，故曰『逸民』」（《顏元集》第 226 頁）。

---

2　《讀通鑒論》談「嚴光之不事光武」，以為「隱之為言，藏道自居，而非無可藏者也」，結穴在君子「以仕為道」，因而嚴氏不足法上（卷六第 231 頁）。《宋論》更說及以嚴光等為高尚的流弊：「故嚴光、周黨、林逋、魏野之流，使出而任天下之重，非徒其無以濟天下也，吾恐其于忠孝之誼，且有所推委而不能自靖者多也。誠一弛而不欲固張，則且重抑其情而祈以自保，末流之弊，將有不可勝言者矣」（卷一〇第 254-255 頁）。這與王氏關於恬退、無「嗜欲」之足以銷蝕「生氣」的說法相通。在儒者看來，士的「隱」「見」「出」「處」只繫於「道」。劉宗周《論語學案二》：「有道而不見，必其道不足以見者也，可恥也。無道而不隱，必其道不足以隱者也，可恥也」（《劉子全書》卷二九）。

　　處思想活躍取向各異的明清之際，即使同為儒者，也仍有著眼處
的不同。黃宗羲以為如嚴子陵的不樂仕進，雖像是無關於「道」，仍
對士人有風示意義，大有益於世道人心。[3]孫奇逢甚至不諱言「逸」
之為目標，他自說其所撰《李逸士傳》，曰：「傳稱逸士者，以其不係
籍於士而欲遺之，遺所以成其逸也。遺其名正欲逸其心也。」「士必
先遺聲利而後能逸。遺聲利矣，稍有憤激於貧賤之念，而心已為貧賤
所役，是亦不得逸也」（《夏峰先生集》卷五）。在這種表述中，「逸」
儼然是較之「遺」更高的境界，而「遺」則是成「逸」的條件，表現
為不囿於道德眼界的對人生境界的追求。他本人或者也是因「遺」而
「逸」者。朱鶴齡則以出諸「性分」的「逸」為高。他說：「范蔚宗
之論逸民，以親魚鳥、樂林泉歸之，性分所至，非可矯飾為也」（《愚
谷詩稿序》，《愚庵小集》卷八第 405 頁）。其《竹笑軒詩集序》曰：
「介白為人，峭岸不為俗所喜，蓋馮敬通、梁鴻、趙壹一流。山居之
後，不異頭陀，鍾夕香朝，意頗自適，猶之淵明，隱逸自出天性，非
盡以不臣劉裕為高也」（同上第 411 頁）。僅由此看來，朱氏並不願附
和時論，強調隱逸的政治含義，而寧堅持傳統的品藻尺度，以所謂
「逸品」為難得。只不過當此之際，「逸」之不易，「處」的不得已，
不能不是更普遍的經驗。在經濟壓力與政治羈縻下，朱氏所欣賞的
「逸品」也難得存活。張履祥當勞頓窮乏之餘，就喟歎道：「古稱
『逸民』、『處士』。今『民』矣，何從得『逸』；『處』矣，有愧於
『士』，其如之何哉！」（《與陸孝垂》，《楊園先生全集》卷六）

---

3　《前鄉進士董天鑒墓誌銘》曰：「嚴子陵不樂仕進，非曲避以全道也。彼『俊、
　　及、顧、廚』之黨人，亦未嘗憔悴江海之上。兩者似不相蒙，而君子溯流窮源，以
　　為東漢之名節始於子陵。萬曆之後，吳中歸季思、張異度、李長蘅皆早謝公車不
　　赴，此是自甘淡薄，亦復何關天下事，人乃目之為清流？」（《黃宗羲全集》第11冊
　　第49頁。歸季思）與王夫之所見不同。

　　「必也正名乎！」遺民的身份確認，本也繫於視角，繫於論者所處的位置與論旨。著名的宋遺民謝枋得，就在其著名的「卻聘書」中用了調侃的口吻說道：「今既為皇帝之遊民也，莊子曰：『呼我為馬者，應之以為馬；呼我為牛者，應之以為牛。』世之人有呼我為宋逋播臣者，亦可；呼我為大元遊惰民者，亦可；呼我為宋頑民者，亦可；呼我為皇帝逸民者，亦可……」（《上丞相留忠齋書》，《謝疊山先生文集》卷二）[4] 不消說，謝枋得意欲宣洩其亡國之民的悲憤，但事實確也如通常的那樣，界定、歸類，總不免於將對象清晰化有時也片面化了。「遺民」也如其它命名，是以抹煞差異、簡化事實為代價的。這或多或少也是「易代」這一特殊歷史情境的結果：急劇的歷史變動造成極態，鼓勵兩極對立的思維方式，在「澄清」的同時將現象化簡。實際生活卻永遠瑣細而繁複。即如「遺」與「逸」在具體的人那裏，界限即未必易於劃定。強調區分，或也正因其相關。事實上作為一種生活方式，「遺」與「逸」幾無分別——「遺」之為生活方式（以及表達方式），是直接由「隱逸傳統」中承襲的。也正因此，才會有下文將要說到的後代遺民那裏創造性的匱乏。遺或者逸作為一種運算式，作為一套語彙、一種語義系統，在重複運用中不可避免地凝固化了。士的選擇受制於其早期歷史所提供的模式——僅由遺民史也可以證明。我在下文中還將不斷說到這一點。

　　至於明清之際士人有關「遺」、「逸」的界說，其重要依據是時機；正是時機，有可能掩蓋了「個案」的豐富性。如孫奇逢，明亡之前即已「知世事不足有為，早謝公車，先後十辭朝命」，其為「徵君」，非自清始，即使不遭逢易代，也未必不「逸」，不妨視為老牌逸民。傅山也如孫奇逢，因屢試不中，明亡前已無意仕進，以至制黃

***

4　謝枋得的「卻聘書」另有同書同卷《上程雪樓御史書》、《與參政魏容齋書》等。

冠、衲頭，師事還陽真人。[5]明遺民中由明末到清初，一以貫之地不
應徵召的，就頗不乏其人（儘管其不應徵召的理由仍有不同）。這也
讓人想到，易代之際的「遺」未見得全由時勢所迫成，也有可能基於
其人的政治經歷與士人傳統的生存哲學。

　　一時名遺民中，很有幾位不願人以「山林枯槁之士」目之，拒絕
以「高尚」為標榜的。傅山譏諷道：「高尚名歸義士羞，只緣人見彼
王侯。鉤除巢許嚴陵老，隱逸真堪塞九州」（《口號十一首》，《霜紅龕
集》卷一三）。孫奇逢屢說「有龍德者然後可以隱」（如同書卷一三
《語錄》）。他說他本人「跡似於隱而實非隱也，病也」（《報陳渾
水》，《夏峰先生集》卷二），將此話題由明末直說到清初，顯示了其
人生姿態的一貫。他說「世有不可必之行，而我無不可必之藏，所謂
隱顯一致耳」（同書卷四《中州人物考序》）。陳確也辭「隱者」之
名，說：「迨亥、子年間，確自以老於諸生，因病告退，初非好高」
（《哭長翁叔父文》，《陳確集》第 345 頁）。其不以「棄舉子業」為標
榜，也應出於另一種潔癖。其說「出—處」，正與孫奇逢的說「隱」
相映成趣。「如志非石隱，便應將經世事宜，實實體究，務求有用。
一旦見知於世，庶有以自效，使斯世見儒者作用，斯民被儒者膏澤，
方不枉讀書一場」（《四書反身錄・論語下》，《二曲集》卷三六）。也
正是其人的面目。當著「遺」已成時尚，拒絕以「隱」、「遺」邀譽，
高自標置，不苟同時尚的價值觀，拒絕將遺民方式與遺民道德普遍
化、絕對化——儒者也以此實踐其所謂「存誠」的吧。

　　在士的歷史上，「隱逸」之為傳統，大大擴展了士的生存空間，
從而也使得士與當道的關係、士在王朝政治格局中的角色地位複雜化

---

5　丁寶銓輯《傅青主先生年譜》曰：「先生自壬午服冠衲，及經國變，遂不復釋」
　　（《霜紅龕集》第1304頁。壬午，崇禎十五年）。傅山訓子侄，也「以隱德為家法」
　　（《家訓》，同書第705頁）。

了。歷史生活中的「隱逸」在上述背景下，確又不只是個人化的生存
態度、生存方式。至於「遺民」，更有可能將「遺」作為表達，將某
種語義強化——不止強化其政治含義，而且借諸「易代」，以強化的
方式表達對於士之為「士」的理解，對於士的獨立性、士的選擇自由
的理解。這也因此不能不是語義嚴重的表達。

　　有關遺民的辨析並不止於「遺」、「逸」。屈大均不滿於僅由
「出」、「處」論遺民（或「逸民」），以為尚需依其「學」為甄別，他
本人即以學黃老、方術，「失足於二氏」者的身份為可疑，甚至對陶
淵明也不盡佩服（「昔朱子謂陶淵明古之逸民，然所說者莊老。噫
嘻！先儒已惜之也。」參看《翁山佚文輯》卷中《書逸民傳後》）。至
於陳確的不以「處」為遺民境界的完成，認為處士尚需「擇道而行」
（參看其《道俗論上》，《陳確集》第 169-170 頁），也正是其一貫思
路。那是一個有識之士自我審視的時期。王夫之對士的出處去就的思
考，表現出不囿於時論的獨特性。孫奇逢、陳確的不取無條件的
「處」，拒絕將遺民方式與遺民道德普遍化，也顯示了較為開闊的歷
史文化視野。

　　同屬「遺」，還有遺世與否的區分。遺民論者往往發揮《易》
「遯」之義，而那詮解有時正見出各人的定位、選擇。孫奇逢一再申
明其無意於遺世獨立。其 79 歲時《自贊》道：「雖入山，非閉戶；雖
避地，非絕塵」（《夏峰先生集》卷九），避高隱之名若浼。其《遯義
衷集序》辨「闢世」與「遁世」，曰：「若問闢世與遁世之義，予曰：
闢世必隱，遁世不必隱。闢則入山惟恐不深，古人所以有不留姓字於
天壤者是已；遁世則如天山之兩相望而不相親，聖人處此，唯有不悔
而已。闢世高，遁世大，此聖人、賢者之所由分也。」「從來處士而
盜虛聲，皆無所挾以自固耳。荷蕢丈人一流，總謂之辟世，夫子序列
於《論語》中，未嘗不高其誼。至序逸民，不降不辱、中倫中慮、中

清中權，皆遁之義也。遁之途寬，故遁之義大」（《夏峰先生集》卷四）。亦可知孫氏之取義。下文還要談到，孫氏何止不遺世，他處清初之世的姿態無寧說是相當積極的。他的以邵雍、劉因等為儀型，豈不意味深長！他說：「陳太邱、郭林宗、管幼安、陶淵明、王文中子、周濂溪、邵堯夫、劉靜修，不亢不悔，皆隱而蘊行之趣，未可與山林枯槁之士律論也」（同書卷一三《語錄》）。

更細緻的辨析往往略過模糊籠統的「遺」、「逸」一類名目，而關心其人的品位、等第（文化・道德）。這一種辨析本是士大夫所長；出諸遺民，則通常隱含著自我形象塑造的用意。事實上，明遺民中真正深刻的區分，確也是以選擇的個人性、以各個人的自我界定、詮釋為根據的。無論「遺」還是「逸」，從來都非「一道」。程頤即說：「士之自高尚亦非一道：有懷抱道德，不偶於時，而高潔自守者；有知止足之道，退而自保者；有量能度分，安於不求知者；有清介自守，不屑天下之事，獨潔其身者」（《周易程氏傳》卷二《周易上經下》，《二程集》第 793 頁）。張爾岐說：「古來隱逸，差等極多。《漸》之上九曰『可用為儀』，《蠱》之上九曰『高尚其事』。此豈處士純盜虛名者比哉？不然，販夫菜傭絕意仕進，亦可以高士目之矣」（《蒿庵閒話》第 394 頁）。傅山對「不事王侯，高尚其事」也有別解（參看《霜紅龕集》第 833 頁），其對「高尚」詮釋亦嚴。王夫之《宋論》也說：「夫隱，非漫言者。考其時，察其所以安於隱，則其志行可知也。以其行求其志，以其志定其品，則其勝劣固可知也」（《船山全書》第 11 冊卷三第 96 頁），應與其流品論並讀。王夫之力圖釐定的，無非是品類之別，因而其對隱逸對處士，都不主張做一概之論，而務為細緻的區分（情境，動機，其有關行為對當世的意義，等等），他的自我期許、自我界定也正在其中。

分類及命名，本是通常的辨析手段。《讀通鑒論》辨「徵士」之

名實，更像是有施之於近人近事的針對性：「被徵不屈，名為徵士，名均也，而實有辨。守君臣之義，遠篡逆之黨，非無當世之心，而潔己以自靖者，管寧、陶潛是也。矯厲亢爽，恥為物下，道非可隱，而自旌其志，嚴光、周黨是也。閒適自安，蕭清自喜，知不足以經世，而怡然委順，林逋、魏野之類是也。處有餘之地，可以優遊，全身保名而得其所便，則韋夐、種放是也。考其行，論其世，察其志，辨其方，則其高下可得而睹矣」（《船山全書》第 10 冊卷一八第 673 頁）。這更可讀作一篇時論。[6]王氏在此提到考察遺民的「行」、「世」、「志」、「方」諸原則；參以王夫之的其它議論，他似更注重其人「志之所存」，力圖消除因「跡」近而致的混淆。易代之際的月旦品核，較平世或更有其苛刻，甚至「死義」、「死事」者也不能免。關於遺民，雖全祖望在其《移明史館帖子五》中以為「若概以忠義之例言之，則凡不仕二姓者，皆其人也」，上述遺民卻不欲人僅據「不仕」而做一概之論。甄別與辨析，也是撰寫遺民傳狀、輯「遺民錄」者為自己提出的任務。[7]

正是大量的明遺民傳狀使人看到，「隱逸傳統」不但提供了士在仕之外的另一選擇，而且累積了有關的理解、詮釋，以至相應的敘事模式。因而如「明清之際」這種特殊歷史情境中的士的姿態，關連著士的全部歷史。無寧說「遺」是士的存在方式，是士之為士的一種證明。桃花源中人賴有偶然際遇，「逸」、「遺」則出諸選擇，唯士才能有的選擇。「選擇」是士的特殊自由，也即其特殊困境，以致其痛苦

---

6 王夫之的有關辨析尚見於同書第231、293-294、810頁等。

7 據乾隆《嘉定縣志》卷一一《藝文志・書籍》目所載朱子素《與友人論文書》，朱氏《歷代遺民錄》即有「孤臣」、「高義」、「全節」、「貞孝」、「知幾」、「潛德」、「散逸」諸類。分類標準未見得統一，「等次」卻在排列順序中：也屬於文本常見的表意方式。

之源。在這種意義上可以認為，「遺民」以特殊情境，將士的角色內容呈示了。甚至可以說，遺民未必是特殊的士，士倒通常是某種意義、某種程度上的遺民。因而可以視為下文將要談到的遺民現象的時間性的補償的，正是「遺」作為士與「當代政治」的一種關係形式，作為士的政治—人生選擇，作為士的生活方式、價值態度的普遍性。你由此可以相信，「遺民」擁有極為廣闊的歷史文化背景；其在士的大傳統之中，並有力地詮釋著這大傳統。

## 意義論

遺民作為劫後餘生，其生存意義被認為尤有待於論證。下述「意義論」即是遺民自我認同的必要條件。

有關遺民生存意義的論證，通常在與「忠義」的比較中展開，此種比較正是明清之際遺民論的敏感之點。清楊陸榮撰《殷頑錄》，以死為取捨尺度，「棄官歸隱野服逍遙者」不收，「雖大節無虧而不死者不錄」，其所謂「殷頑」即其它史著中的「忠義」；而「野服逍遙」一類說法中包含的評價態度，是不難感知的。「忠義」、「遺民」的名目，有時確也不止被用於區分不同情境，且被用於標明等次。《讀通鑒論》說處亂世的四種情勢與選擇：「去之」，「捐胠領而報宗」，「待時而有為」，「易姓名，混耕釣，以全身而延支裔」。王夫之以「去」為合於「義」，以捐生為「尚」，對最後一途則無明確評價（卷一四第537頁）。遺民本人的論忠義、遺民，亦未始沒有等第區分。

此種區分由正史的體例予以認定；到全祖望提出質疑時，似早經相沿成習。全氏《移明史館帖子五》肯定了《宋史》「忠義傳序」所謂「世變淪胥，晦跡冥遁，能以貞厲保厥初心，抑又其次，以類附從」為「發前人未發之蒙」。而今人莫名所以的是，《宋史》列傳十卷

「仍只及死餒仗節諸君，未嘗載謝翱、鄭思肖隻字」，足證偏見之深不可拔。且此《宋史》之「忠義傳序」，也正是一篇「等差」論：分別忠義之死為「上」，為「次」，而以「毀跡冥遁」為「又其次」。也應因有見於此，全氏更慷慨言之：「則西臺之血，何必不與萇弘同碧；晞發白石之吟，何必不與采薇同哀！使必以一死一生遂岐其人而二之，是論世者之無見也。且士之報國原自各有分限，未嘗概以一死期之。」「倘謂非殺身不可以言忠，則是伯夷、商容亦尚有慚德也。」的是一篇有力的意義論，儘管仍不足以影響《明史》的編纂體例。

持論與全氏相近者自不乏其人。《碑傳集補》卷三六《高士戴耘野先生祠堂記》一文即以為「自古玄黃之際，忠臣義士不為捐軀湛族，則為遠引高蹈，或韜影滅響留其身以行己之志，二者蓋未易言輕重矣。」孫奇逢也說「死」與「遁」倘「有攸當」，「同歸於仁」（《寄王生洲》，《夏峰先生集》卷二）。明清之際士人闡發此義，通常以宋人為現成的論據，如錢謙益以為「世有皋羽、聖予其人，誠令與履善、君實比志而■功，其為斯世之砥柱則一也」（《張子石六十壽序》，《牧齋有學集》卷二三第 930 頁。按聖予，龔開；履善，文天祥；君實，陸秀夫）。

蔣臣《徵君劉公伯宗行略》比較劉城（伯宗）與吳應箕（次尾），論生死難易，曰：「次尾既以義勇奮發，不忘喪元，如田橫客烈烈以死，覆巢之下無完卵矣，幸賴伯宗存濟其家，教養其孤，俾無顛。非一死不足以成次尾，然而所以處伯宗者，則更難矣」（見《嶧桐集》）。近人繆荃孫序《貴池二妙集》，正沿用了上述說法：「吳先生正命後，掩遺骸、恤遺孤、編遺著，後死之責，劉先生獨為其難，不以一死一生而人遂謂之不同也。」這是常見的遺民價值論之一種。

論遺民生存價值有進於此的，即如所謂「繼志述事」。清人葉燮

《徐俟齋先生墓誌銘》曰：「然使先生從文靖公死於五十年之前，則夫子同盡固烈，而繼志述事之義缺焉，於經事知宜、權事知變猶未盡善」（羅振玉輯《徐俟齋先生年譜·附錄》。徐俟齋，徐枋）。「繼志述事」較之「存宗」、撫孤之類，自被認為有更高的價值；其說也仍未出忠義遺民意義比較的範圍。

遺民的自我價值詮釋、意義期待尚不止於此。「存明」就比「存宗」分量為重。全祖望撰吳鍾巒事狀，引吳氏語，說所以為「存」、「亡」，將有關的邏輯表述得最為明白：「事去矣，是非其力所能及也，存吾志焉耳。志在恢復，環堵之中，不污異命，居一室是一室之恢復也。此身不死，此志不移，生一日是一日之恢復也。尺地莫非其有，吾方寸之地終非其有也。一民莫非其臣，吾先朝之老終非其臣也。是故商之亡不亡於牧野之倒戈，而亡於微子之抱器，宋之亡不亡於皋亭之出璽，而亡於柴市之臨刑。國以一人存，此之謂也。」「是靖節千古存而晉未始亡也」（《鮚埼亭集》外編卷九）。以「國」的存亡寄之於「其人」。吳鍾巒更以為「商亡而首陽采薇之歌不亡則商亦不亡；漢亡而武侯出師之表不亡則漢亦不亡；宋亡而零丁、正氣諸篇什不亡則宋亦不亡……」將意義論推演至極精妙的境界，卻也因此更像是詩意表述。

上述論證為遺民提供了強固的信念基礎，使其於亡國後的文化創造（經史之學、詩文創作等），均由「存明」獲取了意義解釋。張自烈《瀹寧齋集序》：「先生不幸居後死之地，忘疾餒，外非譽，孳孳著書辨惑不遑暇，可謂獨任其至難……非鄉者慟西臺、鍘鐵函，區區絕群齎恨，為足以盡先生也」（《芑山文集》卷一二。按《瀹寧齋集》，李清著）。在張氏，不啻自道、自許。

於「存明」—「存天下」外，尚有「存心」—「存天下」的一種邏輯。明清之際的士人借鄭思肖的《心史》自言其志，通常的說法是

「此心不死,即天地常存」。屈大均就說過「心存則天下存」(《二史草堂記》,《翁山文鈔》卷二)。屈氏還說到過「存道」與「存天下」——令人可感其時儒學的廣被。[8]至於遺民生存的道德意義,則一向被認為不限於一時一世。王夫之曰「陶令之風,不能以感當時,而可以興後世,則又不可以世論者也」(《讀通鑑論》卷一七第 624 頁)。上文說到「遺」、「逸」之辨。在風世這一點上,「逸」與「遺」的功用不妨其同。《梁史》的「處士論」說:「夫可以揚清激濁,抑貪止競,其惟隱者乎!」王夫之也說:「逸民不樂在朝廷而輕爵祿,所以風示天下,使知富貴利達之外,有廉恥為重,則冒昧偷安之情知所懲,而以正人心、止僭濫者,其功大矣」(《周易內傳》卷二,《船山全書》第 1 冊第 193 頁)。傳統的隱逸論為遺民的生存意義提供了論證。

王夫之的表述有進於此者。他論管寧,說:「其用之也隱,而摶挽清剛粹美之氣於兩間,陰以為功於造化。君子自揭其才以盡人道之極致者,唯此為務焉。有明王起,而因之敷其大用。即其不然,而天下分崩、人心晦否之日,獨握天樞以爭剝復,功亦大矣。」他甚至以為「漢末三國之天下,非劉、孫、曹氏之所能持,亦非荀悅、諸葛孔明之所能持,而寧持之也」(《讀通鑑論》卷九第 346 頁)。不止於「風世」,而且是「持世」,「潛」之關係世道大矣哉!而「盡人道之極致」,則是唯他這樣的儒者才能懸的價值目標。王夫之關於士所擁有的道德力量的信念,正可自注他本人的自我期許與使命承當。[9]

---

8　《翁山佚文輯》卷中《書逸民傳後》:「……逸民一布衣韋帶之人,曷能存宋?蓋以其所持者道,道存則天下與存,而以黃老雜之,則亦方術之微,烏足以係天下之重輕乎?」「世之蚩蚩者,方以一二逸民伏處草茅,無關於天下之重輕,徒知其身之貧且賤,而不知其道之博厚高明,與天地同其體用,與日月同其周流,自存其道,乃所以存古帝王相傳之天下於無窮也。」

9　以一人而關「天下」,這裏向有「非常之士」的一份自信。劉獻廷是明遺民中的奇人。王源《劉處士獻廷墓表》推重劉氏,正以「天下」為說:「生死無關於天

　　王夫之更以保存故國文獻，為遺民生存的大意義所在。他在其史論中一再說及此義，如曰：「士生禮崩樂圯之世，而處僻遠之鄉，珍重遺文以須求舊之代，不於其身，必於其徒，非有爽也」（《宋論》卷二第 61 頁）。說陳咸之「以生存漢」，「悉收漢之律令書文壁藏之」（《讀通鑑論》卷五第 209 頁），說公孫述「儲文物以待光武」、「存什一於千百，俾後王有所考而資以成一代之治理」（同書卷六第 240 頁）——也可自注他本人易代之際的選擇。[10]顧炎武著書以「待王者起」，黃宗羲著書而「待訪」，王氏稱許「儲文物以待」者，無不根於儒者有關「道統」—「治統」的固有思路。」[11]王夫之所謂「儒者之統，與帝王之統並行於天下，而互為興替」，所謂「帝王之統絕，儒者猶保其道以孤行而無所待，以人存道，而道可不亡」（《讀通鑑論》卷一五第 568 頁），應是其時有關遺民生存意義的最積極也最有力的論證。你在這裏強烈地感覺到了儒學、理學之於士人的精神支撐。隆、萬間呂坤著《呻吟語》，說「天地間惟理與勢為最尊。雖然，理又尊之尊也。廟堂之上言理，則天子不得以勢相奪。即相奪焉，而理則常伸於天下萬世。故勢者，帝王之權也；理者，聖人之權也。帝王無聖人之理，則其權有時而屈。然則理也者，又勢之所恃以為存亡者也。以莫大之權，無僭竊之禁，此儒者之所不辭，而敢於任斯道之南

---

者，不足為天下士；即為天下士，不能與古人爭雄長，亦不足為千古之士。若處士者，其生，其死，固世運消長所關，而上下千百年中不數見之人也」（《居業堂文集》卷一八）。

10　他本人對此說得很明白。他因漢的龔勝、陳咸，說士大夫當亡國之際的兩種選擇，即「自靖」與保存故國文獻以存故國：「勝以死自靖，咸以生存漢」，「微二子，吾執與歸？」（《讀通鑑論》卷五第209頁）

11　陸世儀也說：「……若時不可為，道不可行，則潔身去國，隱居談道，以淑後學，以惠來茲，雖高爵厚祿有所不顧。蓋天下之所繫者大，而萬世之所繫者尤大也」（《與張受先先生論出處書》，《論學酬答》卷一）。

面也」（卷一之4）。[12]

　　至於遺民的處「遺民」，自然因人而異，這是本書以下章節所要說到的。

## 第二節　遺民史述說

　　儘管《大雅‧雲漢》曰「周餘黎民，靡有孑遺」，[13]述遺民史，通常仍以「商周之際」為始點。到本書所論這一時期，「商周之際」因了儒家經典更因歷代士人對經典的詮釋，早已被賦予了原型意義：由文王、武王、紂，到王子比干、箕子、微子、伯夷、叔齊，幾乎包括了朝代更迭中由君到臣的諸種角色。其中的箕、微、夷、齊，則被作為士人處易代之際可供選擇的型範。

　　遺民自我指陳通常採用較為曲折的方式，其中就包括使用下文將

---

12 遺民之為選擇與上述遺民論，或可視為對明代士風的反撥。有明一代，士習的「躁競」，士人的熱中，屢為有識者所批評。王夫之就說過，因為「襄中士大夫不為君用」之律，而「安車蒲輪之典曠廢不行」，致使士人心理行為趨於「猥賤」。「昭代無隱逸」，是被他作為一種時代病而談論的（參看《搔首問》，《船山全書》第12冊第626頁）。易代之際士人仕南明小朝廷、仕新朝如恐不及，稍有操守者無不引以為恥。黃宗羲《萬悔庵先生墓誌銘》記及當日江左士人「皆乘時獵取名位」（此處當指南明朝廷名位）；清兵渡浙，「一時士人諱言受職，皆改頭換面充賦有司」。《戶部貴州清吏司主事兼經筵日講官次公董公墓誌銘》中也說：「江東內附，異時宦為大官者皆自削去，舉人則復求會試。」（均見《黃宗羲全集》第10冊）《明季南略》卷一〇「張獻忠陷蜀」及「附記」記張氏「懸榜試士，諸生遠近爭赴」，為張氏所屠，以致「蜀中士類俱盡」，極具諷刺性。傳聞或有誇張，文字間士的恥辱感卻是令人感得真切的。因而遺民的遺，尤其遺民的說「遺」，又可讀作明清之際士人一種特殊形式的歷史省思的。

13 錢基博序孫靜庵《明遺民錄》，曰：「吾讀《大雅》，至《雲漢》之詩，曰：『周餘黎民，靡有孑遺。』信斯言也，是周無遺民也，說者疑焉。」「當是時也，鎬京舊民，雖有一二眷念故國者，然而息虜廷，被髮左衽，以墜天常，用夏變於夷，雖曰無遺民，可也」（孫靜庵著《明遺民錄》附錄《原序》第370頁）。

要談到的一系列象喻。遺民所述「遺民史」，通常即遺民視野中的
「歷史」；而遺民的由歷史情境取喻，又構成了他們有關遺民史的特
殊敘說。明清之際有關遺民的言說之豐富，確也涉及了一整部遺民
史。而被反覆稱引、言說，作為型範的，除夷、齊外，尚有陶淵明、
范粲、袁閎，[14] 以及著名宋遺民謝翱（皋羽）、鄭思肖（所南）、龔開
（聖予）、謝枋得（疊山）、汪元量（水雲）等。出諸遺民的「遺民史
論」，是遺民用以自我界定、詮釋的常用方式；其遺民史興趣，正在
於尋求自我象徵，以至尋求將自身經歷納入史述的途徑。全祖望《跋
吳稚山歲寒集》（《鮚埼亭集》外編卷三一），說當吳鍾巒尚在海上之
時，就「合累朝革命之際仗節死者，自孤竹兩公子始，合為一集，題
曰歲寒松柏，而陶淵明、謝皋羽之徒則附見焉」。

　　其時遺民語境中的殷、周，與正統史述大異其趣。當明遺民以
「殷頑」自喻時，他們有意無視前此史家有關商周易代的評價。他們
甚至或明或暗地指孔子為殷遺。《讀通鑑論》曰：「孔子，殷人也，而
用殷禮，示不忘故也。然而泫然流涕，則聖人之情亦見矣」（卷七第
252頁）。屈大均的說法更直截了當。他說：「然夫子嘗自謂殷人，而
嘗冠殷章甫之冠。夫子生周中葉，而不忘殷所謂逸民者，抑夫子之自
謂歟？嗟夫！夫子誠殷人也……」「則商頌者，孔子之家乘者也。孔
子於《詩》存商頌，不敢忘其祖也」（《麥薇集序》，《翁山文鈔》卷
一）。此種遺民論確乎別出心裁。上述對「殷頑」的評價態度，為史
家所認可。全祖望《明故張侍御哀辭》（《鮚埼亭集》卷八）說：「周
之頑民，皆商之義士也。」

---

14 范粲、袁閎事蹟分別見《晉書》、《後漢書》。袁、范均非遺民，遺民取其方式而
　　已，即范粲寢所乘車，三十六載不言；袁閎居土室，不為戶，自牖納飲食。「土
　　室」、「牛車」等字樣每見於遺民傳狀或遺民自述。遺民敘事或關於遺民的敘事通常
　　所用典，尚有「義熙」、「典午」、「金甌」、「厓山」、「冬青」、「卻聘書」等。

話題涉及伯夷、叔齊，由黃宗羲對成見、時論提出了質疑。他記王臺輔不食「他粟」而死，曰：「太史公謂伯夷義不食周粟者，蓋伯夷先時歸周祿以養老，隱於首陽，始不受祿，故謂之不食周粟也。若以率土之粟即為周粟，則薇與粟何擇焉？臺輔之法伯夷，無乃誤乎？」（按王臺輔即王義士）他接下來又談到溫州徐氏以明末之人，敷演桃源寓言，曰：「是徐氏之擬桃源亦誤也」（《王義士傳》，《黃宗羲全集》第 10 冊第 566 頁）。對夷齊之餓，《孟子師說》辨之更詳（參看《黃宗羲全集》第 1 冊第 95 頁）。黃氏在此也如其辨天子「死社稷」，其校正經典的誤讀，有對時事直接的針對性。在《答張爾公論茅鹿門批評八家書》中，他說：「荊公《伯夷論》，以不食周粟為誣，識力非流俗可及」（同書第 172 頁）。黃氏本人的「識力」，又何嘗是流俗所可及的？《明夷待訪錄‧原君》的議論更其激烈：「……而小儒規規焉以君臣之義無所逃於天地之間，至桀、紂之暴，猶謂湯、武不當誅之，而妄傳伯夷、叔齊無稽之事，使兆人萬姓崩潰之血肉，曾不異夫腐鼠……」（《黃宗羲全集》第 1 冊第 3 頁）[15] 在同一話題上，陳確的論旨又有不同。他的《節義論》說「二子之義只在窮餓，節如是止矣，不必沾沾一死之為快也」（《陳確集》第 153 頁）——另有對於時尚的針對性。當其時僧人木陳的有關議論，則與黃宗羲的說法似近而指歸又不同。陳垣《清初僧諍記》所引木陳忞《從周錄序》語，也說「西山之薇，非周之薇乎？采薇而食，苟延旦夕，與食周粟也奚辨」。沿此邏輯，木陳說孔子「蓋踐周之土，食周之毛，不敢以商之支庶，自外周之臣民，而有越志也」，說「向使殷之喪師，同於明之亡國，武王之王，同於世祖之興，則伯夷將彈冠入

---

15 《王義士傳》一文又以王、徐為「善學古人者」。《兩異人傳》亦以徐氏為「避世之善者」，謂「徐氏乃能以寓言為實事，豈可及哉！」（《黃宗羲全集》第 11 冊第 53 頁）則出於對時人選擇的複雜態度。

周，安事首陽清餓哉！」（第 2510 頁）現在已難以弄清，最初是有清當道將明遺民指為「殷頑」，還是遺民對所謂「殷頑之目」主動認同。在以「殷—周」喻指「明—清」的語境中，僧木陳所說「從周」，無疑即「從（降）清」──確如陳垣所指出的那樣，夷、齊論乃其人易節的張本。

一時旨趣不同的夷齊論，正映照著論者各自不同的心跡、處境。僻處窮山的王夫之以為，「必若伯夷、叔齊之絕周，悲歌餓困，備嘗艱苦而不恤，然後可以免咎」（《周易內傳》卷二，《船山全書》第 1 冊第 164 頁），也無異於自道。他更認為夷、齊本應為商謀，其「終餓西山」，乃補「先事之未盡」（《九昭》，《船山全書》第 15 冊第 155 頁），明亡之後遺民的自懲，不正出於此種思路？

生當明清易代之際，或要像徐孚遠似的死在清朝權力尚未及的臺灣，或如朱之瑜（舜水）、諸士奇的流亡日本（後者事蹟見黃宗羲《兩異人傳》，《黃宗羲全集》第 11 冊），才能真的「不食周粟」的吧。全祖望《徐都御史傳》記徐孚遠，說：「嗚呼！明季海外諸公，流離窮島，不食周粟以死，蓋又古來殉難之一變局也。」其時尚有「避地入朝鮮者」（參看孟森《皇明遺民傳序》，《明清史論著集刊》）。病驥老人序孫靜庵《明遺民錄》，說「弘光、永曆間，明之宗室遺臣，渡鹿耳依延平者，凡八百餘人；南洋群島中，明之遺民，涉海棲蘇門答臘，凡二千餘人」（第 372 頁），雖難考實，也可備一說。上述選擇，自然以有明一代航海事業的發展、士人生活空間的擴展為條件。對此我還將在其它場合討論。應當說，遺民上述地域分佈，正是遺民史上明遺民異於前代者。

箕子的「待訪」，是其時另一有爭議的話題。《易·明夷》關於箕子的一爻，每被遺民用作生存論證。陸世儀就說：「此際論身，似若細事，然吾輩身任絕學，責在萬世，正不可輕視一死。箕子一爻，所

宜熟讀也」（《寄如皋吳白耳書》，《論學酬答》卷三）。而敏感的遺
民，仍認為有必要區分箕、微所處情境，以免為失節者所援據。因此
惲日初說：「若夫商、周之際，道在箕子。箕子之貞明，重道也。微
子，殷之宗子；微子之歸周，為殷存宗祀也，固不得援之以為解也」
（《遜庵先生稿・書嚴佩之跋余所為宋陸丞相匯錄序後》）。王夫之所
見，似有進於是者。他強調「商周之際」的歷史特殊性，不以箕子之
「待訪」為可信，也不以微子之存商為可資效法。他說「箕子無待武
王之心」，學道乃「為己非為人」，「懷道以待訪，則訪不可必，而道
息矣」（《周易內傳》卷三，《船山全書》第 1 冊第 310 頁）。還認為，
「韓亡而張良必報，莽篡而翟義致死」，微子處商、周之際，不可引
為士處亡國之時的通則（同書第 402 頁）。其中關於箕子，辨析尤有
精微。至於孫奇逢說箕子非「待訪」、非期「遇合」（《孫夏峰先生年
譜》卷下），用意不如王夫之深刻，也仍可讀作他本人的自我告白。[16]

　　黃宗羲的《明夷待訪錄》，據說原題為「待訪錄」。不妨說，標出
「明夷」，使得「原意」更顯豁了。剖析黃宗羲的心跡更有一份犀利
的，是清人及近人。全祖望說黃之傳「嘗與余讀《明夷待訪錄》，
曰：『是經世之文也，然而猶有憾。夫箕子受武王之訪，不得已而應
之耳，豈有艱貞蒙難之身，而存一待之見於胸中者，則麥秀之恫荒
矣。作者亦偶有不照也。』予瞿然下拜，曰：『是言也，南雷之忠
臣，而天下萬世綱常之所寄也。』」（《黃丈肖堂墓版文》，《鮚埼亭
集》卷二二）陳寅恪也說黃宗羲「自命為殷箕子，雖不同於嵇延祖，
但以清聖祖比周武王，豈不愧對『關中大儒』之李二曲耶？惜哉！」
（《柳如是別傳》第 844 頁）——由此也可窺知有關喻境的複雜性，

---

16 《孫夏峰先生年譜》卷下康熙九年。「寬夫問：『箕子不死為傳道也，豈逆知有武王
　　來訪乎？』曰：『箕子一日不死，殷家一日不亡……總之，以天自處，武王之遇合
　　不遇合，皆無容心焉，故曰：商周之際，道在箕子。』」

與遺民情境有關的那一套象喻系統的敏感性質。「商周之際」作為特殊話題，非但在明清易代之際的具體語境中，且在其後關涉遺民的旨趣不同的述說中，獲得了意義的豐富性。[17]

對於明清易代之際士人的自擬陶潛，當時就有「陶淵明一夕滿人間」之譏（參看《牧齋有學集》卷二六《陶廬記》）。[18]彭士望也說，如「遜國臣」、如梁鴻、袁閎、范粲、鄭思肖等，為我輩所不能及，「今則惟陶元亮、謝疊山滿天下耳……元亮寬易，宜效者眾，使其有知，必恨且悔，以為不幸其俑也」（《與王乾維書》，《彭躬庵文鈔》卷一，《易堂九子文鈔》）。關於晉遺民，陶潛外，王夫之還舉出楊盛（參看《讀通鑑論》卷一五第554頁）。至於王夫之在其史論中，說五代廉恥道喪，陶潛之隱，非止悲晉室之亡，亦所以悲「天下」之亡，則出於他本人的詮釋趣味（參看同書卷一四）。

可以說，遺民是因有宋遺、明遺，才成其為「史」、足以構成某種史的規模的。而以「規模」論，明清之際又遠過於宋元之際，這也是明遺民及治明遺民史者為之驕傲者。宋元以來遺民之盛，固然有理學為背景，而「節義」概念直到近代仍深入人心，卻又與宋亡、明亡之際的「忠義」、「遺民」的道德實踐有關。顧炎武不滿於「文墨交遊之士」的「多護王維」，「如杜甫謂之高人王右丞」（語見《日知錄》

---

17 《楊園先生全集》卷一八《周民東亡》：「《綱目》書此，以見周澤之在人。秦能入其地、取其鼎、遷其君，而不能有其民也。」「殷之亡也，雖以武王之聖，猶不能化雒邑之民，況以戎翟之秦，勢凌權使，而欲民之歸之也，何可得焉！宜其捐田裏、棄家室，而洋洋東去也。」也是其時的遺民話語。

18 黃宗羲即自比陶潛，其張煌言墓誌銘謂張「已為千載人物，比之文山，人皆信之。余屈身養母，戔戔自附於晉之處士，未知後之人其許我否也？」（《黃宗羲全集》第10冊第286頁）《憲副鄭平子先生七十壽序》則比鄭氏於陶潛：「淵明元嘉，晉亡已九年，朱子猶書晉處士，是典午一星之火，寄之淵明一身也……江湖憔悴，星火之寄，殆將無人，非先生而誰乎？」（同書第671頁）

卷一九的「文辭欺人」條），王夫之則說「唐多才臣，而清貞者不少概見」（《讀通鑑論》卷二二第 830 頁），均提示著由唐至宋、明，倫理觀念演變的大背景。至於明遺民，更施其深遠影響於後世；說我們至今猶未全出其時語境，也決不誇張。

宋遺與明遺在遺民史上的地位，多少賴有其後世代的遺民事蹟整理以至當道的表章，在這方面，明遺又較宋遺為幸運。有清一代雖有清初的殺戮，與對遺民著述的禁燬，大規模的表章卻仍由最高權力者主持。明遺民則有當其世即自覺從事遺民史整理，以此見志者。明人好說「宋」；明清易代之際，更以說宋為自我述說。這也是遺民史通常的敘事策略。明清之際是宋遺民發現時期。出諸明遺民之手的「宋遺民史」，不消說是其「當代史」的一種隱喻形式（參看顧炎武序朱明德《廣宋遺民錄》，《顧亭林詩文集》第 33-34 頁）。李楷（叔則）序李長科（小有）輯《宋遺民廣錄》，曰：「宋之存，不稱『宋』也，宋亡而稱『宋』，以『民』續君臣之窮也；若曰：天亡宋，人不亡宋，稱『宋』以存之云爾。」「宋存而中國存，宋亡而中國亡。中國之存亡，千古之大變也夫……」「知遺民之存宋，宋存而中國存矣」（《宋遺民廣錄序》，《河濱文選》卷四）。錢謙益對上述文字擊節稱賞，說：「撰序者李叔則氏，謂宋之存亡，為中國之存亡，深得文中子《元經》陳亡具五國之義，余為之泣下沾襟。其文感慨曲折，則立夫《滄海錄序》及黃晉卿《陸君實傳後序》，可以方駕千古，非時人所能辨也」（《書廣宋遺民錄後》，《牧齋有學集》卷四九第 1607 頁）。[19]

---

19　《廣宋遺民錄》，李楷作《宋遺民廣錄》，未知孰是。錢氏關於其所見遺民錄及李長科輯《廣宋遺民錄》，曰：「元人吳立夫讀龔聖予撰文履善、陸君實二傳，輯祥興以後忠臣志士遺事，作《桑海餘錄》，有序而無其書。明朝程學士克勤，取立夫之意，撰《宋遺民錄》，謝皋羽已下，凡十有一人。余惜其僅止於斯，欲增而廣之，為《續桑海餘錄》，亦有序而無書。淮海李小有，更陸沉之禍，自以先世相韓，輯《廣遺民錄》以見志。取清江《谷音》、桐江《月泉吟社》，以益克勤所未備。」

　　明遺民不但以述宋為自我述說，更以直接的自述，將「遺民敘事」極大地豐富與擴展了。在這種敘事中，文天祥（文山）、謝枋得（疊山）、謝翱等，也如商周之際的箕、微、夷、齊，分別被用作明人於易代之際處境、命運的象徵形式。常為明遺民所說的宋遺民，首推謝翱（皋羽）、鄭思肖（所南）。後者的廣為人知，自與所謂的「鐵函心史」於明亡之際出井有關。這一事件的傳奇色彩，其激動人心的性質，是不難想像的。「心史」、「晞髮」、「西臺慟哭」、「冬青」等，幾成明遺民間的流行用語。屈大均即自稱「詩法少陵，文法所南」，名其所居草堂曰「二史」，「蓋謂少陵以詩為史，所南以心為史雲」（《翁山文鈔》卷二《二史草堂記》）。大遺民也不免在時尚中。黃宗羲晚年「忽愛謝皋羽之文」（全祖望《梨洲先生神道碑文》，《鮚埼亭集》卷一一），其《海外慟哭記》之作，顯係以《西臺慟哭記》為藍本。他自說其易代之際「所遇之境地一如皋羽」（《西臺慟哭記注》，《黃宗羲全集》第 2 冊第 243 頁）。其《冬青樹引注》說，舊注者去皋羽遠，「而余之去皋羽近。皋羽之言，余固易知也」（同書第 251 頁）。甚至錢謙益也以謝皋羽自比（參看其《李忠文公文水全集序》，《牧齋有學集》卷一六）。當然，「通用」不可避免地妨礙了表達的個人化，與對遺民行為的意義詮解。[20]潘耒《徐俟齋先生七十壽序》論

---

「小有歿，以其稿屬王於一，於一轉以屬毛子晉，而二子亦奄逝矣。余問之子晉諸郎，止得目錄一帙」（《書廣宋遺民錄後》，《牧齋有學集》卷四九第1607頁）。錢氏在《記月泉吟社》中還說到「本朝程克勤輯《宋遺民錄》，載王鼎翁、謝皋羽輩，僅十有一人。余所見遺文逸事，吳、越間遺民已不啻數十人，欲網羅之，以補新史之闕，以洗南朝李侍郎之恥」（《牧齋初學集》卷八四第1763頁。王於一，王猷定；毛子晉，毛晉）。同書同卷《跋汪水云詩》中也說：「余欲續吳立夫《桑海餘錄》，卒卒未就」（第1764頁）。

20 你在明遺民的文字中，往往可見對宋遺話語的因襲，如謝枋得所謂「大元制世，民物一新；宋室孤臣，只欠一死」，「亡國之大夫，不可以圖存」（《上程雪樓御史書》，《謝疊山先生文集》卷二）等。

徐枋，即說「世第以謝皋羽、鄭所南之流相比擬，則淺之乎知先生
矣」（《徐俟齋先生年譜·附錄》）。

　　在後人看來，那一時期的有關話題中尤為敏感者，本應是元遺。
近人錢穆對明初士人普遍的元遺心態，很有過一番議論，情緒之憤激
像是仍在事中。其《讀明初開國諸臣詩文集》曰「元社既屋，元鼎既
移，而當時士大夫的殷頑心情則依然如昔」（包遵彭主編之《明代政
治》第 13 頁），錢氏訝異於人們竟對此種現象視若無睹；他評論宋濂
的《諭中原檄》，認為該文涉及元祚，「僅論其命，未申吾義」（「吾
義」即「夷夏之大義」）；他反覆論證元末士夫以至其中「從龍」、「佐
命」者，「鮮能深明於夷夏之大義」。上述現象決非到錢穆才被發現，
錢謙益就曾一再談到類似事實。其作於明亡前的《太祖實錄辯證二》
（《牧齋初學集》卷一〇二），對有明開國功臣劉基的「心跡」，分剖
甚至。關於劉基（犁眉公），錢謙益另在《跋王原吉梧溪集》中說：
「或言犁眉公之在元，籌慶元，佐石抹，誓死馳驅，與原吉無以異。
佐命之後，詩篇寂寥，或其志故有抑悒未伸者乎？」（同書卷八四第
1765 頁）與錢穆不同的是，錢謙益論元遺，絕無詫怪，同文甚至以
王逢（原吉）與謝翱並論，以為王逢之於元，與「夷、齊之不忘
殷」，「其志一也」。錢謙益所樂於稱道的，正是王逢雖「生於夷狄之
世」猶不廢「君臣之義」。其《列朝詩集小傳》論王逢，也說「皋羽
之於宋也，原吉之於元也，其為遺民一也」（甲前集《席帽山人王
逢》，第 14-15 頁）。他在《開國群雄事略序》中還說：「天命不僭，
夷狄有君」，「有元非暴虐之世，庚申非亡國之君也」（《牧齋初學集》
卷二八第 846 頁）。同時的金堡分析錢氏的劉基論，更欲揭出錢氏本
人的心跡，曰其「析青田為二人，一以為元之遺民，一以為明之功
臣。則凡為功臣者，皆不害為遺民。虞山其為今之後死者寬假歟？為
今之後死者興起歟？吾不得而知，而特知其意不在詩」（《徧行堂集》

八《列朝詩傳序》，轉引自《柳如是別傳》第 987-988 頁。按青田即劉基）──亦讀文、讀人務入隱微者。

處明清之際而與錢穆遙相應和的，是王夫之，他批評「宋濂……修蒙古之史，隱其惡，揚其美，其興也，若列之漢、唐、宋開國之君而有餘休；其亡也，則若無罪於天下而不幸以亡也……」（《讀通鑑論》卷一五第 575-576 頁）王夫之在其史論中，對元代及元亡之際的士人（從虞集、危素到宋濂）即持論嚴峻，指他所謂的「鬻道統於夷狄盜賊而使竊者」為「敗類之儒」（同書卷一三第 480 頁）。但王夫之的上述看法非即其時士人的共識。或許倒是如下事實更值得玩味，即錢穆對同一事實的反應，竟與三百年前的王夫之幾無二致。

明初士人的「元遺心態」，是一種太公然的事實，有關諸人當其時不屑於掩飾，在有明一代也不大象是禁忌性的話題。倘其成為問題，正應當在本書所論的這段時間，然而到此時，當明亡、「夷狄」入主之際，元遺之為「遺」，仍未遭遇普遍的質疑。甚至對士人的仕元，也依舊見仁見智──這在對元代著名儒者許衡、劉因的評價上，有集中的體現。吳偉業《宋轅生詩序》以楊維楨（廉夫）、袁凱（海叟）為「高世逸群，曠達不羈之士」（《吳梅村全集》卷二九第 686 頁）。黃宗羲《萬履安先生詩序》一篇，則將宋遺、元遺、明遺的詩作並提，均謂之詩史（《黃宗羲全集》第 10 冊）。歸莊論《歷代遺民錄》（朱子素撰）的「錄金元遺民」，說得更明白：「朱梁篡弒之賊，王彥章為之死，歐陽子《五代史》著為死節傳之首，朱子《綱目》亦大書死之，取其忠於所事也。盜賊且然，況夷狄之進於中國者乎？」（《歸莊集》卷三第 171 頁）至於《明史·文苑傳》所錄元遺民及有關的敘事態度，屬於標準的「正史」方式，也更足以體現「普遍認識」。

不妨認為，正是上述為錢穆所痛切指陳的「可異」，證明了

「遺」作為易代之際士的固有角色,「遺」之為士的人生選擇的因襲
性質;更證明了士夫以「君臣之義」置諸「夷夏大防」之上,以及作
為其理論根據的「正統論」的深入人心。元輕儒術,輕漢族士大夫
(參看趙翼《廿二史札記》卷三〇「元制百官皆蒙古人為之長」、「元
末殉難者多進士」等條),漢族士大夫的殉元豈不更值得尋究?王夫
之激烈地批評流行的「正統論」,在其史論中反覆說「夷夏」、「君
臣」,說「公私」,也應因有見於此的吧。「因襲」(即某種「頑」)也
繫於士的性格。草民更習於順適;「不知有漢遑論魏晉」的,未必只
是桃源中人。追究「歸屬」,要求這一種身份自覺,是士的習性。「批
判」是士與其時其世的一種聯繫形式;即使「批判」的前提,通常也
是歸屬感。士大夫對於「舊物」的沾戀,往往比之小民更甚。士的
「頑」,部分地正是由其存在方式所決定的。

　　「遺民錄」的編撰,明人程敏政的《宋遺民錄》肇其始(參看謝
正光《明遺民傳記索引》代自序《清初所見「遺民錄」之編撰與流
傳》一文),[21]到明清之際演成熱門話題。儘管如朱子素《歷代遺民
錄》、李長科《廣宋遺民錄》、朱明德《廣宋遺民錄》等,均已有目而
無書,仍不能否認明遺民在遺民史述上的特殊貢獻──本節所提到的
顧炎武、歸莊等所作序文,即堪稱重要文獻;遺民文集中,更有大量
的有關史料存儲。遺民對其歷史敘述的直接參與,豐富了遺民史的意
義。此後則有清末民初對明遺民的再度「發現」。作為如此漫長時期
與如此繁複的敘述活動的結果,遺民史的重要一章「明遺民史」,其
語義的複雜,是不難想見的。如果你由撰寫於明清之際及清末民初的
明遺民事蹟中,隨處可見「傳奇性」,當會想到「傳奇化」正是遺民

---

21 謝正光文(《明遺民傳記索引》)對明清之際整理有關宋遺民資料的情況及「遺民
　　錄」在清初的流傳,述之甚詳。關於清末民初反清志士整理「明遺民史」的情況,
　　參看孫靜庵著《明遺民錄》附錄《原序》。這是遺民史在另一世代被運用的顯例。

史通常的敘述方式。至於下文將要寫到的遺民行為有意的傳奇化（有時即出諸對「先正典型」的摹仿），也可以視為「遺民創作」。明代士人好奇——奇計、奇謀、奇行、奇節，士的趣味於此正與民間趣味合致。而清末反清志士的將明遺民傳奇化，則另有動機。凡此種種，不能不使得有關文本內容駁雜。如上文所說到的夷、齊等前代遺民的故事，則是故事中的故事，傳奇中的傳奇。以明遺民史為個案研究遺民史的史述條件、語境，也不失為有趣的課題的吧。

最後還想一提的是，在這一時期（以及前於此），「遺民」的名目不止被用於朝代興替之際。如所謂建文遺臣、遺民。此「遺」之名曲折地包藏了有關「建文遜國」這一事件的評價。有明二百餘年間，理論上還應有「正統遺民」、「景泰遺民」等。一姓王朝歷史中的非正常變動，都可能有所遺。因而或可認為，「建文遺民」一類說法，也將「遺民命運」的普遍性肯定了。

以上所談，是出諸明遺民的「遺民論」，至於明遺民在易代之際的自我形象塑造，則是下文將要寫到的內容。下文將繼續說明「遺民」作為一種生存狀態、生活方式，以及作為一種自我想像（自我指稱，自我描述，自我品性、歸屬確認，自我形象設計等等）；說明「遺民」之為關係形式：與其時其世，與新朝與故國；「遺民」之於上述「關係」的設計與描述。下文中還將及於遺民現象的時間性。「時間性」是遺民的醒目標記；同時，如上文所說，「遺民」又是不限於時間的士的生存方式的象徵。當然，明遺民的時間意義還在於，他們是有明二百七十六年歷史的結果，也是明代「存在過」的一份特殊的證明。還應當指出，下文將要談到的明遺民的諸種「特徵」，同樣以簡化、有意省略為代價。也如對於其它人群，遺民中的傑出者是無以類歸的。也如上文已經提到的，「遺」本是對孤獨的選擇，當其

成為群體行為時，真正孤子的，只能是其中的傑出者，其人既拒絕順民身份，又不認同於「遺民社會」的一套概念、觀念，不苟同於這社會的自我界說、詮釋，其難以納入「類」的描述，是不待言說的。

# 遺民生存方式

　　上文討論了有關「遺民」的辨析、界定之為問題。至於「遺民問題」，自然具有更為複雜的性質。「遺民」不但是一種政治態度，而且是價值立場、生活方式、情感狀態，甚至是時空知覺，是其人參與設置的一整套的涉及各個方面的關係形式：與故國，與新朝，與官府，以至與城市，等等。「遺民」是一種生活方式，又是語義系統——一系列精心製作的符號、語彙、表意方式。考察這一套語源古老的表意系統，能約略看出一部遺民史。「遺民」在此意義上，是含義複雜的概念，其意謂決非僅由字面所能探知。下文即將試圖譯解這一符號系統，以對明遺民作「面面觀」。

　　在進入具體論述之前還應當說，「遺民方式」即「遺民生存」。以下所涉及的「方式」，無不關生死，無不可歸結為處生與處死。逃禪未必即逃死，但在相當一些遺民，確也是生道；如下文所說那一種衣冠的選擇，在當時儼若生死抉擇；「交接」係所以處生，土屋牛車，則是以死為生；生計與葬制，不消說是更具體的處生與處死。

## 第一節　逃　禪

　　逃禪，是明清之際遺民行為之引人注目又頗召爭議者。邵廷采《明遺民所知傳》曰：「僧之中多遺民，自明季始也」（《思復堂文集》卷三第 212 頁）。黃宗羲屢次提到「兵火奔播，叢林之點者，網羅失職之士，以張其教」（《劉伯繩先生墓誌銘》，《黃宗羲全集》第

10冊第307頁）。歸莊《冬日感懷和淵公韻，兼貽山中諸同志》，有
「良友飄零何處邊，近聞結伴已逃禪」句（《歸莊集》卷一第48
頁）。李雯也有「相逢半緇素，相見必禪林」的詩句（《陳子龍詩集》
附錄四第789頁）。目擊了方以智披緇之初適應新角色的過程，錢澄
之《失路吟·行路難》的如下刻繪，不無苦趣：「五更起坐自溫經，
還似書聲靜夜聽。梵唱自矜能彷彿，老僧本色是優伶。」注：「愚道
人既為僧，習梵唱，予笑其是劇場中老僧腔也」（《藏山閣詩存》卷一
三）。對此風氣，陳確憤然道：「今不獨夷狄，即吾中國，亦何處無
寺？何人非僧？雖曰中華即是佛國，奚為不可」（《佛道》，《陳確集》
第433頁）。屈大均也說：「慨自庚寅變亂以來，吾廣州所有書院，皆
毀於兵，獨釋氏之宮日新月盛，使吾儒有異教充塞之悲，斯道寂寥之
歎」（《過易庵贈龐祖如序》，《翁山文外》卷二）。

　　甚至貴為天子，也不免以佛門為逋逃藪。建文帝為僧的傳說流傳
之廣，致使永樂也不能釋疑；南明時又有弘光出家之謠，以及永曆於
窮途末路之時祈之於修行的說法——「人主」與佛門的特殊關係，竟
也與明代歷史相始終。[1]我在談到明清之際作為話題的「建文事件」
時已說到過，其時人們像是由明王朝的一首一尾，發現了類似輪迴那
樣的結構性對應。錢謙益說宋濂一方以智，所刻意提示的，不也是兩

---

1　《明季滇黔佛教考》卷六：「按永曆之被紿至吳營也，有滙膽將軍黎維祚者，密謀
　　劫駕，入見上，上大苦曰：『兒子，爾可致意十王家等，若能救我出，我止願修行
　　去。』語見《播雅》十一陳啟相撰《滙膽遺事》，是永曆末路曾願出家也，而弘光
　　出家之謠已先之」（第314頁）。陳垣評論道：「然有建文事在前，則傳說之興，為臣
　　子者自當寧信其是⋯⋯」（第315頁）這裏尚未說到明太祖與佛門的關係，及燕王與
　　姚廣孝（僧道衍）的特殊關係。《罪惟錄》曰：「皇覺以僧興，滇南以僧亡」（帝紀
　　卷一《帝紀總論》第1頁）。錢謙益《宋文憲公護法錄序》即談到「聖祖稱佛氏之
　　教，幽贊王綱」，「文憲應運而起」，「輔皇猷而宣佛教」，「姚恭靖之於成祖，現稍
　　異」等（《牧齋初學集》卷二八第861頁。文憲，宋濂；姚恭靖，姚廣孝）。郭朋
　　《明清佛教》說，明代諸帝「多數是佞佛的」（第34頁）。

人事蹟的偶合？（參看《牧齋有學集》第 1626 頁）

　　明遺民之逃禪，固然有明代帝王、王朝政治與佛教的關係為背景，卻更有明代學術、士風之為背景，這也是士人賴以選擇的大語境、學術文化的大環境。徐枋《法林庵募制莊嚴序》曰：「三吳之內，刹竿相望，其名藍巨刹，湧殿飛樓，雄踞於通都大邑、名山勝地者無論，即僻壤窮鄉，山村水落，以至五家之鄰，什人之聚，亦必有招提蘭若，棲托其間」（《居易堂集》卷七）。三吳的佛教氣氛可想。閻爾梅也說：「我明禪林侈興，土木金碧，動損億萬，京師、吳越尤甚。京師主者，大半皆後宮戚畹中官輩，吳越則士大夫主之」（《萬佛閣募緣疏》，《閻古古全集》卷六）。陳垣考明季滇黔佛教，屢說其人「祝髮因緣是漸而非頓」，「其落髮非一時憤激之所為，固已蘊之有素矣」。陳確傳韻弦老人，謂其人「性近於禪」，其國變後削髮為僧，「從初志也」（《韻弦老人傳》，《陳確集》第 273 頁）。黃宗羲亦說張岐然之「闡教禪林」，非出於不得已；其人「當鍾石未變之先，已得意忘言，居然孤衲。蓋學焉而得其性之所近，正是本色」（《張仁庵先生墓誌銘》，《黃宗羲全集》第 10 冊第 444 頁）。如張氏這樣緣其「學」而入佛，非全由外鑠者，也並不罕見。對此，陳垣《明季滇黔佛教考》卷三「士大夫之禪悅及出家」一章，可讀作背景談。[2]

## 逃禪一生死

　　方外，當此亂世，每被視為人間政治倫理之外，帝利之外。逃禪，其最簡單的動機，即逃生，此亦其時人好說的「不得已」。歸莊

---

2　該章說：「禪悅，明季士夫之風氣也」；又述及士風、學術風氣演變，謂「萬曆而後，禪風寖盛，士夫無不談禪，僧亦無不欲與士夫結納」。「其時士大夫風氣，與嘉靖時大異」（見該書第 127、129、129-130 頁）。

《送筇在禪師之餘姚序》曰：「二十餘年來，天下奇偉磊落之才，節
義感慨之士，往往託於空門；亦有居家而髡緇者，豈真樂從異教哉，
不得已也！」（《歸莊集》卷三第 240 頁）張符驤《呂晚村先生事狀》
所記呂留良之逃禪，最可見這種選擇伴隨的痛苦。「……其後三年，
而郡守又欲以隱逸舉，先生聞之，噴血滿地，乃於枕上鬋髮，襲僧伽
服，曰：如是庶可以舍我矣。或疑之曰：先生言距二氏，今以儒而
釋，天下其謂之何？先生亦不答。」「癸亥忽賦祈死詩六篇，其末章
云：作賊作僧何者是，賣文賣藥汝乎安……」（《碑傳集補》卷三六）[3]
其時自律更嚴者，則以此種求生手段為恥。《小腆紀傳》記夏允彝：
「其兄之旭諷投方外，允彝曰：『是多方以求活耳！』」（卷一七第
190 頁）[4]

　　非為皈依的披緇，包括為黃宗羲所嚴厲批評的「有所託而逃」，
非始自明亡之際；甚至逃禪而仍自居儒者、自說其不得已，也非始於
是時。李贄即曾自說其「陡然去髮，非其心也」（《與曾繼泉》，《焚
書》卷二第 53 頁），又說「故雖落髮為僧，而實儒也」（《初潭集
序》，《初潭集》）。明末徵士馮元仲《弔李卓吾先生墓詩》有「髡頂逃
禪又雜儒」句。此種身份辯護（自辯或他人為辯），幾乎成了明清之
際遺民自白及遺民傳狀中的套話。[5] 屈大均有一篇極曲折的《歸儒

---

3　呂留良《答潘美岩書》說對佛學與陳白沙、王陽明「同疾之」，自說「雖圓頂衣
　　伽，而不宗不律、不義講、不應法，自作村野酒肉和尚而已」（《呂晚村先生文集》
　　卷二）。以《自題僧裝像贊》自我解嘲，曰：「僧乎？不僧而不得不謂之僧。俗乎？
　　不俗亦原不可概謂之俗。不參宗門，不講義錄，既科唄之茫然，亦戒律之難縛。有
　　妻有子，吃酒吃肉。奈何衲褐領方，短髮頂禿？儒者曰，是殆異端。釋者曰：非吾
　　眷屬……」（同書卷六）
4　拒絕逃禪的也頗有其人。《靜志居詩話·顧圤》：「家居奇窘，有桑門勸其修行，以
　　資來世福。山臣笑曰：『不知前身是何雞狗作之孽？使我今生窮苦。若從上人修
　　行，又不知來世是何雞狗安享是福？』聞者以為笑端」（第700-701頁）。
5　由多方推究其人逃禪原因（如《陳確集·公奠董爾立文》），又可感其時儒學依然強

說》，曰：「予二十有二而學禪，既又學玄，年三十而始知其非，乃盡棄之，復從事於吾儒，蓋以吾儒能兼二氏，而二氏不敢兼吾儒；有二氏不可以無吾儒，而有吾儒則可以無二氏云爾。故嘗謂人曰：予昔之於二氏也，蓋有故而逃焉，予之不得已也。夫不得已而逃，則吾之志必將不終於二氏者，吾則未嘗獲罪於吾儒也。」如此自我辯護之為必要，也證明了儒學依然的權威地位，其作為信仰仍被承認的價值意義。屈氏此文聲稱「歸儒」：「然昔者吾之逃也，行儒之行而言二氏之言；今之歸也，行儒之行而言儒者之言……」（《翁山文外》卷五）施閏章《吳舫翁集序》說到方以智（藥公）與吳雲（舫翁）：「夫藥公非僧也，卒以僧老，其於儒言儒行無須臾忘也。舫翁跡溷僧，而儒言儒行未之或改也。二人者其皆有所託而逃耶？」（《施愚山集》文集卷五第 95 頁）上文所引歸莊《冬日感懷》更公然聲稱「僧貌何妨自儒行，不須佞佛誦南無」。——由此倒愈益令人感到儒學於易代之際仍保有的強大勢頭，逃禪者的未即能坦然。只是以方以智這樣的學者，其削髮且「衣壞色衣，作除饉男」，又必非止取其為「道具」；「有所託而逃」，怕倒是說淺了他。

其時之人對逃禪者之「有所託」，似也特具一份敏感，儘管那猜測未必能免於皮相。[6]劉紹攽記傅山的讀佛書，即沿用通常的思路，

---

大的壓力：「逃禪」這一選擇是有待解釋的。以方以智的披緇，其子方中通仍曰「生前應出世，身後合歸儒」（《陪詩·癸丑元旦拜墓》，余英時《方以智晚節考》增訂版第336頁）。

6　黃宗羲《吳山益然大師塔銘》：「師雖出世，然胸中有不可括磨者。燈炬夜闌，無故痛哭。」（《黃宗羲全集》第10冊第527頁）《清初僧諍記》：「《婁東耆舊傳》：『王瀚，字元達。國變為僧，號晦山，名戒顯，字願雲……瀚雖入空門，悲憤激烈，曾檄討從賊諸臣云：『春夜宴梨園，不思凝碧池頭之泣；端陽觀競渡，誰弔汨羅江上之魂。』讀者俱為扼腕」（第2420-2421頁）。其時有逃禪而為士論所諒者。同書記徐

曰：「其信然耶，抑有所託而逃耶？」(《傅先生山傳》，《霜紅龕集》附錄第 1169-1170 頁）近人錢穆也認為方以智「逃儒歸釋乃其跡，非其心」(《余君英時方密之晚節考序》)。其實同一逃禪，因緣本因人而異。如傅山的黃冠而嗜讀佛書，即像是根柢於其性情、人生態度，也根柢於其文人習癖，與作為「時尚」的逃禪本有不同。方以智、熊開元之於佛學，也應如王夫之之於《老》、《莊》，無疑有深刻的個人根據（方以智的佛學造詣，又非熊氏所能比擬）。一時披緇諸公，其跡其心，「信然」抑「有所託」，何嘗都區分得清楚！

　　既為風氣所鼓勵，士人的忽而儒、忽而釋，儒冠、僧伽如道具然，倒像是別有一種灑脫自在。錢謙益記芥庵道人，「生平行事凡三變」(《牧齋有學集》卷三五第 1244 頁），記劍叟和尚，說其人「一生面目，斬眼改換，使人有形容變盡之感」(《題官和尚天外遊草》，同書卷五〇第 1629 頁）。鄭之琉「大兵收入閩」，即「落髮為僧，走新會賣藥」，「明年永明王稱號，乃蓄髮赴行在」(《明季滇黔佛教考》卷五第 249 頁），亦此之類。至於雖披緇而「茹葷縱飲，不廢承平時意態」，更屬名士遺習。「隱於禪」也是一種時尚。如陳洪綬，其逃禪非但不欲改換面目，倒像是為了保存面目似的。[7]上文已說到的屈大

心韋：「全謝山《續甬上耆舊傳》，於心韋頗有微詞。然心韋國變後為僧，居碧溪大音庵，庵有在澗樓，彷彿錢氏絳雲樓結構。自題曰：『早已覺來渾是夢，譬如死去未曾埋。』士論深諒之矣」(第2446頁）。也有逃禪後為士論所不滿者，如澹歸（即金堡）。邵廷采《西南紀事》卷七《金堡》曰「堡為僧後，嘗作聖政詩及平南王年譜，以山人稱頌功德，士林訾之。余初未信，及問之長老，皆云。」黃宗羲所撰朱天麟墓誌銘則曰：「堡則深契禪宗，佞口鉆筆，一以機鋒出之，壞人家國，視為墮甑，而又別開生面，揭鼓上堂，世出世間，總屬無情」(《黃宗羲全集》第10冊第496-497頁）。

7　朱彝尊所撰《崔子忠陳洪綬合傳》記陳「既遭亂，混跡浮屠，自稱可遲，亦稱悔遲，亦稱老蓮，縱酒狎妓如故。醉後語及身世離亂，輒慟哭不已。後數年，以疾卒」(《曝書亭集》卷六四第751頁）。《清史稿》卷五〇〇萬壽祺傳，說萬氏於明亡後

均，其釋其儒，也更宜於作文章讀。李景新撰《屈大均傳》（《翁山文鈔》），曰「其至諸寺刹，則據上坐為徒說法」，也更像名士的表演。杜濬《復屈翁山》說世俗對屈氏，「不是其歸儒，而反非其逃墨」（《變雅堂遺集》文集卷四）。《廣東文獻》四集卷一九羅學鵬按語，曰屈大均「忽而遁跡緇流，忽而改服黃冠，忽而棄墨歸儒，中無定見，其品不足稱也」。

更有為僧而不屑於稍掩其遺民形跡、心跡者，如「祝髮為僧」仍「謀興復」的皮熊（《明季滇黔佛教考》卷五第 233 頁）；如「但喜議論古今，不談佛法，每及先朝則掩面哭」的咒林明大師（《祁六公子墓碣銘》，《鮚埼亭集》卷一三）；如「談論多出世語言」，其「自撰生壙誌，廉悍之氣猶在簡中」的徐波（沈德潛《徐先生波傳》，《碑傳集》卷一二四）。錢謙益《四皓論》說商山四皓：「四老人，非隱者也，殆亦楚、漢之交，結納亡命，部勒賓客，奮欲有為，而後乃逃匿商、雒間者。居隱畏約，未嘗不癢癢思一自見也」（《牧齋有學集》卷四三第 1459 頁）。除卻顯晦之不同，大可移用於描述明清之交的上述人物。由此不難想見其時法門百態。

尤成諷刺的是，如屈大均其人，能申明其儒學信仰於生前，卻不能阻止他人指認其僧侶身份於身後——亦一種奇特的遺民命運。乾隆三年沈德潛輯《明詩別裁》，以屈氏詩六首次於「方外」之末，題「今種，字一靈，番禺人」（屈氏為僧時法號今種，字一靈）。乾隆十二年梁善長選刻《廣東詩粹》十二卷，採屈詩 35 首，也如上題，且亦次「方外」。到嘉慶年間，屈氏已死一百多年，《明詞綜》（王昶編）、《粵東詩海》、《粵東文海》（此二種溫汝能選）等採屈氏詩文，

---

「灌園以自給」，「髡首披僧衣，自稱明志道人、沙門慧壽，而飲酒食肉如故。」「雖隱居固未嘗一日忘世也。」逃禪而不守佛門戒律，作為遺民行徑為時人豔稱，其中也有對逃禪的一種看法。

仍題一靈撰。屈氏宣稱「歸儒」，後人卻不許其「歸」，豈不令人啼笑皆非？

　　士人當此際的參禪，往往繫於患難餘生的「體悟」。施閏章《無可大師六十序》說方以智「去而學佛，始自粵西遭亂棄官，白刃交頸，有托而逃者也。後歸事天界浪公，閉關高座數年，刳心濯骨，渙然冰釋於性命之旨，歎曰：『吾不罹九死，幾負一生！』古之聞道者，或由惡疾，或以患難，類如此矣」（《施愚山集》文集卷九第 166 頁）。朱彝尊《徐先生柏齡墓誌銘》記徐氏：「迨身罹禍難，沖波潮蹈鋒刃，幸而獲免，乃復參禪家宗旨，深自晦跡，蓋憂患之餘有托然矣」（《碑傳集》卷一二三）。劉城說其得道開《涅槃法會錄》，「愛玩讚歎不置。客從傍曰：『今日灑淚新亭，此非所及。』余曰：『凡今日之禍，胡寇、盜賊、血夷，刀兵相殺使然矣。然殺從嗔起，嗔自貪生，貪由愛欲，兼以淫邪。是則勝殘止殺之道，斷可知也」（《法會錄詩序》，《嶧桐集》卷二）。錢謙益描述士人上述經驗，更有文人式的想像力：「頓踣仕途，流離國難，萬死備嘗，一身餘幾。呼叱填耳，斧鑽攢軀，血路魄回，刀山魂返。噩夢乍歇，藏識孤明，楞嚴積因，影現心經。如汝昔年睹一奇物，經歷年歲，忽然復睹，記憶宛然，曾不遺失……」（《大佛頂首楞嚴經疏解蒙鈔錄始》，《有學集補遺》卷下，邃漢齋校刊）當此挫折劫難之餘，所逃者已非止死地，更有虛無與絕望──佛學之為用，不可謂不大。

　　其時也確有由儒入釋，一往而不返，以衣鉢晦跡既久，即嗣法上堂，儼然佛門老宿者。[8] 如全祖望所說「當其始也，容身無所，有所

---

8　呂留良《客坐私告》曰：「生平畏僧甚於狼狽，尤畏宗門之僧，惟苦節文人託跡此中者，則心甚愛之。然邇年以來，頗見託跡者開堂說法，諂事大官，即就此中求富貴利達，方悟其託跡時原不為此，則可畏更過於僧矣」（《呂晚村先生文集》卷八）。《清初僧諍記》：「竊嘗疑之：嗣法上堂，僧伽本色，遺民逃禪，梨洲何惡其嗣

激而逃之。及其久而忘之，登堂說法，漸且失其故吾」（《周思南傳》，《鮚埼亭集》卷二七）。全氏所記錢公事亦此類：「丙戌以後，頹然自放，生平師友，大半死劍芒，所之有山陽之痛，不堪回首，遂以佞佛之癖，決波倒瀾，儼然宗門人物矣」（《錢蟄庵徵君述》，《鮚埼亭集》外編卷一一）。最令儒者痛心疾首的，也就是這種事實的吧。

## 士人逃禪與儒釋之爭

士人逃禪的更其深刻的根據，在有明學術的流變、趨向中。到本書所論的這一時期，佛家語已是尋常的語言材料。屈大均《廣東文選・凡例》說其選文，「即白沙、甘泉、復所集中，其假借禪言若『悟』、『證』、『頓』、『漸』之類，有傷典雅，亦皆刪削勿存」（《翁山文外》卷二）；《陳文恭集序》也說其錄陳白沙集，「中有借用佛老之言，一皆舍之」（同書同卷）——可知「佛老之言」運用之普遍。張履祥指謫同門陳確借禪家字面（《答陳乾初》，《楊園先生全集》卷二），對其「先師」劉宗周「平日文字中多有釋氏字面，不為避忌」也頗不以為然（同書卷三《答吳仲木》），為張氏所詬病的陳確，則列舉宋儒「察識端倪」一類話頭，以為「皆嘗習內典而階之屬也」（《禪

法上堂？則御書樓章曾言之矣，曰百丈大師建叢林，立清規，首先祝釐。故開堂必祝聖焉，朔望必祝聖焉，萬壽千秋必祝聖焉。夫遺民逃禪，為不甘臣異性也，今開堂必祝聖，所祝何聖？甲申以後，猶可云祝弘光隆武永曆也，永曆而後，所祝何聖？聖而可祝，何異木陳之從周！髡髮染衣胡為乎？此梨洲所痛心，而不便明言者也……梨洲斥為七怪之首，有以也。」「然則遺民逃禪者，必如何而後可？曰《宙亭詩集》十九，初夏詩注，言東塔僧某，刻一印，取東坡句，名其堂曰『病不開堂』。堂且不開，何有歌頌功德之事」（第2528-2529、2531頁）。關於木陳忞於清順治十六年應召「至京面帝」，被封為「弘覺禪師」，南返後於寧波天童建「奎煥閣」，撰《寶奎說》申述「祝釐」的理由，參看《清初僧淨記》卷三《雲門雪嶠塔爭》、《明清佛教》第332-333頁，可注黃宗羲有關祝釐之論。

障》，《陳確集》第 445 頁）：所指出的，無寧說是佛家「話語—思想」無孔不入地滲透這一重大事實。[9]批評顧憲成，說「涇陽以文成無善無惡之言為近佛，力駁之，以自標門戶，而其答諸景陽書則云：異時無常到日，不至吃閻羅棒，此時一蹉，永劫難補。斯言若出文成，不知尤當如何操戈」（《答吳瀋長》，《二曲集》卷一六）。儘管混淆了「語言材料」與「思想」、「學說」，也指出了儒者用語雜、駁這一事實。佛門亦在同一風氣中。郭朋《明清佛教》說名僧「德清居然用『復性』這種儒家語言來說明『禪門』的『工夫』，足見他儒化程度之深！」（第 255 頁）

「會通儒釋」乃至「三教」，作為一種思想、學術取向，由來已久，有明諸高僧多取這種姿態。[10]明清之際的法門名宿也不例外。黃宗羲《蘇州三峰漢月藏禪師塔銘》記名僧漢月與士人「說《論語》、《周易》，鑿空別出新意」（《黃宗羲全集》第 10 冊第 517 頁），錢謙益《華山雪浪大師塔銘》也記雪浪「博綜外典，旁及唐詩晉字」（《牧齋初學集》卷六九第 1572 頁）。徐枋稱道繼起儲「何其深有合於聖人之道也」（《靈巖樹泉集序》，《居易堂集》卷五）。繼起的說「孝」，即以俗世的價值觀（「世諦」）為號召。名僧的上述取向，與士人之於儒

---

9　《日知錄》卷一八「破題用莊子」條曰：「今之學者，明用孟子之良知，暗用莊子之真知。」同卷「科場禁約」條，錄萬曆三十年禮部尚書馮琦請禁科試引用佛書的章疏。由其時士人的語言材料也可知「佛書」之為思想資源。

10　關於明代及明清之際名僧的「援儒入釋」、「會通儒釋」，參看《明清佛教》第 2 章第 2 節關於元賢、傳燈諸僧的介紹。該書關於明中葉的名僧真可（紫柏），曰其「稱佛教為『佛學』，這在佛教史上說來，已頗帶有學術氣味了；而稱『佛法』為『心學』，就更加帶有顯明的儒化痕跡。可以看出，思想頗為龐雜的真可，也是深受陸王心學的影響的」（第 206 頁）。「德清《夢遊全集》卷四四里，有一篇《大學綱目決疑》，算是德清以佛釋儒、或者說是佛化儒學的代表作」（第 245 頁）。智旭說：「惟學佛然後知儒，亦惟真儒乃能學佛！」（第 287 頁）黃宗羲則將此語倒裝了（見下文）。關於繼起說「孝」，參看《牧齋有學集》卷四二《報慈圖序贊》。

釋的力圖「參同」、「會通」，均繫於學術風尚——尤其明中葉之後。《明史》卷二八三周汝登傳，說周氏「更欲合儒釋而會通之，輯《聖學宗傳》，盡採先儒語類禪者以入。蓋萬曆世士大夫講學者，多類此」。明清之際號稱「關中大儒」的李顒，其門人為其所作講學記錄，足證其於佛學濡染之深。[11]上文已提到錢謙益以方以智與宋濂為遙相應和，[12]不妨認為，宋濂、方以智，分別處明初、明末，對於明代士人的「學兼儒釋」，尤其對於士人與佛學的關係，的確有某種象徵意義。

明清易代之際，方以智是致力於會通三教的重要人物，對此，余英時《方以智晚節考》三《晚年思想管窺》已有論說。施閏章《無可大師六十序》說方以智家學淵源，及其披緇後的學術取向，曰：「蓋其先大父廷尉公，湛深《周易》之學。父中丞公繼之，與吳觀我太史上下羲文，討究折衷。師少聞而好之，至是研求遂廢眠食，忘死生，以為《易》理通乎佛氏，又通乎老莊。每語人曰：『教無所謂三也，一而三，三而一者也。譬之大宅然，雖有堂、奧、樓、閣之區分，其

---

11 《二曲集》卷九《東行述》：「既而問六經大旨，先生默然，示之以寂，械士頓醒，拜謝。或詰其故，械士曰：『無聲無臭，六經之所以出，亦六經之所以歸也。』」即類禪機。另如《四書反身錄・論語上》說「知識」之為「心障」（卷三五）；《論語下》說「屢空」，曰「心惟空虛，是以近道」（卷三六），都大有禪味。同書卷一五《富平答問》曰：「余之不敏，初昧所向，於經史子集，旁及二氏兩藏，以至九流百技、稗官小說靡不泛涉，中歲始悟其非，恨不能取疇昔記憶洗之以長風，不留半點骨董於藏識之中……」

12 錢謙益《題無可道人借廬語》：「無可道人，後三百年，踵金華之後塵，其人與其官皆如之。邁遇喪亂，剃髮入廬山，披壞色衣，作除饉男，又何其相類也！」（《牧齋有學集》卷五〇第1626頁）黃宗羲對宋濂則有由文章方面的批評。其曰：「作文不可倒卻架子。為二氏之文，須如堂上之人，分別堂下臧否。韓、歐、曾、王莫不皆然，東坡稍稍放寬。至於宋景濂，其為大浮屠塔銘，和身倒入，便非儒者氣象」（《論文管見》，《黃宗羲全集》第2冊第271-272頁）。

實一宅也。門徑相殊，而通相為用者也。」故嘗有《周易時論》、《炮莊》等書……」（《施愚山集》第 166 頁）當明清之交學術轉型之際，上述取向更契合了其時「學術化」的要求——以「儒學」、「佛學」為「學」，而略損其「信仰化」。儘管其時道學中人頗有因務「兼」而為人所詬病者。黃宗羲批評明末武林讀書社，即逕說其人「徒為釋氏之所網羅」，「本領脆薄，學術龐雜，終不能有所成就」（《陳夔獻墓誌銘》，《黃宗羲全集》第 10 冊第 440 頁）。但「雜」、「兼」，畢竟造成了明代學術的一種特色。吳偉業即以為「唐、宋之講學儒釋分，而我明之講學儒釋合」（《贈照如師序》，《吳梅村全集》卷三五第 756 頁）；且以為「得乎儒釋之合而探其原」，是值得追求的目標（參看《文先生六十序》，同書卷三六）。無論評價如何，「雜」、「兼」、「合」作為事實，已無可否認。

佛書、道藏無所不讀，他本人對此有一番解釋，「嘗言學者格物窮理，只為一己之進修，肄業須醇，勿讀非聖之書。若欲折衷道術，析邪正是非之歸，則不容不知所以然之實。」因而「他若西洋教典、外域異書，亦皆究其幻妄，隨說糾正，以嚴吾道之防」（《二曲集》卷四五《歷年紀略》）。其《答顧寧人先生》曰：「不讀佛書固善，然吾人只為一己之進修，則六經四子及濂洛關閩遺編，盡足受用；若欲研學術同異，折衷二氏似是之非，以一道德而砥狂瀾，釋典玄藏，亦不可不一寓目。闢如鞫盜者苟不得其贓之所在，何以定罪？」（卷一六）儘管也附和時論，將目的設在「闢」上（即先已認定其為只待定罪的「盜」），但在非摒而不讀上，仍略近學術態度。值得注意的是，李氏同書又以顧炎武所主張的「辯疑誤字句」為「辯乎其所不必辯」，因與自己身心無干，以「考詳略、採異同」為「求於末」，說「區區年逾知命，所急實不在此」。氣象與顧氏大不倫，像是並不打

算躬行其所謂「研學術同異，折衷二氏似是之非」。[13]而顧炎武則一再致書，考「體」「用」二字在經傳中的運用，證明釋氏之竊吾儒；辨析「內」「外」，指已成常談的「內典」的說法為非——以考據手段闢佛，正出於顧氏的治學路徑（參看《顧亭林詩文集》第 241-242 頁）。以釋氏為異端，王夫之也在其時儒學語境中，但其人對佛學的態度，卻要複雜得多。其撰《相宗絡索》一書，就有關唯識宗的二十九類範疇進行詮釋，在明代唯識宗式微的情況下不能不引人注目。一時儒者對佛學、佛教的態度，構成了上述參差錯落的對比；又標出了其人在學術轉型中所處的位置。

《今言》記王雲鳳（虎谷）、王瓊（晉溪）：「王虎谷為祠祭郎中，疏請嚴試僧、道，精通玄典者，始與度牒。王晉溪問之曰：『兄謂此可塞異端乎？若如兄策，此輩欲得度，必有精通玄典者出於其間。今二氏之徒苟且為衣食計，尚不可遏塞與吾儒爭勝負。若使精通玄典，又可奈何！』虎谷歎服」（卷三第 186 條）。到張履祥、陳確生活的這一時期，無論闢與不闢，均無可更改佛教、佛學對士林、民間的廣被。儒者的下述不同態度，不過是對既成事實的回應而已。

易代之際著名儒者、學人的溫和主張，部分地正應由「融合」儒、釋的趨勢解釋。北方大儒孫奇逢以為「三教聖人，法各為用，治世出世，正不必相襲。不以相借而加顯，不以相拗而加晦，各有極詣也。」雖其人也指出「吾儒以經世為業，可以兼收二氏之長；二氏以出世為心，自不能合併吾儒為用」（《重修寶藏寺募疏》，《夏峰先生集》卷七）。孫氏對民間的佞佛，也持寬容態度。[14]另一北方遺民傅山

---

13 李氏對其時學派，不事辨析，並近溪（羅汝芳）、海門（周汝登）等，與周程張朱均是之，以「流派」作等量觀，作為「學術」其境界較孫氏更粗陋（參看《二曲集》卷一五《富平答問》）。

14 《夏峰先生集》卷八《重修大士庵記》：「然愚夫婦各遵其師說，而號佛奉教者亦不

則徑用了調侃的口吻說：「佛來自西方，客也，故中之；老子長於吾子，故左之；吾子主也，故右之。雖然，他三人已經坐定了，我難道拉下來不成？」（《題三教廟》，《霜紅龕集》卷一八第 545 頁）方以智說三教合一，也宣稱「孔子復生，必以老子之龍予佛；佛入中國，必喜讀孔子之書，此吾之所信也」（《擴信》，《東西均》第 13-14 頁）。彭士望《與陳昌允書》說陳氏「內治之功，雖從禪入，卻是真禪。宋時李伯紀、張子韶、趙元鎮猷為氣節，卓犖一時，亦俱從禪入。數公胸中乾淨直截，不似世人情慾掩飾，齷齪包裹，故其功業人品俱有可觀」（《樹廬文鈔》卷二）。徐枋以居士比較儒、釋，所見更有非其時「粹儒」所能想見者：「夫儒者以全道為重，故重其在我，每以處優於出；而佛法以行道為亟，故利存徇物，每以出優於處……而瞿曇設教，誓入五濁；神僧應化，不恥亂朝。苟可續慧命、濟群品，則舉身以徇之，豈同儒者規規然以潔己為高哉！」（《送去息和尚住夫椒祥符寺序》，同書卷六）

東南大儒劉宗周一向嚴於儒釋之辨——看他對高攀龍的批評即可知。但如他的門人（如陳確）那樣的「禁絕」主張，則決非得自「師門」無疑。劉宗周明言「居今之世，誠欲學者學聖人之道，而不聽其出入於佛老，是欲其入而閉之門也。譬之溺者，與之以一瓠而濟，一瓠亦津梁也」（《答王金如三》，《劉子全書》卷一九）。另文中還說：「若或界限太嚴，拘泥太甚，至於因噎而廢食，則斯道終無可明之日矣」（《答韓參夫》，同書同卷）。所顯示的，正是以發展儒學為己任的

---

少，惟問其指趣，莫不曰『存好心，行好事，以免罪譴耳』。所謂『家家堂上有活佛』；人人俱於此處著力，則親親長長而天下平矣。有用世之聖人，經正而邪慝自無間。有一二『為我』、『兼愛』、清虛寂滅之人，不妨存之為出世高人作一借徑。」於此可見孫氏持論的平實，思想的樸素。這也是實踐的儒者（而非儒家思想家）的思路。王餘祐的態度亦類此（參看《五公山人集》）。

一代大儒的氣量與現實感，和學人所有的對「成學」「得道」的條件
的認識，其境界非陳確、張履祥輩所能望見。[15]劉宗周論已成常談的
王陽明的「近於禪」，與佛者的再變為「陽明儒」而「近於儒」，以之
為「玄黃渾合之一會」，進而推測其可能成為「佛法將亡之候、而儒
教反始之機」（參看《答胡嵩高、朱綿之、張奠夫諸生》），雖係由儒
家的學派立場出發，對同一現象畢竟有如此樂觀的估量。

卻也正是宋元以來儒學內部的分裂，諸種「雜」、「兼」、「合」
（由儒者的角度，即佛說的「闌入」），尤其儒者中被認為折衷調和的
傾向，深刻化了儒學的危機感。你不難由有關文獻，讀出當年儒釋關
係的緊張性，因被儒者認定為儒學存亡攸關，而於兵火擾攘之際的警
戒姿態。黃宗會批評逃禪，言辭激切（參看《縮齋文集·原亂》）。王
夫之是拒絕逃禪的，其《南窗漫記》有「方密之闍學逃禪潔己，主青
原，屢招餘將有所授……餘終不能從」云云（《船山全書》第 15 冊第
887 頁）。其以小人儒之「淫於釋」，為「禍烈於蛇龍猛獸」（《讀通鑒
論》卷五第 203 頁）。魏禧《高士汪澠傳》記其與汪澠（魏美）的一

15 同文中說：「學者患不真讀佛氏書耳，苟其真讀佛氏書，將必有不安於佛氏之說
者，而後乃喟然於聖人之道，直取一間而達也。審如是，佛亦何病於儒！」可為
師較弟子通達之一例。劉氏對被儒者指為雜禪的陶奭齡，屢加稱揚，且說與其人其
徒「往還論道十餘年如一日，不問其為儒與禪也。」（同文）同書同卷《答王生士
美》曰：「己之儒釋不可不辨，而人之儒釋可姑置之不問。」同卷《答胡嵩高
（岳）、朱綿之（昌祚）、張奠夫（應鼇）諸生》說逃禪者中「不乏深警敏之士，
見地往往有過人者」，而「藉口於聖人之道」的「流俗之士」，「固未有以相勝也」；
「不相勝而相譏，猥欲以語言文字挽其一往不返之深情，亦只以重其惑已耳。」他
自然不贊成「以異端擯同儕」（同卷《答王生士美》）。《年譜》（卷四〇）亦曰：「先
生與陶先生宗旨各異，然相對少有辨難，惟虛己請事而已。」時人以劉氏為氣象森
嚴，實則其寬裕處正有瑣瑣小儒所未能比擬者。邵廷采記陶奭齡：「啟、禎之際，
與蕺山劉子分席而講。悅禪者皆從陶，然蕺山稱其門人，多求自得」（《王門弟子所
知傳》，《思復堂文集》卷一第50頁）。至於劉氏以釋氏為「西方之教」，「以視吾
儒，易地而皆然」，亦通達之論（《劉子全書》卷二三《論釋氏》）。

段對話：「予嘗私問渢曰：『兄事愚庵謹，豈有意為弟子耶？』曰：『吾甚敬愚庵，然世之志士率釋氏牽誘去，削髮為弟子，吾儒之室幾虛無人，此吾所以不肯也』」（《魏叔子文集》卷一七。按愚庵，即明盂，三宜和尚）。汪氏此語頗為人稱引。屈大均《歸儒說》慨歎道：「嗟夫！今天下不唯無儒也，亦且無禪；禪至今日亦且如吾儒之不能純一矣。」（按彭士望《與陳昌允書》批評王學末流，亦曰「遂令天下不惟無真儒，並無真禪」──似亦其時的一種流行語。）

儒者的敏感尤在「闌入」，在淆，在似是而非──出於對儒學純潔性的關懷。王夫之自不以「合」為然，他的說法是：「……強儒以合道，則誣儒；強道以合釋，則誣道」（《老子衍·自序》，《船山全書》第 13 冊第 15 頁）。由並不一致的文化立場出發，錢謙益亦不以混淆式的「會通」為然，說「孔自孔，老、莊自老、莊，禪自禪，乘流示現，面目迥別」。「佛法世諦，如金銀銅鐵，攪和一器，其罪業尤甚於毀佛謗經」（《牧齋有學集》卷五〇第 1630 頁）。其《董文敏公遺集序》也說：「本朝理學大儒，往往假禪附儒，移頭易面」（同書卷一六第 737 頁）。大致同時的唐甄也說：「老養生，釋明死，儒治世。三者各異，不可相通；合之者誣，校是非者愚」（《潛書》上篇《性功》第 22 頁）。他聲稱「生為東方聖人之徒，死從西方聖人之後」（同書下篇《有歸》第 204 頁）。

明清之際士人的逃禪於此遭遇了最嚴厲的批評。士人以此「逃」為保存節操，而有關批評的嚴厲處，正在指此逃為失節。如黃宗羲所謂「不欲為異姓之臣者，且甘心為異姓之子」。[16]在上述指控中，逃禪

---

16 語見《七怪》：「……不欲為異姓之臣者，且甘心為異姓之子矣！忘其逃禪之始願也，是避仇之人而誇鼓刀履豨之技也」（《黃宗羲全集》第10冊第631頁）。《翁山佚文輯》卷中《書逸民傳後》說憂「吾黨二三子」「所學不固，而失足於二氏」：亦暗含了有關「氣節」的命題。

者所背叛的尚不止是學派（及信仰）。令人驚心動魄的，應是其間隱含的「夷夏」這一當時最稱敏感的命題。與黃氏同門的陳確，在其《與惲仲升書》中說，逃禪除有「用夏變夷」之作用，「不然，去清仕一間耳」（《陳確集》第 126 頁）。張履祥態度的激切更有過之，其斥「謂三教一源者，猶秦檜之主和議，外邊雖文飾，實是降虜；借彼說以明吾道者，猶玄宗之用安祿山」（《楊園先生全集》卷二六《願學記一》）。另一師事劉宗周的祝淵也有類似見識。其《臨難歸屬》曰：「或勸餘恥為之民，祝髮遠遁遊方之外可也。嗚呼！吾聞用夏變夷，未聞變於夷者也。釋氏髡首胡跪，此戎狄之教也。去此適彼，於牛羊何擇焉」（《祝月隱先生遺集》卷四）。

　　自佛教傳入之後從未消歇的「禁絕」要求，於此時又被以強烈的語氣提出。陳確《復朱康流書》徑說「吾輩縱不得操人國之柄，居得為之勢，以大禁制之」，至少應「絕口不道二氏之言，絕筆不述二氏之書」，待後起之「明王」、「奮然禁之」（《陳確集》第 128 頁）。顏元與陳確均表讚賞於韓愈所謂「人其人，火其書，廬其居」。顏元的《靖異端》（《存治編》）一篇所言「靖之者」，由「絕由」（「四邊戒異色人，不許入中國」），到「清蘗」（「有為異言惑眾者誅」），到「火其書」，直至「防後」（「有窩佛老等經卷一卷者誅……」）——十足的暴君心態。儒者之偏執者，思路常近法家，這自然根於政體、制度，本身也構成專制的社會基礎。儒者的上述態度，無疑出於充分意識到對手強大時的反應。不可稍持兩端，留一隙之餘地，正證明了戒懼之深。上述議論的有趣處還在，士人即處異族治下，也仍未放棄其權力崇拜，其公然或隱蔽的專制要求。「異端」這一對象，最便於檢驗士人文化批評的品性。正是「異端論」使你看到，「專制」作為意識形態對專制政體下士民的籠蓋。以某種「消滅」、「最後之解決」達成「同一」：當道與草民的願望形式與意志表達於此合致。正是上述文

字間的「焚」「坑」意象使你相信，「暴秦」並不遠，它就在士人的意識中。

在優容與禁絕兩極之間，甚至較之膚淺皮毛的「會通」（有時直是「附會」），於今看來更有價值的，是由「學術」（主要即儒學）方面的佛學批評。同為劉宗周高弟的黃宗羲，雖「闢佛」不遺餘力，仍非「不檢佛書，但肆謾罵」者可比（參看《國朝漢學師承記》卷八《黃宗羲》）。[17] 其所謂「學儒乃能知佛」（《張仁庵先生墓誌銘》），就不失為真正的學術命題，令人可睹其學者、學術史家面目。黃氏同篇論儒、佛關係，儘管由儒學立場出發，仍揭示了某種學術史的事實。如所謂「唯儒者能究」佛學「底蘊」，如曰「昔人言學佛知儒，余以為不然。學儒乃能知佛耳」。他甚至以為「自來佛法之盛，必有儒者

---

17 顧炎武自說「生平不讀佛書，如《金剛經解》之類，未曾見也」（《與李中孚手劄》，《顧亭林詩文集》第242頁）。不讀佛書而不論佛，尚不失學者態度。張履祥說「佛氏之書，未嘗過而問焉」（《答唐灝儒》，《楊園先生全集》卷四），卻仍闢之不已。其邏輯亦簡單直捷：「理惟一是而已，求理之是於儒家，有何不足，而欲假途二氏耶？」（同書卷四〇《備忘二》）陳確則自說其不習內典而已知其非，以為「惟其有可取，故惑人彌深，而禍世滋大」，「故懼而勿敢習」（《禪障》，同書第444、446頁）；也應因此，其以《大學》、老、莊，一概「禪」之（參看《答恽仲升書》，同書別集卷一六）。然由其歷數宋儒之襲用內典語，可知其決非全未習內典者（參看同書第445頁）。顏元的「喚迷途」，則如布道者的攻擊邪教，語言鄙俚不經。其將對方宗旨極度簡化，甚或出之以詬詈（如「死番鬼」、「禿僧」、「西番死和尚」等），與同時陳確等的闢佛，也不屬同一層次（參看《存人編》）。由儒者闢佛所用態度，由其懼為佛學所「涅緇」，懼一往而不返，亦可感其時佛學的巨大影響力。對不究佛說而闢佛，早有批評。《明儒學案》卷二四錄鄧元錫著《論學書》中曰：「彼方慈憫悲抑，弘濟普度，而吾徒斥之以自私自利；彼方心佛中間，泯然不立，而吾徒斥之為是內非外。即其一不究其二，得其言不得其所以言，彼有啞然笑耳，又何能大厭其心乎？」（第567頁）到這一時期，傅山也說：「今之談者云二氏只成得己，不足成物。無論是隔靴搔癢，便只成得己，有何不妙，而煩以為異而闢之也！」（《雜記（一）》，《霜紅龕集》卷三六第998頁）還說傅奕「謂佛法無君臣父子，皆未嘗讀內典，膚臆語」（《傅史》，卷二八第772頁）。

開其溝澮」，其證據就有「萬曆間，儒者講席遍天下，釋氏亦遂有紫柏、憨山，因緣而起」（《黃宗羲全集》第 10 冊第 442、443 頁）。[18]其所撰錢啟忠墓誌銘，對被論者作為把柄的程朱與佛學的關係，也有學術史角度的解釋，曰：「昔明道氾濫諸家，出入於老、釋者幾十年，而後返求諸《六經》；考亭於釋、老之學，亦必究其歸趣，訂其是非：自來求道之士，未有不然者。」由此而謂「道非一家之私，聖賢之血路，散殊於百家，求之愈艱，而得之愈真。雖其得之有至有不至，要不可謂無與於道者也」（同書第 341 頁）。思想之明澈，非但與陳確「道經佛經，決不可看，和尚、道士、尼姑、道姑必不可做」（《復朱康流書》，《陳確集》第 128 頁）式的「不由分說」，非在同一境界，也遠較一時大量語義含混的折衷調和之論為深刻。因有上述根柢，「儒者立場」才成其為「操守」。處易代之際，作為學者的黃宗羲、顧炎武們所難能的，在其不以「生道」與「學」兩視之，即在絕境中也不放棄其儒者身份與使命感。而一時士人的輕於行權，也證明了真正的「學人」之少——這也不獨明末為然。

　　與儒者上述「隘」適成對照的，從來是文人、名士姿態。有明一代文人、名士文化發達，也正構成上述儒者式反應的一部分背景。傅山是北方遺民而有名士氣者。其人自居「道人」，卻非但對佛教，且

18 黃氏自說「於釋氏之教，疑而信，信而疑」，且「深恨釋氏根塵洗滌未淨」（《前鄉進士澤望黃君壙誌》，同書第294頁）；說「吾豈敢薄待方外之人乎？謝康樂曰：『得道應須慧業文人』」（《天岳禪師七十壽序》，同書第675頁）。至於其序釋氏著作，撰禪師塔銘——也未出此風氣；談及一時名僧，則更少迂儒之見。黃氏將士人之逃禪歸因於「世教微闕」，佛教對傑出之士的吸引力，所見則與其師相近。《吳前僧先生傳》：「……世教微闕，魁奇特達之士，決樊籠而出，一擊不中，未有不寄心於禪佛者」（同書第603頁），與同門如張履祥等，境界顯然不同。張氏曾說「祥平生無方外之交，然嘗妄意靈巖，僧家之朝市也」——亦如不讀佛書而已知其非。語見《與董若雨》，《楊園先生全集》卷四。

對其它宗教，亦具「瞭解之同情」，可貴處尤在處易代之際而無「夷夏」眼界的褊窄；其評論「闢佛」、「佞佛」，並不自居「佛學立場」，顯示了教外批評的某種「超然」性；其有關「儀式行為」與「宗教精神」的解釋，也十足有「慧業文人」式的通透（參看本書附錄《我讀傅山》一文）。

## 「以忠孝作佛事」：亂世佛門

有明一代，士之熱心用世，與僧的不甘寂寞，在同一風氣中。且不論道衍因助燕王「靖難」而聲名顯赫，僧人在「胡惟庸案」中因列名「胡黨」而蒙顯戮者亦頗有其人（參看《清教錄》）——均展示了僧人政治上的活躍姿態。《明清佛教》一書，說「明代僧人在政治上奔走權貴，享有特權，則決不是為數很少的。所謂京師『遊僧萬數』，『京師僧如海』等等，其實都是這方面情況的反映」（第 39頁）。號稱「本朝第一流宗師」的梵琦（楚石）即一顯例（關於梵琦與元、明兩朝政治的關係，參見該書第二章第二節）。名僧德清（憨山）公然宣稱：「沙門所作一切佛事，無非為國祝釐，陰翊皇度」（參見同書第 220 頁）。真可（紫柏）、德清均因捲入政治而被逮繫，真可且死於獄中。

僧侶對世俗事務乃至王朝政治的參與，已構成有明政治景觀中的特殊一景。錢謙益《紫柏尊者別集序》（《牧齋有學集》卷二一），有依其視野對於明代宗教與政治的關係的描述。黃宗羲記漢月藏在天啟朝黨爭中，曰：「天啟末，文文肅、姚文毅、周忠介皆得罪奄人，絕交避禍。師在北禪，相與鉗錘評唱，危言深論，不隱國是，直欲鏤面鞭背，身出其間」（《蘇州三峰漢月藏禪師塔銘》，《黃宗羲全集》第10 冊第 516 頁）。錢謙益《憨山大師廬山五乳峰塔銘》記憨山處詔

獄，則是以佛法對抗世間法（酷刑）的例子：「當詔獄拷治時，忽入禪定，榜箠刺爇，若陷木石」（《牧齋初學集》卷六八第 1564 頁）。易代之際僧人與士人的患難與共，僧人的「忠義感激」，確也因「漸」而然，並非激於一時意氣。宋代大慧禪師的名言「予非學佛，而愛君憂國之心，與忠義士大夫等」，明末士人皆耳熟能詳。紫柏怒侍者聞忠義事蹟不哭，至欲推墮崖下，則是明代法門的著名故事。

　　到明亡之際，僧人以其「忠義」而被士人引為「同志」者，確不乏其人。自稱繼起（即退翁）「白衣弟子」的徐枋，曰：「惟吾師一以忠孝作佛事，使天下後世洞然明白，不特知佛道之無礙于忠孝，且以知忠孝實自佛性中出。」「滄桑以來，二十八年，心之精微，口不能言，每臨是諱，必素服焚香，北面揮涕，二十八年，直如一日」（《退翁老人南嶽和尚哀辭》，《居易堂集》卷一九）[19]。魏禧也說其「久懷靈巖老人，能為天地留正氣」（《與徐昭法書》，《魏叔子文集》卷五）。他還說：「予生平於真僧敬之而勿好，近三十年則往往好偽僧。《易》曰：窮則變，變則通。昔之為僧窮乎儒，今之為僧通乎儒之窮」；曰：「夫僧有始於真、終於偽，有以偽始以真終，又或始終皆偽，愈不失其真者」（《贈頓修上人序》，同書卷一〇）——後者即應指明亡之際「有所託」而逃禪者。其弟魏禮對於其時士人之逃禪頗不謂然，尤鄙薄儒家之徒的媚僧，其《答友人書》聲稱「志不學佛」（《魏季子文集》卷八），卻在《大方上人雜著序》中說：「儒者尊儒而黜釋，今日之釋未可以輕黜也，聰明豪俊之士、篤摯之人，無所發

---

19 同文還說：「長夜一燈，狂瀾一柱，維師之道，實範吾儒。君臣父子，大義克扶，彼儒詆佛，非迂則愚」（《居易堂集》卷一九）。全祖望《南嶽和尚退翁第二碑》記此僧，曰：「易姓之交，諸遺民多隱於佛屠，其人不肯以浮屠自待，宜也。退翁本國難以前之浮屠，而耿耿別有至性，遂為浮屠中之遺民，以收拾殘山剩水之局，不亦奇乎！」（《鮚埼亭集》卷一六）

抒其胸中，或蒙難亡命，率多棄妻子，祝髮披緇衣，託跡空苦以休煉
其身心，他日見於事業，補天地所不足者，將於此乎有人。然此絕非
釋氏之本旨……」慨然歎道：「嗚呼！以予所聞見，綱常至性，往往
出於太平時槁木死灰之老僧。予視之，靦然愧入地也」（同書卷七）。
彭士望《與宋未有書》則稱頌僧寒支為「急於救世，緩於成佛，真現
菩薩身說法者也」（《樹廬文鈔》卷二）。即使堅持儒者立場如黃宗羲
者，也不諱言名僧的人格魅力。錢謙益以失節者說僧家之「忠義」，
也辭情慷慨，可知這正是其時的「時論」。其《山翁禪師文集序》所
引魏國銘文中「根柢種姓」一語（《牧齋有學集》卷二一），指的正是
一時所謂「忠義禪師」的世俗根性。[20]此一時期出諸士人、遺民之手
的和尚塔銘，每稱道其人人格的感召力，精神魅力。至於對佛門的上
述評價方式，自然也因了僧人刻意展示的世俗形象；亂世士民對佛門
的特殊期待，無疑參與了其時名僧的形象塑造。

　　名僧通常正是一種有特殊信仰的士，以其士人品性維繫了與「世
間」的聯繫。法門中從來就有錢謙益所謂「不僧不俗，非俗非聖」，
令人「無得而相」者（《大育頭陀詩序》，同書卷二一第893頁）。到
本書所論的這一時期，「浮屠中之遺民」（全祖望語，見注19），對象
徵世俗權力的帝王，較「遺民僧」可能更有一份敬意。僧以君臣之禮
責遺民僧，《清初僧諍記》所引記熊開元事，是一有趣的事例。

---

20 其《贈雙白居士序》發揮「忠孝佛性論」，且上溯佛教史，以見一貫，以名僧之
　「楮柱名教」、「蔚為儒宗」為佛教史上之勝蹟，曰「忠孝，佛性也。忠臣孝子，佛
　種也。未有忠臣孝子不具佛性者，未有臣不忠子不孝而不斷佛種者」（同書卷二二
　第911頁）。還說：「吾惜夫後之作僧史者，徒知執諍抗禮，為撐柱法門盛事，而其
　深心弘願，整皇綱、扶人極者，未有聞焉。斯可謂痛哭者也！」（《遠法師書論序
　贊》卷四二第1428頁）其序木陳忞文集，也通篇說忠孝（參看《山翁禪師文集序》
　卷二一），可知「忠孝」也曾是世人眼中木陳的一種面目。僧人如士人的面目多
　變，於此可見。由上文所引木陳的夷齊論可知，僧之「變節」者的言論，有較之公
　然的貳臣更無忌憚者——亦易代之際的怪現狀之一種。

士人禪悅而無妨於節義，則由上述僧人的行為得了有力的解釋。丁日昌《明事雜詠》云：「三峰漢月古禪堂，鍾板飄零塔院荒。是道是魔吾不解，山門竟有蔡忠襄。」《明季北略》卷二〇記漢月入室弟子蔡懋德（忠襄）在太原圍城語人曰：「吾學道多年，已勘了生死，今日正吾致命時也」（第429頁）。

「浮屠中之遺民」與遺民的結緣，正賴此艱難時世。李鄴嗣《大梅禪師詩序》曰：「自世事翻覆，一旦於寂滅之野、枯心黃面之中，而得卒然邂逅，與申款款，此誠所謂於無所遇之地而得遇所不期遇之人，宜其相見之益親也」（《杲堂詩文集》第423頁）。《明季滇黔佛教考》記文祖堯與陸世儀、陳瑚「以道學相標榜」，「與蒼雪雖鄉人，道術實不相合，一旦國難，乃棄橫舍而住伽藍，平時水火，患難時則水乳也」（卷五第240頁）。文人與僧，更有夙緣。陳子龍《柴石上人詩序》自說於「酉戌之際，江左被兵」時，與僧人「時時過從，相對永日，接其緒言，都有名理」（《陳忠裕全集》卷二六）。黃宗羲《李杲堂先生墓誌銘》則說李氏「雖不逃禪，而酒痕墨蹟，多在僧僚野廟，木陳、悟留、山曉、天嶽皆結忘年之契」（《黃宗羲全集》第10冊第400頁）。

名僧則以保護士人為道義責任。張有譽、熊開元均繼起弟子；上述《明事雜詠》因有「大丞相與大司農，左右靈巖侍退翁」等句。黃宗羲則說一時繼起門下，多有遺民聚集，「故餘詩有『應憐此日軍持下，同是前朝黨錮人』」（《思舊錄·弘儲》，《黃宗羲全集》第1冊第394頁）。[21]徐枋《退翁老人南嶽和尚哀辭》也說繼起「又推其忠孝之

---

21 黃宗羲《思舊錄·弘儲》記徐枋不接受當道而接受弘儲（即繼起）的救助：「徐昭法不受當事餽遺，繼起納粟焉，非世法堂頭所及也」（《黃宗羲全集》第1冊第394頁）。徐枋《穹窿擴南宏大師塔銘》：「餘亂後隱居避世自全，師嘗招餘寄跡其精藍中，去住者幾閱月，而師不令俗人知」（《居易堂集》卷一四）。

心，以翼芘生全天下之忠臣孝子，不容悉數。即嘗為不肖枋排大難、御大患者⋯⋯」其時覺浪門下有方以智（無可）；屈大均削髮所事之僧函昰，據說「雖處方外，仍以忠孝廉節垂示，以故從之遊者，每於死生去就，多受其益」（李景新撰《屈大均傳》，《翁山文鈔》）。因而甲乙之際，僧人遭連染與士人同罹禍患者，頗有其人。覺浪順治五年以論道書中有「我太祖皇帝」等字，為忌者所告，繫獄一年。陳垣以為「即此可見世變之來，宗門不能獨免，雖已毀衣出世，仍刻刻與眾生同休戚也」（《清初僧諍記》第 2468 頁）。關於僧函可因文字獲罪事，詳《柳如是別傳》第 933-937 頁。而當宗門罹禍時，士人的皈佛亦成勇壯之舉。全祖望所撰退翁第二碑，言辛卯之難，寺中星散，歸安故諸生董說，獨負書策杖入山，頗為時論所重。[22]而佛門「失節於中途」者的為僧俗兩界所鄙，也就不難想見了。木陳忞應順治詔入京，氣焰烜赫，在時人眼中正如得新朝寵遇的失節遺民。而同時之玉林則被認為「有李中孚、傅青主之風」（《清初僧諍記》第 2501 頁）。僧家因「修行不密」見知於當道，亦如遺民的避世不遠，終墜世網，均被目為節操問題。至於僧人大汕與屈大均交惡後，竟欲首其《軍中草》，陷之死地；木陳則以「大不敬」攻訐玉林，都熟諳世俗「政治鬥爭」手段，其行徑無異於俗世所謂的「僉壬」。一時俗世諸種角色，佛門幾乎盡有之，足見法門內外本非兩個世界。

　　直至清初的僧諍，也仍未出於其時的「政治」之外。易代之際

---

22 《居易堂集》卷二《與堯峰月涵和尚書》說董說（即月涵和尚）入山事：「近者頗聞山頭不無紛紜，我心悵然，及雙老割來，云一眾星散，我心益悵然。及聞吾道兄獨被書卷，振策登山，不覺以手加額曰：賴有此耳！」居士對佛門命運的關切與同命運感，可謂深至。至於患難中士人與僧人的相互慰藉，如徐枋《靈巖樹泉集序》記繼起儲「辛卯壬辰之交，誤罹世網，幾蹈不測。賢士大夫無論知與不知，皆殫竭心力，欲脫師此厄，如手足之捍頭目」云。關於世俗權力下的法門處境，參看同書卷二《與天善開士書》。

「最大的政治」即明清對抗，因而僧諍即不免含有清與明殘餘勢力之
爭：法門於此頗不清靜。[23]一時居士如潘耒、錢謙益等，當參與其時
僧諍時，無不揎拳捋袖，其勢洶洶；徐枋《居易堂集》說及法門事，
也義形於色；黃宗羲、陳維崧與佛門有關的文字，也都傾向分明。[24]
僧家分剖俗間之「義」與非義，士夫則論說佛門是非，士人與僧人共
一語境，以至共一言論立場。方外方內，同在一紛擾世間，演出同一
大故事，甚至角色也一一相應。僧人為其「諍」而藉重世俗權力（直
至帝利），不如說證明了浮屠的「現實感」；僧人與士人的政治結盟，
則雖屬「方外」對世俗力量的利用，也因居士對佛家事的過分熱中，
動輒以護法自任。在此種情勢下，士人的逃禪即逃得了世俗政治，亦
難逃佛門政治。黃宗羲贈熊開元詩，中有「脫得朝中朋黨累，法門依
舊有矛戈」句，所指即此種事實。

　　至於文人對釋氏的意境迷戀，以及僧侶的名士化、文人化，則由
來已久。名士向多方外交，風雅僧人從來是文人交遊中不可或缺的人
物；有僧人點綴座間，不徒增雅趣，且添禪味。而名僧與名士、文人
往還唱和，也早是一片舊風景。只不過明中葉後，因風氣而更有其規

---

23　《清初僧諍記》曰：「蓋木陳始與繼起競遺老勢力，不勝，繼以新朝勢力競繼起之
　　遺老勢力，亦不勝……」（第2475頁）雍正在其《御製揀魔辨異錄》中，詳細記述
　　了他是如何干預圓悟與法藏之間爭論的，《明清佛教》認為雍正實施干預的真正原
　　因，是法藏門下，多為明末遺民，「門多忠義」（參看該書第308-309頁）。

24　關於居士參與僧諍，如張岐然在天童（密雲悟）三峰（漢月藏）之諍中（參看黃宗
　　羲《張仁庵先生墓誌銘》、《思舊錄·張岐然》）。由錢氏文集看，其密雲悟塔銘，當
　　其時即引起爭議；錢氏對涉足僧諍的自覺及介入之深，也於焉可見（參看《牧齋有
　　學集》卷四〇與張靜涵、木陳諸劄）。而黃宗羲《蘇州三峰漢月藏禪師塔銘》與錢
　　氏所撰密雲悟塔銘對抗，則僧諍的背後又隱藏著士之爭。陳維崧《百愚禪師語錄
　　序》記玉林強奪善權寺產事，說「驚飈所及，林無靜柯」（《湖海樓全集》文集卷
　　三）。同卷《寒松禪師指迷錄序》亦指控玉林的霸道，表達對佛門的失望，指玉林
　　為「釋名而跖行」。居士自任以法門事，無疑加劇了僧諍。

模而已。堅持闢佛的黃宗羲序寺志，也不諱言佛門意境的吸引力
（《明州香山寺志序》所謂「釋氏莊嚴宮室遍於域中，又復以泉石靈
響佐其螺鈸」，《黃宗羲全集》第 10 冊第 5 頁）。一時名僧之被士人引
為「同志」者，則往往不止因其為「忠義僧人」，且因其「忠義」而
為詩僧——更與士人癖性契合。僧而能詩，也非自明代始。但以「忠
義」入詩，仍可看作明清之際僧界勝景的吧。吳偉業詩話的論蒼雪
徹，說其自謂生平於詩證入不二法門，「禪機詩學，總一參悟」；還說
「其《金陵懷古》四首，最為時所傳。師雖方外，於興亡之際，感慨
泣下，每見之詩歌。嘗自詠云：『剪尺杖頭挑寶誌，山河掌上見圖
澄。休將白帽街頭賣，道衍終為未了僧。』益以見其志雲」（《吳梅村
全集》卷五八第 1145 頁。道衍，姚廣孝）。江南至明清，文人文化幾
臻極境。僧而風雅，風雅僧人而「忠義」，亦勢所必至。卻也有反感
於僧人的文人化的。陳確即說「今之善知識，悉染時士習氣，題箋寫
扇，狼藉人間」，自說其「深鄙之賤之」（《與老友董東隱書》，《陳確
集》第 86 頁）。

　　不待說的是，逃禪者非即「遺民僧」；即「遺民僧」，其人對「遺
民—僧」的詮釋，更因人而異。李鄴嗣記周唯一，說周氏之諸「不
附」，就包括了「遁於釋門」而「不附釋門」。周氏因有平生的諸「不
附」，才能有為僧的不附他僧，為遺民的不附他遺民，以至「出處大
節」的「不附一世」（《周貞靖先生遺集序》，《杲堂詩文集》第 398-
399 頁），其人因而才堪稱真遺民，非時風眾勢中的「遺民」可比。

# 第二節　衣　冠

　　明清之際「頭髮的故事」，見諸文獻，所在多有。黃宗羲《兩異
人傳》中說：「自髡髮令下，士之不忍受辱者，之死而不悔。乃有謝

絕世事，託跡深山窮谷者，又有活埋土室，不使聞於比屋者。然往往
為人告變，終不得免……」（《黃宗羲全集》第 11 冊第 53 頁）黃氏以
此比清初之政於「暴秦」。《余若水周唯一兩先生墓誌銘》則謂處清初
之世較陶淵明的處宋，更有其艱難：「……靖節所處之時，葛巾籃
輿，無鉗市之恐，較之今日，似為差易。」戴名世也說：「杜子美詩
曰：『喪亂死多門。』明之士民死於飢饉，死於盜賊，死於水火，後
又死於恢復，幾無孑遺焉，又多以不剃髮死，此亦自古之所未有也」
（《王學箕傳》，《戴名世集》卷七第 211 頁）。黃氏所記余、周二遺民
的對策，有某種代表性：余氏「冬夏一皂帽，雖至昵者不見其科
頭」；周氏則「盡去其髮而為髮冢」，自稱「無髮居士」，與山僧樵子
為伍（《黃宗羲全集》第 10 冊第 276、277 頁）。余氏的不剃固然是拒
絕，周氏的「盡斷其餘」，也是對「時式」也即朝廷律令的拒絕。關
於周齊曾（唯一），李鄴嗣《周貞靖先生遺集序》說其人遁入「釋
門」而「不附釋門」，與黃宗羲說法有別（參看上節）。逃禪特盛於明
清之際，與清初的剃髮令自有直接關係。雖同一「剃」，此剃不同於
彼剃：非但含義不同，且樣式也有不同。在這種意義上，逃禪無非
「別豎一義」，對「剃」另作解釋——可見遺民在「髮」之一事上用
心之苦。[25]

　　遺民本人有關剃髮的文字表達，往往隱晦，即上述黃宗羲記餘增
遠（若水），也只說其「皂帽」、未見「科頭」而已。王夫之明示其對
剃髮的態度的，雖係為別人而作，所表達的，無疑更是他本人的意志
（中曰：「雖摧折於方今兮，聊不辱於百年」，《船山全書》第 15 冊第
246-247 頁）。魏禧說其亂後出所隱居的翠微山，屢用「貶服毀形」的

---

25 但於此也仍有思路的不同。流亡日本的朱之瑜（舜水）說其不剃度為僧，因其與入
　　清之剃「頗有相似」，參看其《答黃德舍書》、《答釋獨立書》，《朱舜水集》卷四。

說法，如《與熊養吉》曰「貶服毀形為汗漫之遊」（《魏叔子文集》卷
七）。「貶服」無疑指易清服，「毀形」則指剃髮（由其《看竹圖記》
自記其山居畫像，可知其當時所著為明代衣冠）。見諸文字的其時士
人有關「剃髮」的表達，在平世看來，頗像弄狡獪，非要置於其時其
地，才能感到其沉重的。正是禁忌，造成了說禁忌性話題的藝術。錢
謙益《題邵得魯迷途集》，故意混淆法門之披剃與清初的強制性剃
髮，曲折地記述了邵氏的拒剃（《牧齋有學集》卷四九），亦巧於說禁
忌性話題者。

新主以衣冠髮型的強制改換，作為「征服」的標記，遺民的以剃
髮為恥，更有深因，如「身體髮膚，受之父母，不敢毀傷」的古訓。
在明清之際的語境中，剃之為恥，集中在上述黃宗羲所謂「髡發令
下」的那個「髡」字上。經了此「髡」，即無異於「刑餘」。屈大均即
一再說「城旦」、「髡」、「刑餘」。其《長髮乞人贊》曰：「哀今之人，
誰非刑餘。為城旦舂，髡也不如。」甚至說「無髮則鬼」、「有髮則
人」（《翁山文外》卷一二）。徐枋也指剃髮為「髡刑」，其《答吳憲副
源長先生書》自說「猶冀無毀髮膚，他日庶可見吾親於地下，因變姓
名，匿跡蘆中，瀕死數番，流離四月……而事與心左，復受髡刑」
（《居易堂集》卷一）。黃宗會亦有「髡鉗為異類」的說法（《王卣一
傳》，《縮齋文集》第 134 頁）。遺民在此種場合所強調的，是「剃」
之為奇恥大辱。在這種氛圍中，三藩之亂的以「全發起義」為號召，
就策略而言不可謂不高明（《清史稿》卷四七四吳三桂傳，記吳氏
「謀為亂」，自號周王天下都招討兵馬大元帥，「蓄髮，易衣冠，幟色
白……」）[26]

---

26 但三藩之變中對髮式衣冠的強制性改變，在小民，不過是又一度的滋擾以致迫害。
　其時耿精忠發佈的文告曰：「爾等文武官員紳士軍民人等，均屬中華之赤子，久思
　漢代之威儀。令下之日，速宜剪辮，留發包網。所有官帽員領帶綬儒巾小帽，一切

　　就我所讀到的遺民文字，在此一事上表達之激切放肆無忌憚的，無過於屈大均其人。屈氏文集中隨處可見怨毒的宣洩。《禿頌》（《翁山文外》卷一二）一篇以禿為幸，以己之未嘗禿為不幸，更公然以「辮垂」為恥（「毀傷之罪，我今復罹。剝膚之痛，人皆患之。羨子之禿，不見刀錐，無煩髻結，不用辮垂」）。同書卷一六《藏發賦》更曰：「弁髦遺體，以變羌氏。豈甘戕賊，弗欲全歸。索頭有國，實逞淫威。」「烏桓之俗，女直無違。遂易天下，拖辮垂規。無發則雄，有發則雌。雌雖有發，雙鬟不垂。」「異時橫草，野死不埋。誓將腐肉，以飽狐狸。惟留爪髮，用鎮月氏。」由此看來，其人身後的得禍確也無怪其然。

　　遺民在「冠」上的煞費苦心，往往也為了「發」的保有，以全發為全節以至存明。[27] 到了二百餘年後，清末民初為魯迅所寫的「頭髮的故事」，卻正應了那句被人說濫了的名言：第一次是作為悲劇出現，第二次是作為笑劇出現。事情自然也並不如是簡單，那後一次留辮剪辮的故事裏，也藏了不少的辛酸的——這已在本節的題旨之外。至於明清之際，頭髮之外，很演出了些悲劇慘劇的，還有衣冠。戴名世《吳江兩節婦傳》曰：「吾嘗讀《順治實錄》，知大兵之初入關也，淄川人孫之獬即上表歸誠，且言其家婦女俱已效國裝。之獬在明時官列於九卿，而江淮之間，一介之士，里巷之氓，以不肯效國裝死者，

悉照漢人舊制，毋得混淆。共敦華夏之風，復睹文章之舊。如有抗玩，軍令不赦」（參看劉鳳雲《清代三藩研究》第232-233頁）——與清人並無二致。不難想見「叛軍」所到之處士民的苦況。

27 忠義、遺民「拒斷」的故事尚多，黃宗羲《海外慟哭記》記林化熙臨難「口占一絕云：『吾頭戴吾發，吾發表吾心。一死還天地，名義終古欽』」（《黃宗羲全集》第2冊第216頁）。《鮚埼亭集》外編卷六《陸佛民先生志》等亦記有類似故事。戴名世記朱銘德「不忍剃髮，剪其發使短，發長更剪之，而衣冠不改」（《朱銘德傳》，《戴名世集》卷七第209頁）——亦一種遺民對策。

頭顱僵僕，相望於道，而不悔也」（《戴名世集》卷八第 226 頁）。此
所謂「國裝」，即清代衣冠。如剛剛說到的，衣冠的故事與頭髮的故
事，在不少場合，正是一個故事。清初的剃髮令，使「發」這一人體
之局部象徵化了；而冠因與發相關，也分有了歸屬選擇、身份確認一
類極嚴重的意味。

　　但易代之際士人所表現出的對明代衣冠的鍾愛，固然有政治意
味，亦有文化感情的積蓄為背景。《明史》卷二八二周蕙傳，記周氏
「還居泰州之小泉，幅巾深衣，動必由禮。州人多化之……」在撰寫
者的理解中，其人的服飾語言與行為語言，均參與助成了其「化民成
俗」的大事業。到本書所寫的這一時期，如錢謙益的狀寫書生風度，
每每成為文化懷念的表達。如記諸生某「攝衣冠之學宮，緩步閭巷，
風謖謖出襟間」（《和州魯氏先塋神道碑銘》，《牧齋有學集》卷三五第
1226 頁）；某公「褒衣大帶，出於邑屋，有風蕭然，如出衣袂中」
（《盧府君家傳》，同書卷三七第 1291 頁）。其所欣賞並懷念不已的，
無寧說是一種由衣冠所表達的寬裕悠然的意境、氣象。錢氏追憶四十
年前與程嘉燧（孟陽）的交往，那情景是「山園蕭寂。松栝藏門，二
老幅巾憑几，摩挲古帖」（《書張子石臨蘭亭卷》，《牧齋有學集》卷四
六第 1538 頁）。在這幅圖畫裏，「幅巾」是構造意境不可或缺的，情
調、風致也於焉可見。

　　見諸文獻，直至明亡前夕，士人、小民仍未失去其對於服飾的興
趣。士人依然引領風尚，名士也仍以此自喜。邱維屏《亡友魏應搏
傳》記魏氏「遊吳、越歸，冠吳冠，高尺有二寸，縣中人盡笑之。後
三月，縣中無不冠者，冠或尺四寸」（《邱邦士文鈔》卷二）。即使處
在異族治下，遺民中有情趣者，也仍未牿亡了其對於日常生活的創造
熱情。陳確的《竹冠記》、《再作湘冠記》（《陳確集》文集卷九），就
是兩篇別致的「衣冠的故事」。陳氏自記其「春戴雲冠，夏戴明冠，

秋戴湘冠」（第 216 頁），其工藝水準與想像力，令人想到黃宗羲所記周齊曾的「山林標緻，一器之微，亦極其工巧。嘗拾燒餘為爐，拂拭過於金玉。又得懸崖奇木，制為養和，坐臥其間」（《余若水周唯一兩先生墓誌銘》），均表現出東南人士的風雅、精賞，將人生審美化的能力，與細膩的生活藝術——遺民處易代之世，意境也有如許的差異。

明代的正統文學像是光彩不足，但明人與「日用」有關的生活智慧與文化創造，至今仍為人稱道。在後人看來，明人將傢俱器用衣冠等等，無不作成那一朝代文化的便於識別的標記。其間明代帝王（尤其太祖與世宗）在服飾上的創造欲，又直接影響於風尚習俗；當然在君主，那更是「制度創造」。《明史》卷六六輿服志二，記洪武二十四年太祖「微行至神樂觀，見有結網巾者。翼日，命取網巾，頒示十三布政使司，人無貴賤，皆裹網巾，於是天子亦常服網巾。」即使荒唐天子正德的為臣下設計帽子，不也多少得自其前輩的啟示？人主的上述行為，影響於士民的文化感情，到明亡之際看得格外清楚。戴名世記某人因「明代衣冠」而被逮繫，卻至死堅持畫網巾於額，時人也即以「畫網巾」名之。此「畫網巾先生」自說其所以畫網巾，曰：「衣冠者，歷代各有定制，至網巾則我太祖高皇帝創為之也。今吾遭國破即死，詎可忘祖制乎！（《畫網巾先生傳》，《戴名世集》卷六第 169 頁）[28]《靜志居詩話・葉尚高》記葉氏「兵後佯狂，幅巾大袖行於市，太守見而執之。賦詩云：『北風袖大惹寒涼，惱亂溫州刺史腸。何似蜉蝣易生死，得全楚楚好衣裳。』釋之不問」（第 645 頁）。黃宗羲《海外慟哭記》亦錄有上述《胡服詩》（參看《黃宗羲全集》第 2 冊第 219 頁）。葉氏後以他事繫獄，自經。

---

28 周亮工《因樹屋書影》卷九：「俗傳網巾起自洪武初，新安丁南羽言，見唐人開元八相圖，服皆窄袖；有岸唐巾者，下露網紋。是古有網巾矣，或其式略異耳。」

　　當明亡之際，率先以衣冠為表達並以此啟發了臣民的，無寧說正是崇禎。《明史》卷二六六陳良謨傳，記陳氏「聞帝崩煤山，大慟曰：『主上不冕服，臣子敢具冠帶乎！……』」著明巾自縊。其後演出的忠義遺民故事，在冠服一項上，頗接受了主上的提示。祁彪佳「遺命」曰：「遭時大變，死有餘愧，勿立銘旌，勿求志傳，勿受弔殮，勿用冠帶」（《行實》，《祁彪佳集》卷一〇第 240 頁）。崇禎以「不冕服」為表達，臣子則以不具冠帶為表達，其以衣冠表意，且出諸刻意的設計，則是一致的。立意在「死」這一題目上將文章作足的屈大均，更刻意以衣冠為表達。其自作衣冠冢，在衣冠上反覆叮囑，也像是惟恐其心跡不明。[29] 關於遺民「衣冠的故事」，我還將在談到遺民葬制時接著講。

　　士人對其冠服的情有獨鍾，部分地也應以明代人主的有關製作來解釋。[30] 而上文已經說到的士人對其服飾的「寬博」的特殊愛好，又須置諸易代之際服飾的強行改易這一背景之上。《研堂見聞雜錄》曰：「士在明朝，多方巾大袖，雍容儒雅。至本朝定鼎，亂離之後，士多戴平頂小帽，以自晦匿。而功令嚴敕，方巾為世大禁，士遂無平頂帽者……間有惜飾羊遺意，私居偶戴方巾，一夫窺，慘禍立發。……又其初，士皆大袖翩翩，既而嚴革，短衫窄袖，一如武

---

29 《翁山文外》卷八《自作衣冠冢誌銘》：「噫嘻！我自衣冠，而我藏之。藏之於生，良為可悲。無發何冠，無膚何衣。衣乎冠乎，乃藏於斯。噫嘻！衣冠之身，與天地而成塵；衣冠之心，與日月而長新。登斯冢者，其尚知予之苦辛。」同卷《翁山屈子生壙自志》：「遺命兒明洪等：吾死之日，以幅巾深衣大帶方舄殮之……」

30 明代人主囑意於士冠服，見諸《明史》卷六七「輿服」志三：「洪武三年令士人戴四方平定巾。」「二十四年，以士子巾服，無異吏胥，宜甄別之，命工部制式以進。太祖親視，凡三易乃定。」同書卷一三八秦逵傳亦記此事：「帝以學校為國儲材，而士子巾服無異胥吏，宜更易之……賜監生藍衫絛各一，以為天下先。」可見在此種制度創造上的鄭重。

裝……」（《烈皇小識》第 268-269 頁）姜垛記三遺民「履不出戶庭，
不見當世垂縱戴纓之客」（《十月十八日述事》，《敬亭集》卷六）。王
夫之言及「辮髮負笠」（《船山全書》第 12 冊第 507 頁），魏禧說到
「朱纓」、「窄袖」時，其嫌惡之情無不溢於言表。這也才更有力地解
釋了降清者對故明衣冠的不能忘情。士人對衣冠的文化意味向具敏
感。吳應箕於明亡前夕的留都，見其時裝「忽一變為小袖短衣，長不
及膝，而袖則寬不逾尺，且鞋頭深五寸，而窄襪至不能穿足」，即以
為「舉止輕佻，殊失雅觀」（《留都見聞錄》卷下《服色》，《貴池先哲
遺書》）。陸世儀《顧遙集三知編序》曰：「昔五代之季，人皆從戎，
至藝祖軍中，始有寬衣博帶者。父老指而相謂曰：『此曹出，吾輩得
睹太平矣。』」（《桴亭先生遺書》卷三）到明清易代之際，「寬」與
「窄」更非止樣式，而繫於文化氣象與文化根源。「一絲華夏，在爾
皮膚」（屈大均《長髮乞人贊》）。有這一種理解，為了髮型與衣冠，
頭顱確也值得一擲！降清者對此中意味亦有會心。《清史列傳》卷七
九《貳臣傳‧陳名夏傳》記寧完我劾陳名夏「包藏禍心以倡亂」，其
事實即有陳氏曾說「要天下太平，只依我兩事」，即「留發，復衣冠」
（甯氏以為「名夏必欲寬衣博帶，其情叵測」）。

　　也如士人的以逃禪為「拒剃」，當此之際「古衣冠」也提供了拒
絕「時式」的一種選擇。儘管據《禮記》，孔子說其「不知儒服」，[31]
「深衣」出諸儒家之徒的創制無疑。早在崇禎末年，張履祥就曾以
「深衣」拒絕時式。[32]《二曲集》中門人記其南行講學，「紳士見其冠

---

31 《禮記‧儒行》：「魯哀公問於孔子曰：夫子之服，其儒服與？孔子對曰：丘少居
　　魯，衣逢掖之衣；長居宋，冠章甫之冠。丘聞之也，君子之學也博，其服也鄉，丘
　　不知儒服。」

32 《張楊園先生年譜》（《楊園先生全集》）於崇禎元年（時張氏18歲）記曰：「初，士
　　大夫高冠博袖。至崇禎間，服飾怪侈。巾或矮至數寸，袖或廣至覆地，或不及
　　尺。」張履祥「獨仿深衣意，袂尺有二寸，冠守舊制，謔者呼先生為長方巾。或謂

服不時，相顧眙愕」；姑蘇人亦曰「其服甚古」。南人所詫怪的李氏冠服之「不時」，自然指非時式（即「小袖時袍」）。收入該書的《歷年紀略》，記康熙十二年當道聘李氏主持關中書院，提學鍾朗「以先生衣服寬博不時，預制小袖時袍馳送，先生笑而藏之，仍寬博以往。至城南雁塔，鍾出城奉迎，見之愕然。先生曰：『僕非宦僚紳士，又非武弁營丁，窄衣小袖，素所弗便，寬衣博袖，乃庶人常服，僕本庶人，不敢自異……」不大象是刻意地以衣冠為遺民意志表達，自然也決非蓄意標新領異，其意也當在保持儒者儀態風度的吧。黃宗羲的考深衣（《深衣考》，《黃宗羲全集》第 1 冊），所關懷也應在儒家文化的保存。

衣冠的處置，從來被認為足以顯示儒者人生態度的嚴肅性。王夫之記其祖父，「歲時衣大褶，戴平定帽，坐起中句矩。或勸公曰：『君閥閱冑子，郎君又以儒名家，獨不可以儒服乎？』公笑而不應」（《家世節錄》，《船山全書》第 15 冊第 214 頁）。這裏的不「儒服」更見出鄭重。在忠義傳狀裏，即在倉促之際，也如子路的結纓，對衣冠決不苟且。黃宗羲《弘光實錄鈔》記劉理順之自縊，「樸頭平腳礙環不得入，乃脫平腳口銜之，引頸入環，然後取平腳施於樸頭而卒」（《黃宗羲全集》第 2 冊第 41 頁）。此類記述，十足的儒者趣味，令人可感道學氛圍的籠蓋。

在清初，遺民中頗有「終身服先朝之服」者，也如拒剃，這是一種賭生命的表達。陳垣《明季滇黔佛教考》錄孫仁溶《義士傳》記陳佐才事，略為「順治辛丑，滇版圖已入清三載矣，時無不清制是遵者，君獨蓄髮，加冠峨峨，仍漢威儀，出入裏，意氣坦如也。遂羅而

---

先生何必以衣冠自異，先生笑曰：『我何嘗異，人自異耳。』又嘗曰：『人徇其所同，余守其所獨，固有見病於時者也。』」

致之鎮府……」（卷五第 247 頁）屈大均《自作衣冠冢誌銘》銘文中有「井邑攸改不改服，方山子冠猶矗矗。章逢蔽形書滿腹，下見古人無慙」等句。當然，對這類表白，也不可都當真。

以衣冠為避世（清世）的象徵，遺民於此幾乎窮盡了其想像力。其中有人不惜返回初民時代。黃宗羲《陳乾初先生墓誌銘》（初稿）記陳氏「截竹，取書刀削之成冠，以變漢竹皮冠之制，其服也，不屑為唐以下，突兀遇之寒田古剎之下，不類今世人也」（《黃宗羲全集》第 10 冊第 350 頁）。屈大均記曰其「弟子亦多束髮椎髻，如太古遺民，絕不知有城市衣冠者」（《高士傳》，《翁山文鈔》卷四）。

尤有戲劇性的，是三藩之變中衣冠的錯雜紊亂。魏禧記其時「寧都、南豐二百里間，或赤纓介馬而馳，或褒冠博衣，翱翔於城市，相去若絕域」（《贈謝約齋六十有四敘》，《魏叔子文集》卷一一）；赤纓為清冠，褒冠博衣則為明衣冠——亦一時奇景。劉鳳雲《清代三藩研究》引目擊這場叛亂的王鉞所說，「當廣州之初變也，王公大夫皆戴大帽，衣滿洲袍，民間為之謠曰：明朝頭，清朝尾，過了三週年，依舊歸康熙」（第 206 頁）。易代之際與髮式衣冠有關的戲劇尚不止於此。因「易代」有時間的參差，「漢家」衣冠，反而暫時保存在了荒徼以至屬國——亦其時「衣冠的故事」中富於戲劇性者。方以智在流亡中即有此驚喜，其《戊子元旦》曰：「驚聞蠻地曲，留得漢家春。路可供芒履，天容著幅巾。」

世易時移，即「故國衣冠」，風味也終要變的。至於士夫的復古趣味，更與小民無涉。《弘光實錄鈔》記金聲被執，「當是時，南都改服已久，聲與其徒峨冠大帶而入，道路聚觀」（《黃宗羲全集》第 2 冊第 105 頁）。金聲死於乙酉，距「南都」陷落不過數月，明代衣冠在其地小民眼中，已不啻奇裝異服。錢謙益《潘文學墓誌銘》說嘉定潘氏等「方巾大帶，整冠脩容」，「喪亂以來，老成凋謝，是數君子者，

已邈然如古人矣」（《牧齋有學集》卷三二第 1161 頁）。在不放棄恢復期待的遺民，這也是最令其痛心的事實。王源《李孝慤先生傳》，也令人看到了著上述衣冠的士人在小民中的情景。李明性於「甲申變後，遂隱，足跡不履市闤。被紫棉布袍，夏葛，冠六合，方領博袖，蹢蹢然偶出，則觀者如堵」（《居業堂文集》卷四）。黃宗羲《陸汝和七十壽序》寫陸氏「峨冠方領，翱翔於市人之中，莫不指而笑之」（《黃宗羲全集》第 10 冊第 658 頁）。李鄴嗣《李嘉禾集序》記李國標，亦曰其「衣冠杖履甚古，所至聚觀」（《杲堂詩文集》第 410頁）。儒者以化俗為職志，而俗之易變有如是者！我在下文中還將說到，遺民生活的諷刺性不僅於此。莊嚴轉成滑稽，也是歷史生活中的常見一幕。

　　不消說，逃禪者的那一領緇衣，也被用了來拒絕「時式」。名僧蒼雪徹《次韻吳駿公見寄》曰：「國破家何在，山深猶未歸。不堪加皂帽，寧可著緇衣」（《南來堂詩集》補編卷二）。《明季滇黔佛教考》錄吳中蕃《敝帚集》卷九《羨僧》一首，詩云：「毗盧帽子錦袈裟，高坐公堂頌《法華》，世上威儀都改盡，看來不改是僧家」（卷五第256 頁）。在當時的士人，僧家確也因此足羨。但逃禪既是行權，就有雖僧衣而仍不肯「僧其帽」者，如上述屈大均。甚而至於有雖僧帽衲衣而猶不肯僧其發者。楊鳳苞記歸莊：「俄城破，亡命，發鬖鬖而僧帽衲衣，往來湖海間……」（《碑傳集補》卷三六《歸恒軒紀略》）我們又回到了本節開頭的題目上：「剃」是何等重大的事件！

# 第三節　交　接

　　交接即在平世，也被認為節操所關。當明清易代之際，其嚴重性不能不百倍地放大了——尤其遺民的交接。

## 拒絕清世

　　遺民故事一到「交接」這一節目，其情節其情境其敘事趣味，即難免與貞婦烈女的故事混淆；男人的故事與女人的故事，於此竟像是同一個故事。如以「交接」為名節所關，以杜絕人事應接為保存節操的必要條件。[33]遺民故事與貞婦烈女故事的相像，固然因處境的相仿，也應因已有的故事模式之於想像力與選擇的限制。歷史的重複有時就因此造成——無論大事件，還是個人行為。

　　自我放逐於「人事」以至「人世」之外，近乎以生為死，也屬典型的遺民行為，不獨明清之交為然。已具原型意義的，如上文已提到過的所謂「土室」、「牛車」。關中大儒李顒好說「土室」，自稱「土室病夫」，其曰：「昔袁閎樓土室，范粲臥敝車，雖骨肉至親，亦不相見。而我之鎖扉幽居，二三宿契之來不免啟鑰晤言，破戒壞例，為害不淺」（《答張伯欽》，《二曲集》卷一六）。王夫之也說范粲「三十六年佯狂不言，卒於車中。子喬侍疾，足不出邑里，父子之志行，誠末世之砥柱矣」（《讀通鑒論》卷一一第 424 頁）。

　　「土室」、「牛車」，將文章作在了「交接」上，以杜交接為與其時其世的「關係」的宣告，為其人歸屬的宣告。遺民對其孤獨處境的確認，經由「土室」「牛車」之類而模式化了。一時遺民中被認為自律最嚴，近乎楷式的，即有徐枋（昭法）。潘耒《徐昭法先生祠堂記》，謂徐「非其同志，雖通家世好，踵門不得見，與之書亦不答」，

---

33 見諸《明史》的貞婦烈女故事可供與遺民故事比較者，如卷三〇一烈女傳記范氏二女守節，「築高垣，圍田十畝，穿井其中，為屋三楹以居。當種穫，父啟圭竇率傭以入，餘日則塞其竇，共汲井灌田。如是者三十年。」同卷中的其它節烈事狀亦有似者。顏元以明末死節之臣為「閨中義婦」（語見李塨撰王源訂《顏習齋先生年譜》卷上，《顏元年譜》第34頁），大可玩味。

「而一切饋遺，堅卻不受」（羅振玉輯《徐俟齋先生年譜・附錄》）。
徐枋自序其《居易堂集》，曰：「而此四十年中，前二十年不入城市，
後二十年不出戶庭，」該書卷三《與馮生書》也說「始則絕跡城市，
今並不出戶庭，親知故舊，都謝往還，比屋經年，莫睹我面。」[34]巢
鳴盛於「桑海以後居於墓廬，不出一步，不交一人」（《明文海評語匯
輯》，《黃宗羲全集》第 11 冊第 138 頁）。杜濬《胡曰從中翰九十壽
序》說胡氏「嘗獨處一小樓，足不履地者三十年」（《變雅堂遺集》文
集卷五）。陸世儀於兵敗後「鑿池寬可十畝，築一亭，擁書坐臥其
中，不通賓客，榜曰『桴亭門』」（《小腆紀傳》卷五三第 574 頁）。[35]
至於黃宗會《解疑》（《縮齋文集》）一篇，解釋其所以「一切杜權息
機」、戒卻交遊之故，乃憤世嫉邪者言，亦自刻畫了其「隘」（參看黃
宗羲《縮齋文集序》）；同書《後死或問》也是一篇「遺民交接論」，
說處遺民「自宜戢景藏採，其聲響昧昧，惟恐復聞於人」（第 24
頁）。凡此，均令人可感遺民社會不成文法的約束力。自我錮閉一時
成為遺民資格獲取的條件，這無疑嚴重化了「交接」的意味。

　　遺民以「交接」為自我界定，以「交接」為自己作時空定位，其
中持身尤嚴者，則以人際交往為與一個朝代的關涉，以與清人（仕清
之人）的「交接」，直接等同於與「清朝」的交接。他們的以處「土

---

34　《靜志居詩話・徐枋》：「孝廉高蹈者，吳、越居多，始終裹足不入城市者，吾郡李
　　潛夫、巢端明及吳中徐昭法，此外不概見」（第587頁。李潛夫，李確；巢端明，巢
　　明盛；徐昭法，徐枋）。遺民之處僻鄉、山林，不入城市，以「城市」、「山林」（以
　　及據山林的佛寺道觀）為象徵，亦出自因襲：即以山林為（清）世外。遺民的自我
　　想像、自我界定，不能不賴有這類時空假定。

35　此傳所記，或僅陸氏一段時間中的狀況。由陸氏文集及年譜可知，其不但參與講會
　　（如陳瑚所主持的蔚村講會），且對時政有積極干預，絕非自我錮閉、甘於枯槁
　　者。遺民處交接往往前後有所不同，如李顒，如易堂諸子。僅據遺民傳狀往往不能
　　得知真相。下文將要談到的八大山人，王源即說其「赤貧，以書畫為生活，不得
　　不與當事交，亦微憾耳」（《與梅耦長書》，《居業堂文集》卷六）。

室」、「牛車」為拒「清」、存「明」，無疑預先假定了「土室」、「牛車」在當世之外。這本是有待於論證的，卻似乎並無論證。不論證不像是無意間的忽略，倒像是蓄意的迴避：他們無疑明白論證中的困難所在。「土室」、「牛車」，是遺民處交接極端的一類；但「交接」，不失為清理遺民與「當代」關係形式（或曰關係假定）的一種線索。

　　某種模式化並未減卻了遺民表達的個人性。由傳狀文字給人的印象，此一時期的遺民競相「為其難」，「為尤難」，在設計「拒絕」這一姿態時，既有因襲，也有創造。如「為牖不為戶，其故舊往，則自牖出入」（事見《碑傳集》卷一二六《金癡傳》）──此即為黃宗羲所譏的「穴垣通飲饌」；如陳南箕的明亡入山，「絕不與人通一語」（《翁山文鈔》卷四《高士傳》），如八大山人的啞默，無不奇僻而近於怪誕。《碑傳集》卷一二六邵長蘅《八大山人傳》記其事，曰：「一日忽大書啞字，署其門，自是對人不交一言，然善笑而喜飲益甚。或招之飲，則縮項撫掌笑聲啞啞；又喜為藏鉤拇陣之戲，賭酒勝則笑啞啞，數負，則拳勝者背，笑愈啞啞不可止。醉則往往欷歔泣下……」不語，啞，無寧看做特殊的言說。對表達方式的刻意追求，也因了明清之交士人「為尤難」的風氣的鼓勵。全祖望《陸佛民先生志》，說陸氏雖未「抗開剃之命以殞生」或「終身逃之島上」，然而居城市中而「柴門謝客，甘心於死灰槁木以逃世網，斯尤難矣」（《鮚埼亭集》外編卷六）。

　　在此情境中，出應世務，自不免被視為失節之漸，甚至節操之玷。李顒在一度出主關中書院之後，「追悔無及」，曰：「弟疇昔書院之入，合六州三十縣之鐵，不足為此錯」（《答費允中》，《二曲集》卷一八）。他的「閉關」、「杜門」（即所謂「土室」），即像是對此的自我

懲罰。這也應是李氏處遺民的漸趨嚴苛，納入「規範」的過程。[36]於此等處，尤令人想見遺民立身處世之難，「遺民社會」施之於自身的道德壓力，遺民生存的緊張性。

經歷了亂離、「與義」中的殘酷，遺民「土室」、「牛車」式的自我閉鎖，雖沿用了既有形式，仍像是自虐、自懲，其中有心理極度脆弱之時對於「玷污」的恐懼。而這也確非自擾。王餘祐《寄孫徵君夫子》說刁包：「刁先生平生大節，在卻聘六書」(《五公山人集》卷一一)。刁氏《用六集》刊其「卻聘六書」，三卻大順朝聘，三卻清朝聘，尤以最後一書為精彩，中曰：「來論此番功令極嚴，特加申飭，凡四方同人從未赴公車者，莫不惶恐就道，此時齊集都中，形諸詩歌，有『一夥夷齊下首陽』之句。噫！是詩也，幸之與？抑嘲之與？」(《辭清朝會試書》)

一時大儒，顧炎武、黃宗羲、李顒、傅山等，都備嘗「羈縻」之苦。褒獎勝國「忠義」，羈縻遺民，本興朝的例行公事，清主也不過敷演故事而已（當然因係異族「入主」，其正統性尤須賴此證明）。但當道之於李顒、傅山，威逼之甚，與抗拒之烈，倒真令人想到強暴者之於節烈女子；在威逼的一方，似必污之而後已。[37]在此情境中，「失

---

36 該書所載《歷年紀略》：康熙十四年乙卯「先生癸丑秋自書院講畢旋家，即閉關不復見客。是春又為《謝世言》以逆拒來者」。

37 《二曲集》卷一七《答秦燈岩》說到「癸丑甲寅間，因臥病不能就徵，奉有『疾病稍瘥，督撫起送』之旨，自是年年敦促，搜山燻穴，靡有寧期」。同書卷四五《歷年紀略》記徵召中之威逼事更詳。如：「……縣據醫鄰甘結以覆。五月，府提醫鄰嚴訊，脅以重刑，眾無異辭。」「八月朔，縣役舁榻至書院，遠邇駭愕，咸謂抬驗創千古之所未有，辱朝廷而褻大典，真天壤間異事也。府官至榻，先生長臥不食，府以股痺回司，司怒，欲以錐刺股以驗疼否。適張參戎（夢椒）自安遠回省，為之營解，免錐。」情節之離奇荒誕，較他遺民為甚。此種戲劇由李氏演出，似尤有戲劇性。李氏並非蓄意的對抗者；他的「退藏」正應為當局迫成。李氏當被百般威逼之時，答人問學，「語及乾之初爻，謂學須深潛縝密，埋頭獨詣，方是安身立命。

身」的危險確實是極其現實的。使人為「遺」而不得不奔走都下，反覆陳情，也是足夠「諷刺」的情景。看黃宗羲辭薦鴻博，辭入史館，辭修郡志，辭鄉飲酒大賓，自說「不學」，自狀衰病，辛苦之至，也是當時的一種特別的文字。再看顧炎武為赴京「預考」的李因篤出主意，說「此番入都」當如此這般，「至囑至囑」，也可知拒絕之煩難（《答李子德》，《顧亭林詩文集》第 212-213 頁）。顧氏說「避世之難，未有甚於今日」（《答李紫瀾書》，同書第 64 頁），並無誇張。積極地為新朝汲引人才的，就有仕新朝者（參看《餘論（之二）》）。迫使遺民接世、就範的外力之強大，於焉可知。

晦跡，杜交接，固然為了逃世，也應為逃名。但在士人，最難逃者，名也。因而李顒有「生我名者殺我身」、「不幸而有此名」的感慨。方以智之子方中通曾說：「可憐我父生前受名累，身後患難尤難堪」（《論交篇贈佟儼若》，《方以智晚節考‧重要參考資料選輯》第 304 頁）。《碑傳集》卷一二六蔡世遠撰《詹先生明章墓表》，說詹氏「雖不出而學大行名益重」，當道「為築景雲樓，月出粟肉以憂之」。無怪乎時人有「昔日夷齊以餓死，今日夷齊以飽死」的謠諺（語見全祖望《錢蟄庵徵君述》，《鮚埼亭集》外編卷一一）。黃宗羲筆下的沈壽民是堅拒「粟肉」之類的，但也難免於「避人愈深，其名愈著」（《徵君沈耕巖先生墓誌銘》，《黃宗羲全集》第 10 冊第 373 頁）。這裏不也有遺民處境的諷刺性？因而遺民之持身嚴苛者，務求「刊落聲華」，即有吟詠，亦聊自怡悅，不輕示人。《碑傳集》卷二四《攜李兩孝廉傳‧巢鳴盛》說巢氏「自晦跡後，不為奇言危行以動眾，詩亦不多作」。張履祥甚至以「晦跡」為理由反對他人行醫。[38] 但能「徹底」

若退藏不密，不惟學不得力，且非保身之道。昔人謂生我名者殺我身，區區今日便是榜樣」。這也是清初羈縻政策的一種結果。

38 《楊園先生全集》卷九《與薛楚玉》曰：「先生初本欲以醫自晦，今三尺童子俱聞

的從來稀見。對此也有另一種議論：「士之處亂世甘肥遯潔己而考終，必有名以處此。夫肥遯逃名惟恐不遠，今曰必有名以處，何耶？君子可逃名而不可令人不能名，不能名者惟老聃，然而以柱下名，……是皆豪傑者逃名之至而保名之固也。凡此不勝數」（《碑傳集》卷一二六《賣紙翁儲稠若傳》）。

有逃名而遺，也有好名而遺。故為奇僻以聳動流俗，其「絕世」正所以「接世」：一種不常的與其世對話的方式。由此不也可見遺民話語語義的複雜性？當時就有針對以避世邀名的批評。據說「孫默將歸隱黃山，遍乞天下名人為送行之文」，王岩規勸其人道：「古之隱者入山惟恐不深，其聲影幽墨，惟恐人知，即其託跡所在，未嘗使人識而名之……吾願孫子息交遊，遠名譽，勿復徵送行之作，而果于歸去，使人莫測其歸也，孫子乃庶乎真隱矣」（《碑傳集補》卷三六劉寶楠《王岩傳》）。[39] 而顧炎武告誡潘耒的「自今以往，當思中材而涉末流之戒，處鈍守拙」，「務令聲名漸減，物緣漸疏」（《與次耕書》，《顧亭林詩文集》第 79 頁）云云，不消說是深於世情者之言。遺民處亂世之道，端在斂抑，此所謂「儉德避難」。[40] 由此看來，有名士氣的文

---

薛先生名，反以醫顯矣。始猶只及縉紳之交，未及官長也，今漸通於郡邑之長官矣。始則以筆舌代耕，繼特以藥囊代筆舌，亦士不得志於時之常，今一旦為闾里之人以多金推美矣。始亦特以生生之計托業於斯，免八口飢寒而已，今乃至於庖積梁肉矣。」

39 魏禧對此事卻另有評論。其《送孫無言歸黃山序》曰：「休寧孫無言將自廣陵歸隱乎黃山，十年而未行，四方之士各為文以送之，詩歌之屬凡千，文若序凡百數十。」說其再來廣陵，「則無言已新易居，其言歸黃山如舊時，作詩文送者日益多」。魏氏非但不勸其歸隱，卻說廣陵乃「天下豪俊非常之人之都會」，「余以為無言倘能以其交遊之力，從屠沽賈中物色天下非常之人，雖使無言居三十六峰深絕處，余猶將作招隱之詩，勸無言出居通都大市，不得與衣草食木者同其寂滅」（《魏叔子文集》卷一〇）。立論別出心裁，正可睹魏禧本人由避亂山居而出遊後的積極姿態。

40 按「儉德避難」，亦遺民常談。張履祥說「方今之日，名譽不可太高，居實不可或

人，一向不拘形跡放浪形骸的文人，其難以免於清議士論，就是不足
為奇的了。屈大均即因晚年交遊見譏。文人較之學人經師，通常更有
世俗性，更有對於今世的沾戀，更難斷卻塵緣，也應因了他們更求當
世名的吧。

　　至於遺民的極端姿態，自然也出諸士人結習，即嚴於交接，嚴流
品、氣類之辨。此種「辨」從來是士人自我界定、自我證明的方式。
王夫之將人的「自畛」作為保有人間社會綱維的條件。他說：「天地
制人以畛，人不能自畛以絕其黨，則人維裂矣」（《黃書》，《船山全
書》第 12 冊第 501 頁）。王夫之處易代之際神情之孤傲嚴峻，可由其
人論「流品」、「流俗」注釋。在野而不通朝貴，本被視為士應有的自
律。劉宗周「前後家居，凡朝貴人通書問，皆不答」（《劉子全書》卷
四〇《年譜》）。自律尤應在辭受取與之際。張履祥說：「古人不肯輕
受人德意，極是有關立身。不佞衰老矣，實驗得借貸不如典質，典質
不如有米賣米、有葉賣葉、有絲布賣絲布，為反求諸身之事」（《與錢
叔建》，《楊園先生全集》卷一二）。儒者於此一向有對於喪己的高度
警戒。李確甚至寧死而不接受同志者的饋遺（參看《魏叔子文集》卷
六《與周青士》）。陳確記鄔行素，說其人「貧日甚，而介亦日甚」
（《哭鄔行素文》，《陳確集》第 338 頁）。或者應當認為，遺民的出乎
情理之常的「介」，也為「貧」所迫成。

---

厚」（《與薛楚玉》，《楊園先生全集》卷九）；同卷《答徐文匠》曰「聲名不可太
高，交遊不可太廣，進取不可太銳，亦藏器待時、儉德避難之義也」。魏禧《邱維
屏傳》一文附彭士望語，記邱氏垂歿示子曰：「食有菜飯，著可補衣，無譎戾行，
堪句讀師。」彭氏以為「可為世則」（《魏叔子文集》卷一七）。然而魏禮釋「儉
德」，卻另有旨趣。《朱容齋八十一歲贈言序》：「《易》曰：君子以儉德，而朱文公
訓為『斂』。愚竊謂『儉德』故妙義，亦何必『斂』乎！」（《魏季子文集》卷
七）——於此也各見面目。

但到了易代之際，上述行為仍被賦予了更嚴重的意味。而士處易代之世生存的艱窘，也由士論之苛造成。以傅山拒徵的頑強，顧炎武仍說「即青主中書一授，反覺多此一番辛苦也」（《與蘇易公》，《顧亭林詩文集》第207頁）。即顧炎武本人何嘗不在此境中！其致書其甥，曰：「若欲我一見當事，必謗議喧騰，稚珪之移文，不旬日而至於几案矣」（《與原一公肅兩甥》，同書第215頁）。明代士人嚴於疾惡、言論苛酷，易代之際，清議、士論施之於遺民社會內部，較之對失節者，似更絕無寬貸。遺民所憂懼的譏評，往往正來自同志者。全祖望批評其時士人持論之苛，曰「布衣報國，自有分限，但當就其出處之大者論之。必謂當窮餓而死，不交一人，則持論太過，天下無完節矣」（《鮚埼亭集》外編卷二五《春酒堂文集序》）。後人視明遺民，於生存空間似只留一隙，猶存戒懼，亦緣此興論環境。

遺民的交接固被認為節操所關，遺民僧也不能外。僧澹歸（金堡）即因「結交貴遊，出入公庭」，頗為時論所鄙。[41]方以智也未能免於疑論。魏禧《與木大師書》謂其「接納不得不廣，干謁不得不與，辭受不得不寬，形跡所居，志氣漸移」（《魏叔子文集》卷五，按木大師即方以智），可作為遺民諍遺民僧之一例。余英時《方以智晚節考新證》在對方氏「俗緣」進一步考證後，說：「密之雖身在青原，而與其它各地之舊識時時有魚雁往還；且每以其父或己所著書贈人，故其行止幾乎天下皆知，早已失其逃名避世之初衷」（《方以智晚節考》增訂版第177頁）。又說：「故論嚴峻，密之實遠遜亭林，言韜晦則不

---

41 陳垣《清初僧諍記》記金堡事，曰：「尤有甚者，結交貴遊，出入公庭，如澹歸晚節之所為，則不如即反初服之為愈矣。」「邵廷采《西南紀事》七，亦言堡為僧後，嘗作聖政詩，及平南王年譜，以山人稱頌功德，士林訾之。今所傳《徧行堂續集》二，有某太守、某總戎、某中丞壽序十餘篇；卷十一有上某將軍、某撫軍、某方伯、某臬司尺牘數十篇。睹其標題，已令人嘔噦」（第2529-2530頁）。遺民即使託庇於佛門，也仍不能逃脫「世法」。

逮船山。但此殆其通脫之性有以致之，亦未可據此而評其品節之高下也」（同書第 61 頁）。[42]

看來遺民處斯時斯世，非但不可出仕應徵召，不可酬應干謁，且不宜為僧，不便講學，不應為子弟謀科名；即使做到了上述種種，也仍須努力「養晦」，不為名累——「遺民方式」，半出於「時論」的製作。遺民生存空間之狹，更是由通行於遺民社會的道德律令造成的。

我們又遇到了那個題目：不但遺民的生存意義有待於論證，且「遺民」身份的成立即有賴於假定，比如對所處之時、所踐之土的假定，對於其「在」與「不在」的假定。我不得不重複地說，「遺民情境」有賴於營造，賴有營造之後的不斷提示、自我暗示，賴有意志與信念——在這一點上，的確近乎宗教經驗。遺民的尷尬，也正是在其自我假定與現實生存之間發生的。

明末及易代之際是一方大舞臺，由後世看過去，其上的人物動作，似多有誇張。即使一時大儒，如黃宗羲的袖椎刺仇，李顒的狂號為父招魂，都不免於「戲」。顧炎武粹然儒者，其卜居華下，也有在後世看來不免誇張的動機。但換一種眼光看，又會令人驚歎於其舞臺語言的強烈性與豐富性，那嚴肅中寓有的浪漫，端謹中隱含的誇張放誕。或許正是運算式的匱乏，刺激了「創造」的衝動的？當易代之際，遺民是特殊人種，為世人所矚目。遺民自我形象創造的熱情，既

---

42 魏禧《送藥地大師遊武夷山序》曰「余向與師相見，有猶龍之況」，「吾聞龍之為物，大蟠天地，小藏爪甲，潛見不常，世不可得而制。師老於武夷，為吾道南主人，未可知也」（《魏叔子文集》卷一〇）。可與《與木大師書》互參。王夫之說方以智披緇以後，「所延接者類皆清孤不屈之人士」，以方以智與金堡對比，批評後者「不擇人而屈下之」，「盡忘其本色」（《搔首問》，《船山全書》第12冊第635頁）。王氏關於方以智，所言亦不確。但余英時說：「牧齋晚年交遊頗盛，不知者皆深斥之，今又知其實為復明活動作掩護而然。以彼例此，密之晚年之廣事接納得毋亦有不可告人之隱衷乎？」（《方以智晚節考》增訂版第242-243頁）

因於文人積習，又緣於情勢的驅迫。上文提到的八大山人的「啞」，不但是一種特殊的「說」，且比之尋常的說更其有力，令人震驚於明遺民尋求獨特語言形式的頑強。生當那時代，即使儒者也往往兼有名士風，其長於自我表現、自我詮釋，未必遜於同時文人；其人人生閱歷之豐富，尤其為生當太平之世者所不能夢見。明代正統文學的詩文或乏異彩，這卻無妨於明代士人擁有的「語言」、表意方式的富有。就遺民而言，上述複雜的行為語言、服飾語言，同時又透露出其人的寂寞，其潛抑著的交流願望。在某種意義上，他們只能以上述語言，以表意方式的刻意創造證明其存在。無論其接世或不接，言說抑啞默，都不能出此世間——表達方式上的創造正映照著處境的尷尬。那因此也是一種不無痛苦的表達。

不惜為「不情」，不惜戕生，如貞婦烈女般的似非用了絕大的氣力便不足以保全節操，固然因誘惑之大，也因事實上的孤絕處境。屈大均狀寫這種孤獨處境，曰「惟遺民與遺民為友」（《翁山佚文輯》卷中《送淩子歸秣陵序》）。黃宗羲更據世情人心的兇險，說到遺民韜晦的必要性。[43] 上文提到的模範遺民徐枋，其死竟「貧無以殮」，謀葬於祖塋，「族人阻之」，覓得墓地，「顧地價三十金無所措，潘耒乃先以十金成券，其它募於人，無應者」（羅振玉輯《徐俟齋先生年譜》）。

---

43 黃宗羲《前鄉進士澤望黃君壙誌》記黃宗會（澤望）：「……一旦斂而與農樵為伍，其中若有不適然者，始放之於酒，其所與為酒人者，又不過里胥田父，無所發其憤懣。於是小人者偽為問字求業，以示親附，澤望亦遂臨觴高談，割臂痛哭，驟長其聲價，蓋不知坐受其愚弄也」（《黃宗羲全集》第10冊第293頁）。由此可知世情的險惡，亦可見遺民處境本身的微妙、敏感性，以及遺民斂跡匿影之難。王夫之則說：「且夫山亦未易居也。其唯韜光未試、混跡漁樵者，則或名姓上達於天子，而鋒棱未著，在廷忘猜妒之心，乃可怡情物外，世屢變而不驚，其不然者，名之所趨，世之所待，功之已盛，地之已危……孰謂山之厓、水之涘，非風波萬疊、殺人族人之險阻哉？」（《讀通鑑論》卷二三第889頁）這也是遺民的一種特殊經驗。

遺民身後的淒涼，殆無過於此的吧。至於人情的傾險（如明清之際的告訐之風），更是一份慘痛的經驗。王夫之屢說處亂世宜「慎所依」，說「親故之能託生死者不易得」（《讀通鑒論》卷七第 293 頁），說「慎言」、「緘默」（《俟解》），均繫經驗之談。可惜的是遺民故事受制於既有模式，往往為強調「人心不死」而多所省略，為教化意圖犧牲了「事實」的複雜性。

其時的人們不暇也無意於深究其行為的意義。倘若夷、齊的食薇也可質疑，那麼以自錮的方式假定自外於「新朝」，作為「表達」的有效性，豈不是值得推敲的？

## 「絕」與不「絕」

遺民作為特殊時世的特殊士群，「不常」正是其存在條件。當然這又是一種賴有不斷地提示、製作才能維持的「不常」，是有待於不斷強調、證明的「不常」。但極端行為畢竟是對明亡這一事實的過激反應，本非常態，也難以持久。其時也不乏處遺民而「慕平易」者；遺民傳狀中，「不為崖岸嶄絕之行」一類字樣，往往可見。其實士人中向有這樣儼若對極的兩種姿態。《明儒學案》卷八錄呂柟（涇野）答問：「問：『患交接人。』先生曰：『須要寬綽些，不可拘拘守秀才規矩，見大人君子，進退陞降、然諾語默皆是學』」（第 139 頁）。同書所錄鄒元標語曰：「置身天地間，平平鋪去，不見崖異，方是為己之學。學者好說嚴毅方正，予思與造物者遊，春風習習，猶恐物之與我拂也。苟未有嚴毅方正之實，而徒襲其跡，徒足與人隔絕」（卷二三第 537 頁）。薛侃亦以為「道本家常茶飯，無甚奇異，好奇趨異，反失之……世人好怪，忽近就遠，捨易求難，故君子之道鮮矣」（卷三〇第 658-659 頁）。均為針對某種士習而發。

關於「隱逸」，從來有界定的不同。《隋書》卷七七「隱逸」傳
曰：「古之所謂隱逸者，非伏其身而不見也，非閉其言而不出也，非
藏其智而不發也，蓋以恬淡為心，不皦不昧，安時處順，與物無私者
也。」「隱不違親，貞不絕俗……」到這一時期，處遺民何者為
「正」，也成為士人、遺民的話題。當此之際對「中」、「平易」的重
提，尤其出於士文化中原有的極精微的分寸、限度感。黃宗羲說到處
遺民之「得中」，以「種瓜賣卜，呼天搶地，縱酒祈死，穴垣通飲饌
者」，為「皆過而失中者」（《謝時符先生墓誌銘》，《黃宗羲全集》第
10 冊第 411 頁）。凡此，都屬合理性辨析。[44]陳確也說「確嘗怪三代
以後，學不切實，好為節烈之行，浸失古風……」（《書潘烈婦碑文
後》，《陳確集》第 395 頁）至於李顒所謂「既不失身，又不戾世」
（《四書反身錄·論語上》，《二曲集》卷三三），當可為其本人處清初

---

44 對極端行為的批評，通常以「中」為尺度。黃宗羲釋「聖」與「常」，說「求異於
　人，便有許多裝點出來」（《孟子師說》卷四，《黃宗羲全集》第1冊第121頁）。其
　《千秋王府君墓誌銘》（《黃宗羲全集》第10冊）亦說不為「過」舉，守恆循舊，各
　盡其分，各順其性。《楊士衡先生墓誌銘》謂其人「得遺民之正」（同書）。王夫之
　認為「驟為震世之行者，其善必不終」（《讀通鑑論》卷二四第893頁），一再批評士
　人之「激昂好為已甚」、好幹「民譽」、「褊躁操切」、「矯為奇行而不經」（作為其對
　立物的，是「常度」、「恒性」）。《俟解》曰「凡但異於流俗，為流俗所驚歎而豔稱
　者，皆皮膚上一重粗跡，立志深遠者不屑以此自見」（《船山全書》第12冊第485
　頁）。傅山《奉祝碩公曹先生六十歲序》稱道曹氏的處世智慧，說其人「不激不
　波」，「於斯欲為者為之，於所不欲為者不為；於所為不言其所為以求容於所不為，
　亦不言其所不為以自高。愈靜愈慎，而內之芥蒂者幾消，外之乘芥蒂而隙者亦不不
　消。如江河三峽之長年，一切濟舟之具無所不備，而亦不沾沾其具，弄以示人，而
　正風、旁風、迎潮、隨潮，風波震盪，一柁默操。愈靜愈慎，愈變而愈不變。因而
　載者不知其在風波中，而讀書詠歌先王者亦不廢……」（《霜紅龕集》卷一九第548-
　549頁）也應當是他所認為的士處亂世的人生態度與生存智慧。至於吳偉業記黃觀
　只處亂世「不夷不惠」，「逍遙」而「蟬蛻」，不刻意為「非常之行」，則更有文人趣
　味，欣賞的是那份寬裕、好整以暇的人生意境（見《黃觀只五十壽序》，《吳梅村全
　集》卷三六）。

之世的姿態寫照。[45]孫奇逢一再談論的，則是「居易」、「正己」、「自得」、「行素」（時人以孫氏為「樂易近人」、「和而不流」），由明末直至清初，也可謂一以貫之。他們樂於用更俗常淺易的方式完成其人生角色，盡己而已，不為矯激，不故為驚世之舉，不作複雜的意義發揮。這裏也有選擇、取徑的個人性。「為平易」亦有其背景，包括了道學對「道平易」的闡發，以及宋元以來宗教的入世轉向、士的「平民化」取向、俗文化的興盛，等等。

上文已經談到，遺民傳奇出於共同製作，其中包括遺民傳狀對「遺民」的製作。在有關的傳狀文字中，遺民行為被依「土穴」、「牛車」一類模式標準化了。全祖望作傅山事略，謂傅氏嘗居土穴以養母，羅振玉則考其「蓋因先生曾居土堂山而訛」，曰：「先生自國變後，甲申往來於平定、壽陽、忻州、孟縣，乙酉旅孟，以後亦靡有定居」（參看丁寶銓輯《傅青主先生年譜》，《霜紅龕集》第1304-1305頁）。雖辭徵辟辭得頑強而艱苦，傅山處遺民仍交遊廣闊，並不如人所想像的杜門掃軌，也因而潘耒以之為「貞不絕俗」的「通人」（《雙塔寺雅集詩》，《霜紅龕集》第1207頁）。但「土穴」一類說法為人所樂聞，是無疑的。

一時遺民與當道的交接，他們與當世（即清世）的關係，我還將在下文中談到。值得注意的，還有與失節者的交接（參看《餘論（之二）》）。《碑傳集補》卷三六《袁公繼鳳傳》記袁氏當陳式阿應試舉進士，仍與之遊，曰：「予閱人多矣，惟式阿不俯俯於富貴，不戚戚於貧賤，是殆古之有道者，非人所知也。」閻坽《文節公白耷山人家傳》則寫到閻爾梅的「不修苟節」：「山人之去沛，凡十八年而返乎

---

45 《二曲集》卷一〇《南行述》記其由靖江返龍興，「闔邑惜別，送至江岸。江陰官吏師生，維舟南岸以待，固邀入城，弗許。父老擁舟，請留一言，以當晤對。先生大書『安分循理』，並『勤儉忍』三字以貽之，眾歡呼而退」。

沛，生平故人多愧見者，山人悉與友如故。而裏有妄人，以小釁逆山人，謂山人殷孽者，門下客奴忿，山人大笑，飲以酒，其人亦醉」（《閻古古全集》卷一）。

遺民中固有居土室謝絕人事者，有避講學批評講學者，有講而復悔者，也自有「講學益勤」如黃宗羲、如孫奇逢、如陳瑚、沈國模者。張自烈《復陳伯璣論毀注書》以為「委形僻寂、託跡韜晦，舉守待之事概置之，未免從利害禍福起見，去聖賢淑身救世遠甚」（《芑山文集》卷六）——其處遺民的姿態可知。魏禧《答陳元孝》曰：「士君子生際今日，欲全身致用，必不能遺世獨立。」「僕向有二語：居山須練得出門人情，出門須留得還山面目」（《魏叔子文集》卷七）。其《詩遁序》反覆說「遁非君子所得已也」（同書卷九）。彭士望《與謝約齋書》說其自期不在夷、齊之「忍饑固窮」，而「妄意禹、稷」，即「禹父殛而不辭救溺，稷躬稼而不辭救饑」（《樹廬文鈔》卷二）。同卷《與賀子翼書》，亦說「不徒以獨善自畫，其於世教、人才、民生、國恤，須以為饑渴性命，磨礪講求，歸之實用」（文後附錄邱維屏語曰，「惟恐人潔身自了，忘卻世界」）；還說：「即不能見之行事，亦當託之於書，散之於人，寄其薪盡火傳之志」，豪邁意氣，至老不衰——對「遺民」的詮釋有如是之「積極」者。[46]

一時大儒，其處交接的「原則」也並非一致。黃宗羲說：「生此天地之間，不能不與之相干涉，有干涉則有往來。陶靖節不肯屈身異代，而江州之酒，始安之錢，不能拒也」（《余若水周唯一兩先生墓誌

---

[46] 張自烈一再謝絕「潛蹤匿影」的勸誡，其《復陸縣圖書》說「潛」、「遁」：「心苟同，跡不必皆同。使盡如土室之離母，寢車之不蹈地，詐盲之不見妻，識者必謂之固，必非避亂守身之正。」「道不以治亂為存亡，行道不以出處為顯晦」（《芑山文集》卷九）。此劄可讀作其遺民自白。彭士望《與張芑山書》說「心」——「跡」，與張氏應和，也可詮釋易堂諸子的姿態。其曰：「古今學術，惟心與跡之辨。其心如是，雖五就桀不失為伊尹，顧無如世獨以跡繩君子耳」（《樹廬文鈔》卷三）。

銘》,《黃宗羲全集》第 10 冊第 276 頁);說及宋元間事,亦以為「士
之報國,各有分限」,王炎午「未常絕」「當路之交際」「未便為失」
(《憲副鄭平子先生七十壽序》,同書第 671 頁),不妨讀作夫子自
道。[47]他本人自然頗不寂寞。全祖望《梨洲先生神道碑文》記黃宗
羲:「問學者既多,丁未復舉證人書院之會於越中,以申蕺山之緒。
已而東之鄞西之海寧皆請主講,大江南北從者駢集,守令亦或與會。
已而撫軍張公以下皆請公開講……」(《鮚埼亭集》卷一一)全氏針對
認為黃氏「以故國遺老不應尚與時人交接,以是為風節之玷」的批
評,以「大不得已」為其辯解(《鮚埼亭集》外編卷四四《答諸生問
南雷學術帖子》),怕倒是將黃氏說淺了。明遺民的「交接」在清人眼
裏,已漸失其嚴重性。《碑傳集補》卷三五馮奉初《明世襲錦衣僉事
懷遠將軍陳元孝先生傳》,記陳恭尹「貴人有折節下交者,無不禮
接,於是冠蓋往來,人人得其歡心」。傳中雖也有「跡彌近而心彌
苦」之類的話,卻不忘引朱彝尊、杭世駿語,證明其人確然「遺民」
無疑。[48]

　　遺民之為遺民,賴「有所不為」。但「可為」、「不可為」的劃
定,仍不能不繫於其人。即如杜濬辭修志,王餘祐則與修府志(參看
《五公山人集》卷一〇《精思齋記》)。黃宗羲辭薦「博學宏儒」,辭
入史館,辭修郡志,以至辭「鄉飲酒大賓」,且一辭再辭:此即黃氏
所以為的「不可為」,令人窺見他所判定不可逾越的那一條界限。黃
氏確也在兢兢於守住關係「節」否的一線,決不肯有一毫疏失,以貽

---

47　黃氏還在《謝時符先生墓誌銘》中說到「士各有分,朝不坐,宴不與,士之分亦止
　　於不仕而已」。該文也提到王炎午「嘗上書速文丞相之死,而己亦未嘗廢當世之務」
　　(《黃宗羲全集》第10冊第411頁)。

48　《靜志居詩話·陳恭尹》:「元孝降志辱身,終當進之逸民之列」(第712頁)——陳
　　氏的行為在當時似確引起過有關其遺民資格的疑論。

譏青史。他自說「茫茫然尚欲計算百世而下，為班氏之《人物表》
者，不與李、蔡並列」(《壽徐掖青六十序》，《黃宗羲全集》第 11 冊
第 64 頁。李、蔡，李陵、蔡邕)。至於他說「草野而通書朝貴，非分
所宜」(《與陳介眉庶常書》，《黃宗羲全集》第 10 冊第 162 頁)，此所
謂「分」，似模糊而實有其清晰。其背景即是古代士人的「公」「私」
概念，他們在處理公私關係時的極細緻的辨析。彭士望自說「從未一
入公門」(《復高學使書》，《樹廬文鈔》卷四)，即基於此（私人交接
與入「公門」)。黃宗羲將「遺民」定義為與作為政治實體的清王朝的
關係，因而不取杜門卻掃、戒絕交遊一類他所以為的「過」舉；他本
人未絕與「當路」（作為個人）的交際，他的文集中很有為其時官員
所撰碑版文字（當然所頌多在其人的「仁」——仍不失儒者口吻。此
「仁」也應是大亂之後人之所饑渴之者)。無疑在他看來，「個人關
係」屬於更廣闊的生活領域。

　　被視為粹儒的顧炎武「行己」較黃氏嚴格；但即使顧氏，也非但
不能不遊「都下」，與當世文人學者通聲氣，且不曾打算過與其「鼎
貴之甥」（徐幹學、徐元文）劃清界限。其《答原一公肅兩甥書》
(《亭林文集》卷三)，謝其甥為營寓舍於郡中之園，倒是真誠地為
「吾甥」計，有相當的體貼，並非全出於道德考慮。到得其困於山
東，甚至不能不借其甥及「輦上諸公」之力為解：雖「遺」而終不能
逃於「權力」之外（冒襄當涉訟時，也不能不求庇於當道，參看其
《上寧齮臺書》，《巢民文集》卷三)。顧氏曾說到「依人」「附我」；
較之這具體人事上的「依」「附」，不能脫出「權力」的制約，才是更
嚴峻的「遺民現實」的吧。

　　對遺民的「節」較長量短，更是後人的趣味。顧、黃、王三大儒
中，王夫之被認為立身最嚴。鄧顯鶴（湘皋）以其人為「貞晦過夏
峰」（參看《中國近三百年學術史》七，《梁啟超論清學史二種》第

179 頁）。但王夫之也說到「生污世、處僻壤」而「貧賤」者，「不能不與惡俗人相見」（《俟解》，《船山全書》第 12 冊第 485 頁）。更不必說即使其僻居荒山，也仍在斯世，「著述」也正是一種「接世」的方式。對孫奇逢的「樂易」，時人及清人的評價也不都如鄧氏的苛。魏裔介所撰《夏峰先生本傳》即稱道其「樂易近人，見者皆服其誠信」，「不繩人以難行之事」，「上自公卿大夫，以暨田氓野老，有就公相質者，公披衷相告，無所吝也……卿貳韋布，不作岐觀……」（載《夏峰先生集》）[49]

這裏還未說到習於豪奢的江南文人。同處明亡之世，有苦節且為「尤難」的徐枋，也自有不廢風雅，依舊笙歌滿前的文士，這也才足以構成明清之際那幅色彩極其斑駁的圖畫。

自我錮閉，被認為不利於士的造就。屈大均說：「士君子不幸生當亂世，重其身所以重道。天下無道，棲棲然思有以易之，惟聖人則可。不然者，寧為闖世，勿為闖人。至於闖人，而其失有不可言者矣」（《七人之堂記》，《翁山文外》卷一）。魏禧也一再說到其避世山居後的不能不出遊。至於學人，更以交遊問學為成學的條件。顧炎武說：「獨學無友，則孤陋而難成；久處一方，則習染而不自覺。」「若既不出戶，又不讀書，則是面牆之士……」（《與人書》，《顧亭林詩文集》第 90 頁）黃宗羲記劉宗周之子劉汋，曰：「先生既絕交息遊，左對孺人，右顧稚子，鬱鬱無可告語。餘亦老屏空山，不相聞問，故其《群經疑義》，冥搜獨得……」（《劉伯繩先生墓誌銘》，《黃宗羲全

---

49 《夏峰先生集》卷一《與陳國鎮》：「君異為道兄不入會、不受請二事，比之霜嚴峻潔，便是太常先生衣缽，僕極愛之敬之。然識力既至，又當進一步，才是學問。試問彼立會請客，意欲何如？果是發好念、行好事，我即與會受請，是亦與人為善之意，彼豈遂浼我乎？大凡失足於權利勢焰，必我有所借之以為利耳。如以明白坦易之心出之，因時維挽，何處非學問所及之地、所及之人！」其說交遊，不取過峻，或更出自強者的自信。

集》第10冊第308頁）至於黃宗羲本人，在問學途中則有後死者的寂
寞。「方欲求同門之友，呈露血脈，環顧宇下，存者無幾，突如而發
一言，離經背訓之譏，蹄尾紛然」（《惲仲升文集序》，同書第4頁）。
吳偉業《送林衡者還閩序》引林氏語：「……獨念通都廣邑之內，名
山大河之間，人才輩出，耆舊猶存，今以絕意仕宦，不得復與之遊，
則何以論道取友，感發其志氣？」（《吳梅村全集》卷三五第752頁）
顧炎武、黃宗羲等人的不自錮閉，也正由此得到了積極的解釋。

　　其實如屈大均的晚年交遊，也可讀作認可了「入清」這一事實
的。我在下文中還將繼續談到因時間的遷流，遺民如何處置與作為政
治實體、權力機構的「清」與當道的關係，這無疑是遺民「交接」中
更其敏感的方面；還將談到正是對「現實」（即已進入清代）的承
認，許諾了較大的行動自由；談到「遺民現象」在這一方面所呈現出
的「時間性」，遺民處「遺」的方式、遺民賦予其「遺」的意義的多
樣性——亦即極其多樣的遺民的自我詮釋。這不消說是個大問題，有
待於進一步展開。

# 第四節　生　計

## 轉折：改塑人生

　　處易代之際的戲劇性之一，即人生過程陡然的轉折，人被迫重新
選擇角色。當此之際，吸引了更多的關注、也被認為尤具戲劇性的，
自是公子王孫的命運。這也是傳統的詩題。冒襄所謂「富貴福澤風雅
文章，與夫死生患難骨肉流離疾病呻吟之苦」（《祭方坦庵年伯文》，
《巢民文集》卷七），是對其人明亡前後一段人生的精練概括。而如
方以智的以貴公子極盡繁華，於明亡後「披壞色衣，作除饉男」，豈

止「由絢爛而平淡」而已！《碑傳集》卷一二四《沈先生遜奇墓誌銘》（鄭梁）說沈氏「生豪貴家，早歲即補弟子員，美衣豐食，華屋甫田」；其以「好事」破產後，竟貧老伶仃至於「灶屏炊煙，床延風月」，「衣零履綻，肩腰發秋」。轉捩是普遍的，不惟貴子弟為然。明代東南士人豪奢相競；直至明季，以南都為中心，文人名士仍詩酒留連。因而在有此經驗的不少人物，其「遺民」身份確認的嚴峻意味，在於這種角色選擇，直是將生命截斷，因而其韜晦、斂跡，以致自虐自戕，以「死」為生——確係創巨痛深。

當然，並非遺民生涯即意味著斷裂與重造。由有關的傳狀文字看，其中就有家道未落者的依舊豪縱，也有文人的故態依然，固有自甘枯槁奄奄待盡者，亦自有沉湎聲色豪興不稍減者。明亡後吳中文人社集的排場，由《研堂見聞雜錄》所描述者（「以大艦十餘，橫亙中流，舟可容數十席，中列娼優，明燭如星，數部伶人，聲歌競發，直達旦而後已」，《烈皇小識》第285頁），可見一斑。「文史星曆，近乎卜祝之間，固主上所戲弄，倡優所蓄」，這種命運在新朝舊朝並無不同。詩人文人本有其「方式」，即聲色徵逐頗不寂寞者，詩中也例有愁苦之句。綺筵高會，與悼亡傷時、故國之思等，均屬傳統詩題。詩人與詩境相依存，「遺世」即無詩。即被明遺民奉為儀型的謝翱，也未見得脫出了文人面目（參看錢謙益《記月泉吟社》，《牧齋初學集》卷八四）。而宋元之際吳中風雅之盛，也正與明清之際相映照，文人文化也賴此而有其在朝代興革間的延續。[50]

---

50 在當時的文人（如錢謙益）看來，節操與名士風流、文人風情並非即不相容。其《新安汪然明合葬墓誌銘》，對如汪然明這樣的文人亂後仍承平故態，有一番極別致的解釋。他以為承平之世，山水不賴文人增色；「若夫喪亂之後，焚如突如，陵夷墾改。於斯時也，命觴載妓，聊復以吹噓朔風，招邀淑氣，是以造化所使為勾萌甲坼之魂兆也……」（《牧齋有學集》卷三二第1154頁）錢氏上述見解，又與其批評「噍殺」，呼喚「宏朗莊嚴、富有日新」之境有其相通。於此也可見易代之際士人

　　但如上述方以智那樣的遺民故事，確也令人為之驚心動魄。你不能不感動於那改塑人生、棄富貴如敝屣的強毅與堅忍。錢謙益《明士張君文峙墓誌銘》曰「文峙家鍾山之陽，圖書滿家，聞穹廬之令，擲筆徑出，墊巾壞服，往來棲霞、雨花間。出無車，入無廬，冬無裘，夏無葛……」（《牧齋有學集》卷三二第 1164 頁）歸莊記節在禪師，則曰其「生於世族，素豪富，車騎雍容甚都。近手擔一被，日徒步數十百里，雨則跣而行」（《送節在禪師之餘姚序》，《歸莊集》卷三第 240 頁）。[51]

　　遺民傳狀中常見「前後判若兩人」的說法，像是並不誇張。「易代」這一大事件，確也將一些士人的人生斷為兩截。彭士望《李深齋遺稿序》曰其人易代前後變化之大，幾令人難以「辨識顏色」，「殆更出一世，非復曩日人矣」（《樹廬文鈔》卷六）。陳去病《徐東癡先生傳》記徐氏曾率壯士剿寇，「直抵其巢，禽渠魁殺之」，「晚年恂恂，如無一能，陶然放酒以終其身」（《碑傳集補》卷三六）。錢謙益筆下的黃甫及亦此類：「甫及請纓許國，持符節、監軍事，磨盾草檄、傳簽束伍，所至弭盜賊、振要害，風雷雨雹，攫拿發作於指掌之中。一旦束身謝事，角巾歸里，削芒逃影，竄跡氄裘氈衣中，眉睫栩栩然不可辨識……」（《黃甫及六十壽序》，《牧齋有學集》卷二三第 917 頁。

在「生—死」這一大題目上經驗與見識的豐富性。近人孟森《王紫稼考》（《心史叢刊（外一種）》）述及徐枋之父、著名忠義徐汧以一時名優王紫稼為座上客，評論道：「忠孝大節之士不廢風情如此」（第90頁）。

51　或也正因貴介，氣象寬裕，能處變如處常。《杜溪遺稿·龍眠愚者方公家傳》記方以智：「方公密之……嘗謂天下將亂，士君子當習勞苦，故雖身為貴公子，每徒步百里外。」《康熙安慶府桐城縣志》卷四《理學·方以智》：「為人操履平恕，不恥惡衣食，堪人所不能堪，翛然自得」（以上參看任道斌《方以智年譜》第14頁）。方以智曾自說「幸無紈綺習，能堪此勞瘁」（《方以智密之詩抄·瞻旻·紀難》，參看《年譜》第125頁）。其子方中通曰其「才」、「學」、「忠」、「孝」集於一身，「獨是生於憂患，別路藏身，甘人所不能堪之苦，忍人所不能忍之行」（《陪詩·哀述》）。

按陳寅恪考黃甫及即黃澍，參看《柳如是別傳》第 1062-1063 頁）[52]
如上述諸人，其「庸」亦即其「奇」。這裏正有優秀之士所賦有的精
神能力。

遺民式的「晦」、「遁」本不易（有時也不欲）徹底，何況清人與
後人總要對那表象後的「心跡」推究不已呢。全祖望說傅山，曰：
「惟顧亭林之稱先生，曰蕭然物外，自得天機，予則以為是特先生晚
年之蹤跡，而尚非其真性所在。卓爾堪曰：青主蓋時時懷翟義之志
者，可謂知先生者矣」（《陽曲傅先生事略》，《鮚埼亭集》卷二六）。
因而「判若兩人」、「兩截」一類看法仍不能免於皮相。當然，全祖望
式的「表—裏」論也只能備一說。「遺民」是一種過程。時間之於人
的作用，即使老牌遺民也難以抗拒的。

## 擇業種種

我更感興趣的，是其時士人（包括遺民）當著物質極度匱乏之際
的反應、對策。

士人以治生為俗累，以「不事生產」為高，由來已久。至於士夫
「不事」此而賴其婦經營、力作為生，作為沿襲已久的家庭（士人家
庭）分工，每見諸記述，世俗恬不為怪，其人亦頗坦然。明末大儒劉
宗周即「不問生產」，其弟子陳確亦說其婦「晝夜力作」置買田產，

---

52 即文字中亦可見此斷裂之痕，如錢謙益有《初學集》、《有學集》，亦如明初劉基的
有《覆瓿集》、《犁眉公集》。方以智的情況自然不同，但亦「一生如隔世」（方中通
《陪詩·又編次浮山後集》），故而其《浮山文集》有《前編》、《後編》。至於轉折
中的「覺悟」則因人而異。冒襄說：「僕少年不自揣度，妄謂此生鍾鼎之奉，應屬
分內，故視一切甚易甚渺。乙酉以後，家幾破而復存，身既死而復活，更捐棄一切
為身外物外」（《答丁菡生詢回生書》，《巢民文集》卷三）。

「吾弗與知也」（《婦王氏傳》，《陳確集》第 280 頁）。[53]黃宗會《記劉瑞當所藏平津侯印》記劉氏「值歲洊饑，妻子凍餓無人色，先生方寓壯志於法書、名畫、古奇器，作《潔供疏》以號同人」（《縮齋文集》第 151 頁）。黃宗羲記萬泰「疾革，喟然曰：『此行得水坑石數片，娘子香數瓣，未及把玩，遽爾緣絕，此為恨事耳」。行文至此，黃氏也不禁歎道：「夫家室萬里，諸子寒餓，先生之言不出於彼，先生之好奇，乃至是耶？」（《萬晦庵先生墓誌銘》，《黃宗羲全集》第 10 冊第 289-290 頁）

「傷哉貧也！」（《禮記·檀弓下》）士人的貧困化，是明清之際有普遍性的事實。杜濬《復王於一》曰：「承問窮愁何如往日，大約弟往日之窮，以不舉火為奇；近日之窮，以舉火為奇——此其別也」（《變雅堂遺集》文集卷八）。彭士望《與陳少遊書》則曰：「易堂諸子各以饑驅，遊藝四方」，「魏善伯以明經貢入太學，客宰相之家，不樂仕宦，旅貧至不能治歸擔」（《樹廬文鈔》卷二）。魏禧《溉堂續集敘》說孫枝蔚：「豹人年五十，浮客揚州，若妻妾子女奴婢之待主人開口而食者，且三百指。世既不重文士，又不能力耕田以自養，長年刺促乞食於江湖」（《魏叔子文集》卷九）。戴名世的《種杉說序》曰：「余惟讀書之士，至今日而治生之道絕矣，田則盡歸於富人，無可耕也；牽車服賈則無其資，且有虧折之患；至於據皋比為童子師，則師道在今日賤甚，而束脩之入仍不足以供俯仰⋯⋯」該文向「士之欲治生者」提供的建議，是種樹（《戴名世集》卷三第 83 頁），確也令人想見「治生」之為問題的迫切性。黃宗羲在他的文字中，一再訴

---

53 劉汋撰劉宗週年譜，記「先生平生不問生產，家政皆操自夫人」（《劉子全書》）。陳確《祭婦文》曰：「吾有父母，子為吾養」，「吾有子女，子為吾衣食」（《陳確集》第313頁）。

說俗累，訴說他本人在生存重負下的苦況（參看《吾悔集題辭》,《黃宗羲全集》第 10 冊）；憂慮於經濟窘困所導致的士的意氣的斫喪（參看同書《黃復仲墓表》）；更在《汪氏三子詩序》裏，抱怨士人命運之不齊，對嘉、隆以下「一名為士，口不言錢，更無米鹽俗事」深致豔羨（同書第 37 頁）。當然，若換一個角度，也不妨認為，正是「喪亂」，使得士大夫的生活「世俗」化了。那苦味、塵俗味，確也是真切的人間一味。

至於遺民苦節而抑制基本生存需求，固然因了傳統偏見以治生為妨道，也未必不由於其人本無謀生能力。上文提到過的李確（即李天植，潛夫）當窮餓潦倒時說：「吾本為長往之謀，顧蠟屐未能，乘桴又未能，至於今日，悔之無及，待死而已」（《鮚埼亭集》卷一三《蜃園先生神道表》）。李氏有極端的潔癖，屬於寧餓死也不接受他人（包括他遺民）接濟的一類。魏禧曾與同道謀救助，徐枋卻說：「君意良厚，恐李先生不食他食。君子愛人以德，君力所不及，聽其餓死可也。」李氏確也窮餓而死（參看《魏叔子文集》卷六《與周青士書》）。孫奇逢曾撰有《彭餓夫墓石》，彭氏也屬於「少知識乏才技，以衣冠子貧窶不能自養，遂甘心一餓」者（《夏峰先生集》卷七）。這類遺民悲劇自可追原於士文化傳統。李、彭兩位「餓夫」，承擔了士自身歷史的某種後果。

當此存亡之際，有明大儒陳獻章、吳與弼及元儒許衡與治生有關的記述、議論，[54]適時地被士人作為了話題。劉宗周的斷案仍如一貫

---

54 《明儒學案》卷一《吳康齋先生語》：「夜，病臥思家務，不免有所計慮，心緒便亂，氣即不清。」「……思債負難還，生理塞澀，未免起計較之心。徐覺計較之心起，則為學之志不能專一矣。」「窮通、得喪、死生、憂樂一聽於天，此心須瀟然，一毫無動於中，可也」（第18、22頁）。同書卷五陳獻章《論學書》中說及生計者，亦頗堪玩味。許衡的如下言論更其敏感，一再被人稱引：「學者治生最為先

的明確，他說：「吳康齋夜半思貧處之策，至日中始決。如此計較，便是貨殖。故魯齋治生之言，亦病。如拼一餓死，更有甚計較？」（《明儒學案》卷六二第 1595 頁）前此王守仁就說過：「許魯齋謂儒者以治生為先之說，亦誤人」（同書卷一○第 204 頁）。一時的論者大多仍重複著「安貧樂道」一類常談，即見識明通如王夫之者也不能外。王夫之說：「不得已而為資生之計，言者曰惟勤惟儉。儉尚矣，勤則吾不知也。」「雞鳴而起，孳孳為利，專心並氣以趨一途，人理亡矣」（《俟解》，《船山全書》第 12 冊第 495 頁）。

出諸明遺民或清人之手的有關傳狀，表達的是類似的價值態度。劉紹攽記傅山，曰其「坐一室，左右圖書，徜徉其中，終年不出，亦不事生產。家素饒，以此中落。四方賢士大夫足相錯於其門，或遺之錢，則怫然怒，必力絕之。雖疏水不繼，而嘯詠自如」（《傅先生山傳》，《碑傳集》卷一二五）。《小腆紀傳》所記即與此不同，說傅山「既絕世事，而家傳故有禁方，乃資以自活」（卷五三第 576 頁）。在士夫，不事家人產，固然出於「潔癖」，而欣賞遺民的窮餓，欣賞過情之舉，也多少繫於看客趣味，透露著社會心理的畸與病。但又不妨承認，脫屣俗務，確也是士人脫出凡庸的條件。道學有「道平易」的命題；士人卻通常正以其「非中庸」，使人得以認出其面目的。

在明清之際較為活躍的思想氛圍中，士人在談論此一話題時，思路已互有不同。劉宗周門下的陳確就不苟同於師說，其《學者以治生為本論》，顯係對許衡「學者治生最為先務」一說的積極回應。該文說不應以「足國」與「足己」作對立觀，說「治生尤切於讀書」（《陳確集》第 158 頁）。其對作為儒者常談的「安貧」尤有妙解，曰「學

務，苟生理不足，則於為學之道有所妨，彼旁求妄進及作官謀利者，殆亦窘於生理所致。士君子當以務農為生，商賈雖逐末，果處之不失義理，或以姑濟一時，亦無不可」（《宋元學案》卷九○《魯齋學案》，《黃宗羲全集》第6冊第533頁）。

者之為生計，亦安貧而已矣」（《瞽言二・生計》，同書第 437-438
頁）；而「到得不求人、不怨尤地位，則貧亦不期忘而自忘矣，斯真
能忘貧者矣」（《瞽言二・井田》同書第 438 頁）。[55]早在明亡前，張履
祥就因「崇禎庚辰，江南大饑，人相食，杭州諸生一夕無大小自經
死」，痛心於「朝廷空言取人，衣冠之子受書遊庠序，呫嗶而外無恒
業以資俯仰……」（《楊園先生全集》卷一七《狷士記》）至此則慨歎
道：「噫！貧士無田，不仕無祿，復欲諱言治生，以為謀道，是必蚓
而後充其操者也，否則必以和尚之托缽為義，坐關為修道也，亦可謂
踵末俗之敝風，習而不察者矣」（《備忘（一）》，《楊園先生全集》卷
三九）。[56]易堂魏禮更有見識的通達，他說：「子輿氏曰：有恆產者有
恒心；無恆產者而有恒心，惟士為能。故士者，一其恒而已。雖然，
士亦何必無恆產也！……故自古有饑凍之賢者，而無饑凍之聖人。」
他以管子所謂「倉廩實而知禮節，衣食足而知榮辱」為「恒情」，曰
「聖人亦務其恒而已。由是觀之，士之有恆產者，亦士之幸也」（《邱
氏分關序》，《魏季子文集》卷七）。孫奇逢言及「處貧」雖不免道德

---

55 陳確還在其它文章中說：「俗士苦不知道，羞語錢財，卒敗行檢。而孔、冉論治，
　　先富於教，自唐虞以來，未之有改……」（《祭查母朱碩人文》，《陳確集》第326
　　頁）他認為「謀生」亦「學」，「學者先身家而後及國與天下，惡有一身不能自謀而
　　須人代之謀者，而可謂之學乎？」（《井田》，同書第438頁）你由如此通達的陳確那
　　裏也得知，「謀生」要納入「素位之行」、「學」一類意義系統中，才便於言說——
　　這仍然是個艱難的話題。
56 在「治生」問題上張履祥的態度較複雜。他確有極實際的思路，曰「學者處亂世、
　　絕仕祿，苟衣食之需不能無資於外，雖抱高志，亦將無以自全」（同書卷六《與許
　　大辛》），卻又以為「有無豐嗇，自有定分」，既不可「置之度外」，又不可「深為繫
　　念」（卷一二《與孫爾大》），其間的分寸不能不微妙：「生」固不得不「治」，亦不
　　可太「治」，令人可感問題在儒者那裏的極端敏感性。顏元的高弟李塨係力田而能
　　致富者。李塨辯解其「力農致富」，曰「非以求富也，聊以自守也」，「又所以自污
　　而自全也」（《李塨年譜》第161頁）。

化，說理財卻決不迂腐。他以為「大學平天下，而其實際在用人以理財。則財之理也，亦唯使家自為給，人自為足，合之而成豐亨豫大。自儒生俗士不知理財之務，而諱言理財之名，民生所以日促，而國家所以長貧也」（《題貨殖傳後》，《夏峰先生集》卷九）。顏元說「謀道」、「謀食」，見解尤不迂闊。他說：「世有耕種，而不謀收穫者乎？有荷網持鉤，而不計得魚者乎？」「宋儒正從此誤，後人遂不謀生，不知後儒之道全非孔門之道。孔門六藝，進可以獲祿，退可以食力……若宋儒之學不謀食，能無饑乎！」（《顏習齋先生言行錄‧教及門》，《顏元集》第671頁）

讀明清之際的文獻，你不難感到，正是「謀生」這一極現實的課題，攪動了儒者思想的隱微之處，而士的整部歷史與既往的思想資源，都參與著此一特定時刻的選擇。這種選擇不免是形而下的；士人的討論當著遇到所「業」這一話題時，居然顯得相當集中。上文已經說到了，士的謀生手段的匱乏，是士的歷史的結果。當著面對具體的「謀生手段」的問題時，士人自不難發現，作宦、力田、處館、入幕，幾乎構成了他們基本的生存支撐。這裏值得玩味的，是其時士人有關治生的諸種思路，其職業評估背後的思想邏輯。

在可供選擇的諸「業」上，「力田」一項上像是最少異議，這自然因於「耕讀傳家」這一古老傳統。李顒說：「志在世道人心，又能躬親稼圃，囂囂自得，不願乎外，上也；志在世道人心，而稼圃不以關懷，次也；若志不在世道人心，又不從事稼圃，此其人為何如人！與其奔走他營，何若取給稼圃之為得耶？」（《四書反身錄‧論語下》，《二曲集》卷三八）[57]有趣的是，即使在這最少爭議的題目上也

---

[57] 同文以伊尹、孔明為「未仕而稼圃者」；海剛峰（即海瑞）為「已仕而稼圃者」；其

仍有爭議。王夫之就以「銷磨歲月精力於農圃箪豆之中」為「鄙」（《俟解》，《船山全書》第 12 冊第 484 頁），這與他批評漢朝的鼓勵「孝悌力田」邏輯一貫。王夫之的異議涉及了對原始儒學的理解與詮釋（如《論語》所記錄的孔子之說「農」、「圃」），惜僻處窮山，使其思路不能為同時論者所留意。關於「力田」的討論尚不止於此。張履祥說「耕—讀」，以不「墮儒素家風」為條件——「耕」僅止於謀生手段，士的自我界定須賴「讀」。陳確也曾辨析「以學為稼」與「以稼為學」；在他看來，「耕漁牧販」仍須賴治生之外的意義指標（「道」、「學」），其價值方可論定（參看《陳確集・蔡養吾二子名字說》）。

另一較少異議的職業選擇，是「處館」。到本書所論的這一時期，處館早已是士人的傳統職業。但以作館師維持生計的張履祥，卻將業此的屈辱感表達得淋漓盡致。他的《處館說》談到「今人計較多寡，及關書等於券契之類」（《楊園先生全集》卷一八），深以為恥。同書卷八《答姚林友》也說：「弟近年以來實見處館一節，真如嘑蹴之食，與爾汝之受」，「弟所以自比此事於傭作之人，主人使其挑糞，則亦不得已而為之；又自比於守門之丐，與之酒食，則亦欣然受之。」其以處館為「傭力」、「旅食」、「就食」，正是在這種意義上，說：「吾人惟有力田代食，可以俯仰無怍」（同書卷七《答許欲爾》）。這裏值得注意的，與其說是對館師這一具體職業的評價，無寧說是對「雇傭關係」、「契約方式」（「券契」）的反應。力田於此被作為了保全尊嚴的選擇。除了士的「傳統觀念」外，似乎還應當想到，在其時特定的歷史情境中，士的貧困化被體驗為物質與精神（即尊嚴）的雙重剝奪。

---

它尚有「致仕而稼圃者」，曰：「在遲固不可徒稼徒圃，在吾人則不可不稼不圃。肯稼肯圃，斯安分全節，無求於人。慎無藉口夫子斥遲之言，以自誤其生平。」

「幕客」也不失為一種選擇。易堂三魏對這一傳統角色有較高評價。呂留良比較「作宦」與「處館」，「書館」與「幕館」，則說：「此不必講義理，只與論利害，則作宦之危，自不如處館之安；宦資之不可必，自不如館資之久而穩也。惟幕館則必不可為；書館猶不失故吾，一為幕師，即於本根斷絕」（《與董方白書》，《呂晚村先生文集》卷四）。至於王夫之對幕客、策士的嫌惡，另有思路，已不屬於職業評價的範圍。

其時士人據以謀生的，還有賣文、醫、卜以至「相地」（即作「地師」）。賣文是文人傳統的謀生手段。魏禧《答施愚山侍讀書》自說其「頻年客外，賣文以為耕耘，求取猝應之文，動多違心」（《魏叔子文集》卷六）。「相地」更等而下之。彭士望《與李梅公少司馬書》自說於力田、授徒外，「更肩青囊治相地之術，乞食江左」（《樹廬文鈔》卷四）。陳確有《侮辱解》，曰：「太上躬耕，其次賣卜，未可謂賤，矧可謂辱！」（《陳確集》第 357 頁）可知其時以躬耕、賣卜為「辱」者必大有人在。至於論者對「醫」的職業評價，其思路之曲折，已非今人所能想像。張履祥記程長年語：「醫不可不知，但不可行，行醫即近利，漸熟世法，人品心術遂壞」（《言行見聞錄（二）》，《楊園先生全集》卷三二）。黃宗羲《高旦中墓誌銘》（《黃宗羲全集》第 10 冊）記醫者，有「流品分途」、「方伎齷齪」的說法。呂留良對友人的行醫，也頗有告誡，曰「此中最能溺埋，壞卻人才不少」（《與高旦中書》，《呂晚村先生文集》卷二）。上述對謀生手段的衡量，所持非「效益」尺度，而是道德尺度。陳確謂其友「醫不如農」（《陳確集》第 339 頁），所謂「不如」，理由無非如此。但你也不能不承認，士人確也在其偏見中，顯示了對世情人心的細緻體察。

幾乎沒有討論餘地、因而也往往不被討論的，是商賈。屈大均《場記》一篇說：「予於治生之道，靡所不知，而不能一一見諸施

設，則以家無資財，而性好恬淡，終日漠然無所營。美利在前，視之如有所染。故凡有以貨物來言者，皆一笑謝之……惟為農而務本業，庶幾乎吾之知命云爾」（《翁山佚文輯》卷上）。「貨物」云云，無疑指營商。[58]張履祥以「貿易之事」為「心害」（《楊園先生全集》卷六《答陸孝垂》）；傅山之說「勾貸」，都有十足的潔癖，惟恐其浼（《霜紅龕集》卷三六《雜記一》）。徐枋不得已而賣畫，為了逃避此「浼」（以及避免接世），竟至採用原始的交易方式，即「賣者不問其人，買者不謀其面。若百年採箬，桃椎織屨，置之道頭，需者隨其所值，亦置道頭而去」（《答友人書》，《居易堂集》卷二）——可謂用心良苦。與此同樣具有諷刺意味的一例，即呂留良因其友貧，撰《賣藝文》相約以「賣藝」（指賣文、賣畫、賣篆刻、賣字），不意貧士紛紛請附，甚至「有工挾薦牘請見」，呂氏因又撰《反賣藝文》，拒「貨殖」之名，聲稱「藝固不可賣，可賣者非藝……且吾寧與人奴市乞擔糞踏歌操作之賤工伍耳！」（《賣藝文》、《反賣藝文》，見《呂晚村先生文集》卷八）士即饔餐不繼，也決不能從事貿易。這裏有近代知識者誕生前、近代職業觀念發生前，士的生存戲劇。呂氏的自悔其撰文「賣藝」，出於對自貶身價、混淆流品的恐懼。由此也可以想見士處艱難時世，在謀生問題上的尷尬。[59]

---

58 唐甄因求生的正當性說為「賈」為「牙」，態度坦然：「唐子曰：『呂尚賣飯於孟津，唐甄為牙於吳市，其義一也。」並不駁賤賈賤牙之論，但說貧士求生途窮，仍不足以標誌價值態度的變動。唐氏說「賈」、「牙」作為謀生手段的正當性（「此救死之術也」），其不以「賈」「牙」為「污」為「自污」，不引以為「恥」無疑（《潛書》上篇《食難》第88頁）。卻仍說：「雖然，身為賈者，不得已也」（《養重》，同書第91頁）。

59 黃宗羲以下的批評即有對於在他看來普遍的「商業行為」的針對性：「江河日下，生死休戚，惟財乎是係。小人習觀世變之機，而知其勢之所重在於此也，於是惟貨力是矜是尚……」（《奠高董君墓誌銘》，《黃宗羲全集》第10冊第842頁）

　　王夫之撰《傳家十四戒》，其中關於謀生手段，說：「能士者士，其次醫，次則農工商賈各惟其力與其時」（《船山全書》第 15 冊第 923 頁）。像是較為通達，卻也排出了他有關職業的等級序列。「序列」自因人而異，各人於此標出了有數的幾種職業在其價值座標上的刻度。談到具體的擇業，張履祥就大不如其談論治生的必要性時的通達。他說，謀生固然，「然擇術不可不慎，除耕讀二事，無一可為者。商賈近利，易壞心術。工技役於人，近賤。醫卜之類，又下工商一等。下此益賤，更無可言者矣」（《訓子語上‧祖宗傳貽積善二字》，《楊園先生全集》卷四七）。在治生論上見識明通的陳確，也說「吾輩自讀書談道而外，僅可宣力農畝；必不得已，醫卜星相，猶不失為下策……」（《與同社書》，《陳確集》第 483 頁）倒是李顒，對《論語》所謂「小道」有別解，但他所排出的，也仍然是一種等級序列，而以字畫及其它種種技藝為「不足為」。[60]論者各用其減法，排除法，各有其所以為的「不可為」、「不足為」。你於此不難感知儒者道德的脆弱性，儒者對自身品質下降、自我喪失的深刻憂懼，其人生選擇之難，生路之窄。上述諸人中，李顒像是始終生計無著，據其門人的《歷年紀略》，其「每值困，則誦伯夷、叔齊餓死，並『志士在溝壑』以自振」。[61]

---

60 李顒詮釋《論語》說：「『小道』，集注謂農圃醫卜之屬，似未盡然。夫農圃所以資生，醫以寄生死，卜以決嫌疑、定猶豫，未可目為小道，亦且不可言『觀』，在當時不知果何所指，在今日，詩文字畫皆是也……其餘種種技藝，縱精工可觀，皆不足以致遠，皆小道也，皆不足為。為小則妨大，所關匪細，故為不可不慎也」（《四書反身錄‧論語下》，《二曲集》卷四〇）。

61 李顒說「稼圃」，卻似未躬親耕稼。其門人的記述極狀其貧，一再為當道、他人接濟（參看同書卷四五《歷年紀略》）。《紀略》記康熙十一年壬子「是春絕糧，幾不能生。王省庵聞之，自蒲來候，為之辦三月薪米而還。是年，張闌司『念先生清苦，捐俸三十金，託人為先生購地十畝，聊資薪水』。孫奇逢亦接受過有官員身份者的資助（在蘇門的居處等），但其生另有所賴。

　　儒者有關職業的等級觀念，本以其道德論為根據。所謂「求之有道」，亦儒者常談。由於將「謀食」與「謀道」作對立觀，聲言關心「人倫日用」的儒者，往往將形而下的「生計問題」化為義理、道德空談，將「生存」課題抽象化了。處清初之世的顏元，不但激烈批評「正其誼不謀其利，明其道不計其功」的成說，且大不以士之無資生之「業」為然：「今世之儒，非兼農圃，則必風鑒、醫、卜；否則無以為生。蓋由漢、宋儒誤人於章句，復苦於帖括取士，而吾儒之道、之業、之術盡亡矣……後儒既無其業，而有大言道德，鄙小道不為，真如僧、道之不務生理者矣」（《顏習齋先生言行錄・學問》，《顏元集》第 695 頁）。傳統社會不發達卻充滿偏見的職業觀念，對技術性知識對技能的輕視，在這特殊的歷史關頭，不能不嚴重地妨礙了儒家之徒、士人的生存。「君子不器」，而「道」又非可直接換算成布帛菽粟。由上述職業評估中的諸種微妙處，最能感受士人面對經濟關係緩慢變動時的不適，他們在謀生問題上沉重的道德負擔。但也應當說，士既以「治生一節」為「立身收繫」（《楊園先生全集》卷一四《答吳汝典》），其對於自身品性的保存的關心，確也具有根本的性質。士人（尤其遺民）將選擇所「業」，視為選擇當世位置，其在當世的存在方式，而保全士人面目，亦所以保全遺民面目──職業之所繫大矣哉！

　　但這仍然只是其時士人、遺民有關「治生」的一部分事實。

　　如黃宗會《縮齋記》所說，「至於時事已非，始欲躬耕以養，求農圃而師之，友於曲鋤長中，亦以自寓其連蹇飲恨無聊之至耳」（《縮齋文集》第 79-80 頁），更像是在以「躬耕」為宣洩、發抒。而易堂九子之一的彭士望，描繪易堂門人子弟「負耒橫經，日作宵誦」，語氣即坦然而且自豪（《與王乾維書》，《樹廬文鈔》卷一）。另一易堂人物魏禧所寫朱中尉（即「易堂九子」之一的林時益），令人看到了明宗室在國亡之際的一種姿態：「既日貧，中尉曰：『不力耕不得食

也。」率妻子徙冠石種茶。長子楫孫、通家子弟任安世、任瑞、吳正
名皆負擔，親鋤畚，手爬糞土以力作，夜則課之讀《通鑒》、學詩，
間射獵、除田豕。有自外過冠石者，見圃間三四少年，頭著一幅布，
赤腳揮鋤，朗朗然歌出金石聲，皆竊歎以為古圖畫不是過也」（《朱中
尉傳》，《魏叔子文集》卷一七）。正是一幅「遺民子弟力田圖」，儘管
不免詩意化了。

由張履祥的《補農書》，足見其對農事的熟悉。在士人，那無疑
是一份特殊的知識。張氏《年譜》（收入《楊園先生全集》）記其「歲
耕田十餘畝，地數畝。種、獲兩時，在館必歸，躬親督課，草屨箬
笠，提筐。其修桑枝，則老農不逮也。」無怪乎其說「耕—讀」親切
有味。在張氏，那確是「經營」，是「生業」，而非體驗詩化人生。

對其時士人所謂的「躬耕」、「力田」，是不可拘於字面去理解
的。如朱鶴齡所說的「耕」，即督「耕奴」耕（參看《江灣草庵記》，
《愚庵小集》卷九第 424 頁）。屈大均的《獲記》、《場記》二作（均
見《翁山佚文輯》卷上），記其經營田畝事甚詳。記述農事有一份親
切者，尚有黃宗會（《縮齋文集‧西墉築圃記》）。屈氏自說「自夏徂
秋，吾無日不以者為憂也。」「《詩》曰：『不稼不穡，胡取禾三百囷
兮？』噫嘻，今而後吾可以無愧夫《伐檀》之君子矣」（《獲記》）。但
他所說的「親耕」，似也更宜於理解為其自家耕，未必即屈氏親操耒
耜。陸世儀也說到其本人於甲乙之後稍親田事：「予有薄田二十
畝……佃甚貧，不能自種，予乃出工本買牛具自往督而佐之，一則古
人省耕省斂之方，一則稍欲涉獵其事，以驗農田水利之學也」（《思辨
錄輯要》卷一一）。在陸世儀，亦從事其所認為的「實學」。

遺民中本不乏長於經營者。全祖望《亭林先生神道表》記顧炎
武：「先生既負用世之略，不得一遂，而所至每小試之，墾田度地，
累致千金，故隨寓即饒足」（《鮚埼亭集》卷一二）。顧氏《日知錄》

卷一三「家事」條引述善治家的例子，稱道其人的善治產業，「好貨
殖」，以為「今之士大夫，知此者鮮，故富貴不三四傳而衰替也。」
其自述治生，則曰「久居秦晉，日用不過君平百錢，皆取辦囊橐，未
嘗求人」（《與李中孚書》，《顧亭林詩文集》第 80 頁）。「近則稍貸貲
本，於雁門之北，五臺之東，應募墾荒。同事者二十餘人，闢草萊，
披荊棘，而立室廬於彼」（《與潘次耕》，同書第 140 頁）。其說刻印所
纂輯之《音學五書》，曰「其工費則又取諸鬻產之直，而秋毫不借於
人」（《音學五書後序》，同書第 26 頁）——字裏行間，一派自信。遺
民的「生計問題」何可一概而論！

## 謀生一守節一行志

　　士人、遺民中的通達者，對治生的意義發現，那「時代印記」是
鮮明的。比如關於「治生」與「節操」。治生於此被作為了保全節操
的條件。一時論者對此義頗有闡發。陳確以「自立」，「無所求於人」
為「大節不奪」的條件（《陳確集・素行》）。其《學者以治生為本
論》說「凡因貧而苟為非義者」，皆其所謂的「失身」（同書第 158
頁）。陸世儀也有類似的思路，說「若忽視治生，不問生產，每見豪
傑之士，往往以衣食不足，不矜細行，而喪其生平者多矣，可不戒
哉！」（《思辨錄輯要》卷一〇）朱鶴齡也說不治生無以「鼻兀自守」
（《蓴鄉草堂記》，《愚庵小集》卷九第 445 頁）。這一種失節的憂懼，
也確非庸人自擾。《碑傳集》卷一二五《孫先生駿聲傳》記孫氏「為
饑所驅，間出而為記室，兼主刑名」，為人所譏。至於張履祥所說膏
粱子弟「罔知稼穡，一旦失所，飢寒隨及，以至志行不立，廉恥道
盡」（《楊園先生全集》卷二〇《題劉忠宣公遺事》），更是每每見諸亂
世的事實。黃宗羲《萬公擇墓誌銘》也說：「世苦於貧，多不持士

節，三三兩兩相習於機械之途，以苟得為才」（《黃宗羲全集》第 10
冊第 504 頁）。上述有關「貧」與「節義」的關係發現，無疑得自易
代之際的經驗，或可理解為有關道德的物質基礎的素樸經驗論。迂儒
侈談「貧困的道德」；如唐甄的坦言物質貧困有可能導致道德的貧
困，「節之立不立，由於食之足不足」（《潛書》上篇《養重》第 91
頁），畢竟不易。儘管此種思路也包含著問題的簡化，對相沿已久的
「安貧」說，無疑是重大補充。

對治生的另一種意義發現，即「治生」有助於適志、行義——也
顯然附麗於「時代主題」。處明清之際的士人，較平世更有可能深切
體驗生存能力之為「意志」的保障。黃宗羲所記申浦南於亂離中自救
救人，曰其「以畫名，落筆便為人貴重，故得以十指行其志也」（《申
自然傳》，《黃宗羲全集》第 10 冊第 551 頁）——著重處在「得行其
志」；這也是足令貧不聊生者稱羨的。士之清高者，鄙技藝（包括
畫、醫）為小道。到得途窮，對技藝及技藝中人方有一份尊重。黃氏
記擅長疊石的園林家張漣，雖未全脫偏見，寫到漣及其四子「皆衣食
其業」（而不必依人），下筆時仍有一份鄭重（參看同書《張南垣
傳》）。

文人較之儒者，在諸如「流品」一類話題上，往往有稍為通脫的
見識。吳偉業的文集也如其時其它文人的文集，所記頗有技藝中人、
醫者、商賈、畫家。其記某商人，就說到了財富之為仁施的條件。吳
氏曰：「自變故以來，仁人長者坐視親知故舊流離患苦，義相收恤，
而力不副其願，彷皇太息者，比比然矣。君則探囊以應，稱心而行
之，然後知天之予君獨厚，而君平生所快意適志者，在此而不在彼
也」（《太僕寺少卿席寧侯墓誌銘》，《吳梅村全集》卷四七第 965

頁）。同文中還有「賢者以財自衛」的說法。[62]「萬方多難」使士人體驗到前所未有的無力與無奈。生當亂世不但為匱乏所窘、且自覺軟弱的士人，不能不致慨於此種由財富帶來的安全感與自由感，對其人的治生能力存一份敬意。吳氏逕自認為貨殖為儒者之事（即「知仁勇強」），「非深於學者不能辦也」（《卓海幢墓表》，同書卷五〇第1027頁）：此種議論，似非同時儒者所能發。其《保御鄭三山墓表》提供了一個醫者救助遺民徐枋的故事，[63]慨然道：「余每見世之士大夫困於更徭賦役之煩，在杜門學佛者為尤甚，即其親黨故人，義相收恤者，不能黽勉佽助，而營齋利生，恒詘於力之所弗及……是儒者窮，儒而禪者尤窮。醫獨出入儒與禪之間，其地位可以權巧，其交遊可以牽勸，故急難死生，捐金援手，伽藍塔廟，鳩財庀工，在今日唯醫之力饒為之……」（同卷第1030-1031頁）對「醫」的職業評價，與張履祥、呂留良等人何其不同！吳偉業於此將治生的意義定在適志、行義上。在那個時代，不能適志與行義，確也是士人所感到的極大困擾。即使仍不免於「道德化」，上述關於「治生」的意義發現，仍應視為士人的一種「覺悟」，只是歷史尚未提供延伸此種思路的條件罷了。

最後還應當說，「生計」雖關「生道」，但遺民的處生之道，卻要在更大的範圍考察，比如考察日常處「生」之道。黃宗羲《余若水周

---

62 同卷《太學張君季繁墓誌銘》，記張氏「貲用既饒，間出於闊達變化以自衛」（第970頁）。吳偉業說：「余觀江以南，惟新安善治生，其丈夫轉轂四方，女子持門戶，中外咸有成法。蓋吳之洞庭亦然，過其地，見重垣如城，廳屏清肅，終日行里中，不見有遊閒之跡，笑語之聲」（《吳淑人傳》，同書卷五二第1070頁）——「治生」的有益於教化，或許是一時儒者所見未及的？

63 其時似頗有此類故事。王源《徐雲若墓誌銘》即記徐枋多病，「君每攜藥入山視之，歲凡數四以為常。寧都曾青黎寓於吳，北遊客死，一女五齡，君撫之長而嫁之」（《居業堂文集》卷一七）：不但以醫謀生、養親，且以「濟物」。

唯一兩先生墓誌銘》所記兩遺民，余氏「草屋三間，不蔽風雨，以鱉甲承漏。臥榻之下，無下足處，生人之趣都盡」，周氏則「山林標緻，一器之微，亦極其工巧。嘗拾燒餘為爐，拂拭過於金玉。又得懸崖奇木，制為養和，坐臥其間」（《黃宗羲全集》第 10 冊第 278 頁）——余、周二位處清初之世，豈非正宜於用「生—死」來形容？一時遺民多有祈死、待盡、以生為死者：明亡之際的不死，像是有待於無盡救贖的一份罪業。你又於此覺察到了「生死」之為主題無所不至的籠蓋。[64]生死選擇不止在「臨難」之際，它被日常化了。

王夫之一再表明「老死於荒草寒煙之下」非其志，以未得死所為遺憾（參看《石崖先生傳略》，《船山全書》第 15 冊），但他寫作《雜物贊》，不諱言其對於「明窗棐几，香縷縈空」一類生活情境的懷念，也證明了雖處荒山而生趣未失。或許可以認為，其《觀生居堂聯》，最足以刻畫其人處遺民的矛盾態度：「六經責我開生面，七尺從天乞活埋」（《船山全書》第 15 冊第 921 頁）。既然「六經責我開生面」，就不免以「坐銷歲月於幽憂困菀之下」為「自棄」（《宋論》卷二第 61 頁），的確可以自注他本人呈示於著述活動的積極姿態。陳確即病廢，也未失生活情趣。張次仲（元岵）記陳氏「患拘攣之疾，不良於行，桃李花時，載酒乘籃輿，二子一僮肩之而趨，往來阡陌，與田夫野老占課晴雨，遇竹木蓊鬱，花草鮮妍，輒飲數杯，頹然而醉」（《張元岵次仲竹窗解頤雜錄》，《陳確集》第 44 頁）。處遺民而保留了審美的人生態度，精緻的生活藝術的，非止上述諸人。黃宗羲記巢明盛「鼎革不離墓舍，種匏瓜用以製器。香爐瓶盒之類，款致精密，

---

64 黃宗羲同文記餘增遠（若水）病將革，「余命兒子正誼切其脈，若水曰：『吾祈死二十年之前，顧祈生二十年之後乎？』」其銘文曰：「不有死者，無以見道之界。不有生者，無以見道之大。」

價等金玉」（《思舊錄·巢明盛》，《黃宗羲全集》第 1 冊第 373 頁）：
即令在選擇了「墓舍」（也即「死」之象徵）之後，也仍不能壓制人
生創造的熱情！你由此不難想到，「治生」所關的遺民的生活世界，
「生計」問題所在的大語境，本節只不過窺看了其一角而已。

## 第五節　葬　制

　　我已一再談到「生死」之為明清之際的一大主題。明清之際有關
忠義、遺民的傳狀文字，在在提示著這一主題的重大、籠蓋一時。因
而喪儀的為時所重，也就順理成章。值得注意的，還有其時遺民在喪
葬事宜上相助的熱忱——亦遺民守望相助的突出例證。至於儒者力圖
借諸修復喪禮而修復「宗法」，其用意也極顯豁，是儒者於其時的大
動作。凡此，都將「死」也將有關儀式行為的意義強調了。

### 對喪葬之為「制度」的思考

　　在下文中我還將談到遺民借諸喪儀的表達，他們對表達的個人性
的無厭追求。但其時也有用心更深於是者。到清初，喪禮之廢被學人
作為《禮》學之荒的突出例證。此種荒廢被描述為一個漫長的過程。
朱彝尊《讀禮通考序》曰：「……自唐徙五禮之名，置凶禮第五，於
時許敬宗、李義甫，上顯慶新禮，以為凶禮非臣子所宜言，去國恤一
篇，自有天子凶禮遂闕，宜柳宗元以不學訕之也。迨宋講學日繁，而
言禮者寡，於凶事少專書，朱子家禮，盛行於民間，而世之儒者，於
國恤不復措意。其僅存可稽者，杜氏《通典》、馬氏《通考》已焉」
（《曝書亭集》卷三四第 424 頁）。問題的提出自不始於此時，顧景星
於崇禎十七年上《復經學議》（《白茅堂集》卷二七，康熙乙丑刻

本），就以治禮諱凶喪為經學荒之一證。易代之際的儒者、學人以其
方式參與了與《禮》有關的意義建構。其時儒者著眼於喪葬之為
「禮」的恢復，與其所推進的「宗法重建」正在同一方向上；而對於
喪葬之為「制度」的思考，又以三禮之學的復興為動力：學術趣味正
在其中。

其時東南遺民陳確的《葬書》，涉及葬事的諸方面，表達了當時
最完備的喪葬主張。一時遺民學人考辨凶禮，推究禮意，固為復古，
亦為遠俗。陳確即將喪儀視為救正人心風俗的機會，欲藉此「振行久
廢之禮，提撕既死之心」（《答查石丈書》，《陳確集》第 78 頁），其於
《葬書》外，還撰有《喪實議》、《喪服妄議》、《士祭議》等一系列文
章。至於其《葬書》以復《周禮》族葬法為主張（參看同書別集卷
六、卷七），與萬曆年間呂坤所主張的「井田葬法」應有思路的交
叉。其說「葬為死者，非為生者」（《葬書》上《葬論》），說「明知之
士，不以死傷生」（《與同社書》），均為通達之論。在論葬這一題目
上，一時東南儒者互有應和。黃宗羲有《讀葬書問對》（《黃宗羲全
集》第 10 冊）。與陳確論旨常不合的張履祥，不但對陳氏論葬嘖嘖稱
賞，請陳氏至其所宣導的「葬親社」發揮宗旨，而且他本人此一時期
的書劄也屢說葬法（參看《楊園先生全集》卷一一《答張佩蔥》）。[65]
明清之際的儒者，由喪禮之廢，看地方人文的衰敝，於焉有深沉的憂
慮。張履祥說其時「裏俗」，「昏禮猶存古意，冠禮廢矣，然未有違禮
傷教如喪祭之甚者也」（《楊園先生全集》卷一八《喪祭雜說》）。張履
祥對其時的「社會」頗有批評，卻成立了以「葬親」為宗旨的會

---

65 同時遺民論喪葬的文字尚多。如屈大均《先夫人葬記》（《翁山文鈔》卷二），對喪
　儀葬制多所引證議論，對「地師」說頗有駁正。薛熙評曰：「此篇當與呂才葬書參
　閱，而考覈精詳，似又過之，皆大儒之言也。」萬斯同《群書疑辨》卷四雜論古今
　喪禮，所用更是經學方式。

社──也應屬於其時會社中，宗旨尤嚴肅者。[66]

卻也正是在「儀式」上，其時儒者並不即以復古為號召，也如論「死──節義」，儒者往往表現出對實踐性（在此也即「合理性」）的關心。陳確論喪儀主張「酌禮準情」，務求折衷至當，不取時論所稱許的「過」。孫奇逢《家禮酌序》曰：「夫易知簡能，而天下之理得」（《夏峰先生集》卷四）。同時北方儒者顏元也說過此意：「愚謂，喪禮中惟國家制度更定者，宜遵行而不返古。若律令所不載，情理所不合者，皆當決斷去取而變更之。一人行之為禮法，數人從之為學術，眾人習之即成風俗矣」（《習齋記餘》卷一〇《明弔奠禮》，《顏元集》第 574-575 頁）。[67]陳確更宣稱不取「非禮之禮」（《陳確集‧俗誤辨》）。

在禮儀實踐中考辨經文，斟酌禮意，亦所謂「居喪讀《禮》」，本是儒者的傳統功課。孫奇逢、顏元等儒者更將當此際的「讀《禮》」描述為「悟道」過程，賦予「居喪」一境以特殊意義。[68]《孫夏峰先

---

66 張履祥《生壙引》：「往年瀾如唐子始為葬親之會於莘裏，匱金之是資，資勸勵也。吾里親友取其法，先後舉葬蓋四十家，一時遠近慕傚者眾」（《楊園先生全集》卷二〇）。《與吳仲木》：「敝裏諸友仿唐瀾儒兄勸勵之法，立葬親一社，一時人心頗見鼓動」（同書卷二四）。因陳確著有《葬論》一書，其社曾請陳氏「發明送死奉終之義，激厲仁孫孝子之心」（同文）。

67 顏元一再說盧墓非古，對孫奇逢的盧墓也有批評。顏氏、孫氏對喪儀均不取繁縟苛細，顧及可行性，包括「貧民」、「貧士」的承受力。這也是熟於民情的實踐的儒者的態度。顏氏更於居喪中「詳玩禮文」，斟酌禮意，務求折衷至當（「庶合時之宜，亦不失禮之意」），雖非經學方式，仍有一定的學術意味（參看《習齋記餘》卷一《崔孝子盧墓序》、卷一〇《居恩祖妣喪讀禮救過》、《居憂愚見》等）。陳確對喪禮不取「哀毀之過」，又與他尊生（「愛其身」）的主張一致（參看《與吳仲木孝子書》，《陳確集》第93頁）。其以「盧墓」為「非禮」（《與吳仲木書》，同書第143頁），所見與顏元合。

68 《孫夏峰先生年譜》卷上，記萬曆三十九年（時孫氏28歲），「正月服闋」，「按先生志學當自此始。憶友人問曰：『先生自考志學以何時為可持循之日？』先生云：『少

生年譜》卷下記孫氏答魏環溪問學，曰：「從來真儒碩士，多奮起於
讀禮之時，此時孺慕念切，真性用事，故學專而力定。」但喪儀實
踐中，虐人自虐，見於記述，仍是普遍傾向。孫奇逢的「廬墓」即一
時的美談。顏元雖不以廬墓為然，卻以人子居喪而「腰」為「仁」
（否則即不仁）。其所謂「得中」，不過指「腰」而不致命而已（參看
《居恩祖妣喪讀禮救過》）──由這類場合不難感知「禮」之於人的
精心製作，以致嗜此者心性之畸。

　　但儒者移風易俗的抱負，仍影響於士人處「死」的態度。陳確記
其同門友祝淵自縊，「先數日作《歸詩》、《歸囑》、《歸禁》，大概言
『吾義必死』，及痛革一切惡俗，喪葬悉遵《家禮》，以布素殮」（《祝
子開美傳》，《陳確集》第 278 頁）。

　　致力於移風易俗的儒者，將世俗所重的形家、葬師的禍福說作為
其批判對象。黃宗羲《讀葬書問對》痛駁所謂「鬼蔭」之說，《七
怪》篇則指「葬地」之「方位」說為「地理中之邪說」（均見《黃宗
羲全集》第 10 冊）。陳確的《葬論》（《葬書》上），是一篇針對形
家、葬師之說的駁論。其《葬書》下《甚次》甚至以為天下異端「葬
師為甚，佛次之，老又次之」。張履祥對「形家」「風水之說」亦持嚴
峻的批評態度（參看《喪祭雜說》，《楊園先生全集》卷一八）。[69]《碑
傳集》卷一二四記陳廷會之死：「疾革，先令以幅巾單布衣殮，旌署
故處士，封宜速，勿用陰陽家言」（《陳先生廷會傳》）。可視為上述諸

---

年妄意功名，自兩親見背，此念頓灰，與鹿伯順為友，初以名節相砥礪，未免走入
氣質之偏處，自證生人面目，其實從哀慟窮苦中得來。」據《顏習齋先生年譜》，
顏元居喪，著《居喪別記》，也因讀《禮》而悟道，自此「毅然以明行周孔之道為
己任」。

69 當然，遺民於此，議論也並不一律。閻爾梅即對形家、堪輿之為「學」有很高的評
價（參看《閻古古全集》）。

人有關思想的先導的,就有上文已提到的萬曆朝的呂坤。其人非但主
張「井田葬法」,且闢葬師,令人見出明清之際士人所承,「批判思
想」之為累積。呂氏《塋訓》甚至說:「古之葬者,或委溝壑,不封
不樹;既無葬師,亦無塋域;當時豈皆貧賤凶夭,如何又有王侯士
庶?至於西夷火化,江南水葬,乃其子孫,各有衰旺」(《呂坤哲學選
集》第 54 頁)。其思想較之黃宗羲、陳確更徹底。[70]

　　作為「制度」的喪葬,從來有其哲學基礎,聯繫於有關「死」的
觀念背景。孔夫子說「未知生,焉知死」,或許限制了儒家之徒在
「死」這一命題上的哲學思考,但其對於喪葬之為制度的思考,仍有
一定的理論意義。

## 作為特殊運算式的喪儀、葬制

　　處明亡之際的士人,曾刻意於有關「死」的意境營造。即所謂的
「忠義」之死,也有被人由「意境」的方面鑑賞者,如在前的高攀龍
之死,在後的祁彪佳之死。文秉《先撥志始》記高攀龍之死,「水僅
濡下體,北面捧心屹立不動」(卷下第 190 頁)。黃宗羲記祁彪佳之
死:「夜半月黑,分廟中之燭,出照水濱,端坐水中而死。家人覺而
尋之,燭猶未見跋也」(《弘光實錄鈔》,《黃宗羲全集》第 2 冊第 95
頁)。陳定生《山陽錄・夏吏部允彝》記夏允彝之死,更著意狀寫其

---

70 呂坤一系列有關文字,可作為明人處生死「達」之顯例。其《逝者吟(和葉君
　　歌)》、《呻吟語》中有關生死的談論,均為破與「死」有關的虛妄。其自撰之《墓
　　誌銘》更堪稱奇文。其「達」不但有根柢(根於理性,對當世道學、習俗的批判意
　　識),且有深度,與名士式的表演非在同一境界。其《反輓歌》序云:「輓者,哀死
　　而留之也。生勞死逸,生消死息,生愛死忘,復吾命,歸吾根,安見生為可蘄而死
　　為可悲乎?」(均見《呂坤哲學選集》)

生死之際的從容灑脫：「乙酉聞變，彝仲則出囊中裝，椎肥擊鮮，置酒高會，一時射雕俠客，繡虎名流，西園歌舞之賓，少長咸集，歌笑淋漓，觥籌交錯。客方轟酒，乃起避席更衣，則已赴沅湘矣。嗚呼，男子哉！」（《陳定生先生遺書》）即死亦不失名士面目。凡此，不難感到記述者的意境迷戀。其時有關忠義的傳狀文字，除對殘酷的渲染外，還有傳奇化，諸種有關死的神話——有時即像是由死者與記述者共同創作。

當明亡之際，士人的表達不厭其激切。據全祖望說，死葬膠東，以之「明其蹈海之憤」，表達其「不願首邱之恨」（《澗上徐先生祠堂記》，《鮚埼亭集》卷三〇）。屈大均借「死」、「葬」為題目，自言其志，於自設「衣冠冢」、「藏髮冢」、生壙，名所居為「死庵」等外，尚撰有諸種誌銘文字，苦心孤詣，令人感到的，無寧說是其強大的表達衝動。其《自作衣冠冢誌銘》曰：「予於南京城南雨花臺之北、木末亭之南，作一冢以藏衣冠，自書曰『南海屈大均衣冠之冢』。不曰『處士』，不曰『遺民』，蓋欲俟時而出，以行先聖人之道，不欲終其身於草野，為天下之所不幸也」（《翁山文外》卷八）。不唯表明其非順民，且更意在表白其復明的意志——當道也讀懂了這層意思，無怪乎乾隆要嚴令「刨毀」其冢了。由上述動作，不難感知當年對峙雙方「表達」間的極度緊張。

對「死」這一重大事件的處置從來有其多樣。自為墓誌，唐代即有韓昶石刻傳世。到本書所寫這一時期，「自定終制」已相當普遍。張爾岐曾自敘墓誌（見《蒿庵集》卷三）。黃宗羲《葬制或問》設為問答，務令其子遵其遺命，其宗旨除追求詩意化與表達的獨特性之外，也應意在強調其個人意志。方以智的《自祭文》非寫於臨終之時，而寫於剃髮為僧拒清勸降之際，尤為沉痛。其自祭曰：「汝以今日乃死耶？甲申死矣！」（《浮山後集》卷一，引自任道斌《方以智年

譜》第 173 頁）張自烈亦有《自撰墓誌銘》、《自祭文》——亦「未死
先祭」（參看《芑山文集》卷二二）。自置生壙、自作墓碑、自為志或
生前請為誌銘，幾成時尚，在當事者，或也由此體驗一種似「支配生
命」的「自主感」的？對此，邱維屏歎道：「悲夫！今之人何不以生
為悅，而為終歿計之蚤耶？」（《為楊表微自作墓碑誌》，《邱邦士文
鈔》卷二）[71]

　　遺民作為後死者，較之「忠義」，本來也有可能從容布置，務求
將「死」作成一篇佳文字。由後世看過去，你確也會驚歎於遺民借諸
葬制的表達——其豐富與曲折，也如冠服等，卻是較冠服更為有力的
表達。考慮到遺民所處特殊語境，這在其人，或也是「最後的表
達」。明清之際士人（尤其具文人、名士習性者）以獨出心裁的葬制
設計，表達其對於「死」的理解，並頑強地追求著表達的個人性。而
明代發達的名士文化，無疑鼓勵了此種追求。

　　當著儒者競相推求「禮意」之時，遺民中的名士競相以「達」為
標榜。朱彝尊《靜志居詩話·陳梁》記陳梁（則梁）「晚歲隱居，僧
服茹葷，治生壙於郭外，結屋三楹覆之，語其友曰：『此亳社遺意
也。』題其柱云：『此佛自來耽米汁，至今孤冢有梅花。』又云：『天
下何思何慮，老僧不見不聞。』暇輒召客縱飲壙前，亦達士也」（第
656-657 頁）。一時遺民處死而被目之為「達」的，頗有其人。王弘撰
《閻處士修齡傳》記其人「攜妻丁孺人展考妣墓，指旁一邱謂孺人
曰：『吾他日與汝同穴於斯，永依吾父母之側，無憾矣。』與孺人藉
草而坐，久之，歸，遂預自造壙，人稱其達，方之司空表聖云」（《碑

---

71　據許三禮《海寧縣志理學傳》，陳確病危，「命邕兒書《喪約》二紙，呼從兄潮生、
　　許子欲爾而授之」，應即《陳確集》別集卷九《叢桂堂家約·喪》。孫枝蔚《預定終
　　制》，中曰：「吾家無葬異鄉者，若親友或勸歸棺故里，慎勿聽之，首丘之說，達者
　　不爾」（《溉堂集》第1126頁）。孫氏正是達者。

傳集》卷一二五）。至于歸莊「結廬於墟墓之間」，以「四鄰接幽冥之宅，人何寥落鬼何多」自題其草堂（參看《觚剩續編》），與屈大均的顏其居曰「死庵」，均之為名士行徑。《靜志居詩話·黃周星》記黃氏「年七十，忽感愴於懷，仰天歎曰：『嘻，而今不可以死乎？』自撰墓誌，作《解脫吟》十二章，與妻孥訣，取酒縱飲，盡一斗，大醉，自沉於水……」（第 648 頁）其死生之際的灑脫中，也應有人所不知的悲涼沉痛的吧。「達」之為意義境界，自與佛學的傳播與士人的禪悅有關。堅持儒學立場者，於此也有一份警戒。甚至法門中人，也有不以上述行徑為然者。徐枋《答退翁老和尚書》記繼起儲對周之嶼（玉鳧）「談笑辭世」的評論，「謂故臣遺老，當此之時談笑而逝，似不相宜」（《居易堂集》卷二）。[72]

明人中一向有不惜將這種「達」表演得過了頭的。《明季北略》記郝敬不但自擬葬制，且自定「葬辰」，「刻生葬文」，「至西山，從容下輿，索筆題堂柱」，「少頃，屬纊而絕」（卷一五第 264 頁）：真是灑脫之至。陳繼儒（眉公）即死，也不忘將名士姿態作足。同書同卷記其人「未歿前，召子孫賓朋曰：『汝曹逮死而祭我，不若生前醉我一杯酒。』於是群從雁行洗爵，次第而獻，如俎豆狀，繼儒仰天大嚼，叱曰：『何不為哭泣之哀？』左右皆大慟，或為《薤歌》以佐觴，歌愈悲，酒愈進，繼儒喜而起舞，簪帽以花，婆娑佻達，盡醉乃罷。將瞑目，又暢言無鬼之旨，鼓掌大笑而逝」（同書同卷第 265 頁）。

以上背景或有助於理解明遺民中的有些人，竟至為驚世駭俗而不惜將葬儀鬧劇化。「山陰有處士倪舜平者，變後訣別妻子，置酒大會

---

72 徐氏雖評論道：「此千古所未發，實千古所未曾見及也」，卻又以為「死生之際，人所難言，根器不齊，識趣各異，要未可一律而論，當審其人生平所自持，以觀其臨命一息之表見。苟其人而真忠臣、真孝子、真聖賢佛祖，則臨命之頃，啼笑俱憂。如其不然，笑固不可期，哭亦未為得也」（同文）——居士又像是較僧為「達」。

賓友，市兩缸，坎郊外，置其一坎內，痛飲慷慨，揮眾去，妻子號泣
隨之，觀者千人。處士從容整衣冠，坐缸中，一缸覆其上，叱令彌其
逢。子坐缸側數日，呼之不應，乃掩。」事見王源《金主事傳》（《居
業堂文集》卷三）。對於這類演出行為，當其時即有批評。[73]但你畢竟
由此種表演中，感到了當事者心境的從容與寬裕。在此應當說，
「死」的主題在明清之際士人那裏，並非一味沉重。他們以「死」為
題目作出的文章，仍然是內容駁雜的。

　　明遺民處喪葬的想像力與創造熱情尚不止於此。於「達」之外，
更有人追求表達的力度與意義含量。謝枋得《上丞相留忠齋書》曰：
「……生稱善士，死表於道曰：『宋處士謝某之墓』」（《謝疊山先生文
集》卷二）。另一宋遺民鄭思肖的臨終囑書牌位「大宋不忠不孝鄭思
肖」，亦明遺民所樂於效法；較之上述被目之為「達」者，這也是更
政治性的表達。將葬製作為明志的最後機會，王夫之自題墓石，曰：
「抱劉越石之孤憤而命無從致，希張橫渠之正學而力不能企。幸全歸
於茲丘，固銜恤以永世」（《船山全書》第 15 冊第 228 頁）——必係
字斟句酌無疑。他更以「不可增損一字」的叮囑嚴重其事，以杜絕對
自己意志的更改。陳佐才以文字宣示其「不降」，其「暮年鑿石為
棺，作詩自挽云：『明末孤臣，死不改節，埋在石中，日煉精魄，雨
泣風號，常為弔客。』遠近知交，皆有和章，名石棺詩，俱鑴棺上」
（《明季滇黔佛教考》卷五第 246 頁）。至於姜垓遺命葬敬亭之麓，
「病革，屬纊之頃，舌根艱澀，猶呼『速往宣州』再三」（見其子所
撰年譜續編，載《敬亭集》），所表達的，則是對烈皇（崇禎）的忠貞

---

73 黃宗羲《王義士傳》記王臺輔「集其鄰里鄉黨，濯衣幅巾，大呼烈皇，北面再拜，
自磬於象山之樹，聚觀者無不慟哭失聲。是時有僧過之，持鞭而指臺輔曰：『丈夫
死宜也，惡用是彌街絕裏眩曜於人乎？』」（《黃宗羲全集》第10冊第565頁）死亦有
道，不為戲劇性，不招徠看客，不炫燿於稠人廣眾中，也屬「為平易」。

不貳。遺民對「身後」的特殊關切，亦根於「失節」的憂懼。你在這種場合，於莊嚴性外，或也察覺了遺民處境的諷刺性。

上文已說到明遺民以衣冠為表達政治情緒的符號；我們在有關喪儀的記述中，也遇到了「衣冠」的這一種特殊語用。

以喪葬時的衣冠示不降附，「遺民方式」是對死義者方式的承襲。遺民當此之際的政治態度與身份宣告，不容有一絲一毫的苟且。如屈大均的遺命以幅巾、深衣、大帶、方舄殮（參看《翁山屈子生壙自志》，《翁山文外》卷八），除了標明其非官方身份，更因所著為「明代衣冠」、「華夏衣冠」，而使喪儀有了多重語義。據說湘中少數民族曾有過「生降死不降」的習俗，那表達方式即喪葬時的衣冠。不同的是，在明遺民，拒絕以清代衣冠殮的，多屬生前亦未降者。上文已談到了明代士人之於冠服的文化趣味。明清之際有關衣冠（以及頭髮）的戲劇，演到此處，精彩全出。你由此體會到遺民對於死的一份鄭重，他們以葬事為寄託、務期意義深遠的良苦用心。

遺民中的儒家之徒既有以逃禪為「失身於二氏」這一種思路，其對遺民中流行的殮以僧衣，必不會輕於贊同。葬制於此被作為「信仰」表達，另有了語義的嚴重性。以僧服殮、以儒服殮，也如以清服殮、以明服殮，甚至在其人死後仍會引起紛爭。黃宗羲《吳山益然大師塔銘》記吳氏喪儀上有議以儒服殮者，「眾言淆亂，卒從僧禮」（《黃宗羲全集》第 10 冊第 527 頁）。葬儀於此，又是生者對死者定義、評價的場所，茲事體大，同樣不容一毫的苟且。[74]同時卻也有未曾剃髮受戒卻囑以僧服殮的，如顧有孝「令諸子以頭陀殮我，因更號雪灘頭陀雲」（《碑傳集》卷一二五《雪灘頭陀顧有孝傳》）——各因

---

74 李鄴嗣有《唯一周先生謚議》，亦討論此種「身份」、「評價」問題，見《杲堂詩文集》第680-681頁。

其處境及動機而有如許的不同。至於非遺民的吳偉業的囑以僧服殮，固因其禪悅，更為了志「愧」志「痛」的吧。[75]

佛教世界觀（如關於「輪迴」的觀念），無疑豐富了士人有關「生—死」、生命周期的古老思想，使「死」與一種關於宇宙大生命的樂觀信念更積極地聯繫起來。當此易代之際，士人又以個體生命周期與治亂迴圈、劫難—復興（《易》卦的「剝」、「復」）的歷史文化信念相關聯。凡此，都使得有關「死」的語義內容空前繁複。

明清之際三大儒中，黃宗羲較之顧炎武、王夫之更有文人氣息。其為全祖望所批評的「文人之習氣未盡」，在喪葬上也有十足生動的表現。他的《梨洲末命》一篇，文字何等閒逸。「壙中須令香氣充滿」，「其下小田，分作三池，種荷花」，來弔者「能於墳上植梅五株，則稽首謝之」，壙前望柱，「若再得二根，架以木梁，作小亭於其上，尤妙」（《黃宗羲全集》第 1 冊第 191 頁）：絕無遺民囑葬時通常的慘淒，意境一派明朗。黃氏於此關心的更是詩意，是「死」之為意境的完整性，喪葬行為的優雅，文字間湧動著喪葬形式上的創作欲，對表達的個人性的渴求。上文已一再提到的屈大均，其遺命不但囑以衣冠，且囑棺以松香液而槨之，亦周到之至。也如一時士人在其絕命詩上不惜傾注心力，屈大均不免將喪儀預先當詩作了。這或許也是其最用力的詩。

還不妨指出，康熙三十四年黃氏臨終時所自擬的葬制，不但見出

---

75 顧湄《吳梅村先生行狀》記吳氏遺囑，中有「吾死後，斂以僧裝，葬吾於鄧尉、靈巖相近，墓前立一圓石，題曰詩人吳梅村之墓，勿作祠堂，勿乞銘於人。」陳廷敬《吳梅村先生墓表》記吳氏子璟所述吳氏治命，另有「吾性愛山水，葬吾於靈巖、鄧尉間，碣曰詩人吳梅村之墓足矣，不者，且不孝」等語。尤侗《西堂全集・西堂雜俎二集》卷八《祭吳祭酒文》曰：「吾聞先生遺命：斂以觀音兜、長領衣，殆將返其初服，逃軒冕而即韋布乎！」（均見《吳梅村全集》附錄一，第1406、1409、1420頁）亦時人對吳氏葬式的一種讀解。

詩人式的對意境的耽嗜，且透露出其人確已「入清」這一事實：也是
足令持守更嚴的遺民不悅的事實。其子黃百家所撰《先遺獻文孝公梨
洲府君行略》記黃氏遺命，有「殮以時服」，時服乃清服，不容誤
解；至於「易棺以石床，易槨以石穴」（《葬制或問》，《黃宗羲全集》
第 1 冊第 189 頁），未見得真如全祖望《神道碑》所說的那樣意在求
速朽。黃氏當此時更關心的，無寧說是「不循流俗」，「自創為法」，
看他對於墓地的精心設計，誰說沒有期之「永恆」的一念在其間？古
中國的士大夫一向相信有死有不死，其不死者，如精神、意志等等，
是天地間的元氣。優秀的詩也是不死的。因而不妨認為，士人在葬制
上的創造，係在「死」的題目上求所以不死，其重「死」亦所以重
「生」。他們以這種詩式行為，將通常「生」與「死」的邏輯關係複
雜化了。遺民以其喪葬，使作為當時一大主題的「生死」獲得了至少
是表達上的豐富性。

　　遺民經由自擬葬制安排後事，但身後之事並非總能預作安排；遺
民的後事，更有其人生前所逆料不及者。遺民以喪葬期之永恆，當局
者或以挫屍梟示、禁燬書版為回答，有時卻又適足以成全了那期
待——這裏不也有易代之際現象的諷刺性？

# 時間中的遺民現象

　　遺民本是一種時間現象。「遺民時空」出諸假定，又被作為了遺民賴以存在的條件。時間中的遺民命運，遺民為時間所剝蝕，或許是其作為現象的最悲愴的一面。正是時間，解釋了遺民悲劇之為「宿命」。

## 第一節　失節憂懼

### 遺民心事：時間焦慮

　　你由明末「忠義」及明遺民傳狀間，隨處可以讀出其人的時間焦慮，尤其在明將亡未亡及覆亡之初。此種焦慮自有其充分的理由。在參與抵抗者的經驗中，恢復時機的轉瞬即逝，不能不是一種可怕的事實。瞿式耜丙戌九月二十日家書中說：「家中光景，想今年反覺太平，此間亦有傳來謂南方甚熟，米價甚賤，人民反相安，只未知三百年受太祖高皇帝之隆恩，何以甘心剃髮？難道人心盡死？」（《瞿式耜集》卷三第 253 頁）在其時的「與義」者，最令人心驚的，或者就是這種「平安」的消息的吧。張煌言說時機之將逝，「遠邇聽聞，久不知天南確信，恐報韓之念倏衰，思漢之情轉冷……」（《上行在陳南北機宜書》，《張蒼水集》第 21 頁）「若不及早經營，則報韓之士氣漸衰，思漢之人情將輟」（《上魯國主啟》，同書第 27 頁）。瞿式耜也有同樣的緊張，他說：「竊稽往事，漢光以建武元年定鼎洛陽，唐肅以

至德二年恢復陝右，中興之業，未嘗以三年淹也。我皇上即位，今三年矣。秣陵松柏，尚在望中；北平寢園，杳淪異域」（《謹獻芻言疏》，《瞿式耜集》卷一第 100 頁）。而瞿氏前此曾有過極樂觀的估計，「謂宜聞永曆登極之信，各省便當奮起義師，迎鑾迎駕……」（同書卷三第 261 頁）[1]

　　「恢復期待」在一段時間裏，確也是忠義、遺民的生命支撐。當吳應箕於乙酉五月撰寫諸「中興論」（《漢光武中興論》、《晉元帝中興論》、《唐肅宗中興論》、《宋高宗中興論》）時，尚有「中興」的期盼。魯王監國，吳鍾巒因「訛傳恢復」而以詩誌喜，寫下過「從此兒孫尋舊業，可將詩酒弄斜暉」等句（《黃宗羲全集》第 2 冊第 234 頁）。徐世溥《劉徵君傳》記劉城「爪掌畫幾」，「私心籌度，以為東晉、南宋之事尚可復行，而庶幾再見漢官威儀也，故金陵、臨安圖志至不釋手」（《嶧桐集》）。黃道周幾乎至死不放棄恢復希望，他對時勢的估量是：「我明與周室同歷，非唐季所望，衰軼而後，猶為戰國」（《與陳無涯無枝書》，《黃漳浦集》卷一七）。此意他一再說到。[2] 到得王夫之晚年寫《宋論》，借諸史事說「過此無收復之望」，已屬舊話重提：「當石晉割地之初，朔北之士民，必有恥左衽以悲思者。至岐溝敗績之歲，凡五十年，故老之存者，百不得一。仕者食其祿，耕者

---

1　王夫之所憂慮的，則是人心風俗的「夷」化，這也應是一個儒者最深刻的憂慮。他在《讀通鑑論》中說契丹據幽燕之初，「唐之遺民猶有存者，思華風，厭膻俗，如吳巒、王權之不忍陷身污穢者，固吞聲翹首以望王師，則取之也易。遲之又久，而契丹已戀為膏腴，據為世守，故老已亡，人習於夷，且不知身為誰氏之餘民，畫地以為契丹效死，是急攻則易而緩圖則難也」（卷三○第1163頁）。

2　黃道周於隆武朝《答曾叔祁書》說：「宋自建炎而後，尚有關陝荊楚；晉自隆興而余，尚有青兗雍州。今茫茫海岸，一葦係舴，仰諸逆弁，為劉、何、韓、嶽之事，雖武侯、張昭，自謂聾啞耳。」卻仍以「前明」、「後明」為說，曰「前明二百七十五年……後明兩際春秋，賴諸君子起而夾輔」（同書卷一五），可知此老的倔強。

習其事，浮靡之夫，且狃其嗜好而與之俱流。」「故有志之士，急爭其時，猶恐其已暮，何忍更言姑俟哉！」（卷二第 59 頁）耿耿不忘者，仍是明亡之初的那一段心事。遺民的懼見世道的「清平」，也正如義士。劉獻廷記其「寓漢上時，漢陽令張壽民招飲。竹箸瓦杯，寥寥五簋。庭中黃菊粲然，二白鶴飲啄於其側。叔度清風，蕭然可樂。世風一變至此，天意誠不可測也。歸與宗夏言而歎之」（《廣陽雜記》卷四第 200 頁）。即使經歷了明末的極度腐敗，此等景象也非遺民所樂見的吧。

有諷刺意味的是，儼然以「正統」自居的南明王朝，也感受著時間的威脅。黃宗羲《弘光實錄鈔》、李清《南渡錄》等所記「補封」、「補諡」、「贈恤」、定罪，以至「逆案」中人的翻案、報復，無不亟亟。《弘光實錄鈔》記阮大鋮欲殺周鑣，曰：「鐘鳴漏盡，吾及時報復，亦何計其為為賊乎？」（《黃宗羲全集》第 2 冊第 89 頁）令人清楚可感其時南明朝君臣如恐不及的末日心態。

然而即使到了「海氛」已「靖」之後，明遺民中的頑梗者，仍遲遲不願放棄「義軍」、「恢復」之類渺茫的希望，堅持以此作為其生存意義所寄。《碑傳集》卷一二四鄭梁《沈先生遴奇墓誌銘》記沈氏事頗生動：「……往往耳語人曰：吾乩仙云云，某方兵且起，某年月日，天下當大亂。一夕宿吾如伯父家，夜參半，忽開數重門走出，大聲叫呼曰：今日兵真至矣，炮響震天，旌旗舳艫蔽江下矣。如是呼者再三，鄰右皆驚，以為有盜也，則皆起，而先生則已閉戶就寢矣……嗟乎！此其志意之所存，何嘗一日厭亂也哉！」沈氏之「好亂如此」、「嗜亂如旨」，與當時人心普遍的「厭亂」適成對比，也由一個

特殊的方面，透露著遺民的寂寞。[3]

「遺民」不止是一種身份，而且是一種狀態、心態，如上述待變，待亂，為此甚至不惜自欺。鄭梁上文記沈氏與「家大人」往還，「坐定必舉閩粵滇黔間信息相慰藉，大人明知先生所言皆其意中語，非真實事，然未始不一為破顏也。」全祖望記王玉藻：「庚寅，先大父嘗訪之，相與語島上事。公曰：今日當猶在靖康建炎之際耳，君以祥興擬之，下矣」（王氏事略，見《鮚埼亭集》外編卷一一）。黃宗羲《故孝廉黃季貞先生墓誌銘》所謂「民之訛言，亦為破涕」，刻繪的也是類似情態。

「待恢復」當此際，確也是使憤懣得以發抒的題目。以傅山文字的謹慎，亦說「每耽讀刺客遊俠傳，便喜動顏色」，說「耿耿之中，有所不忘，欲得而甘心者」（《雜記（三）》，《霜紅龕集》卷三八第1049頁）。屈大均更不惜反覆發揮「報仇雪恥」之義，表達不厭其刻露。其《臥蓼軒記》曰：「苦其心以膽，辛其身以蓼，昔之人凡以為雪恥復仇計耳。」「予本辛人，以蓼為藥石，匪曰臥之，又飲食之。即使無恥可雪，無仇可復，猶必與斯蓼相朝夕，況乎有所甚不能忘者於中也哉！」（《翁山文外》卷一）其所撰陳邦彥（岩野）哀辭則說：「憤師儺兮未復，與國恥兮孳孳。早佯狂兮不仕，矢漆身兮報之」（同書卷一四）。《自作衣冠冢誌銘》徑說「蓋欲俟時而出，以行先聖人之道，不欲終其身於草野，為天下之所不幸也」（同書卷八）。顧氏

---

3  遺民之嗜亂者，一時也頗有其人。魏禧《費所中詩序》曰費氏「於權奇之書無不究，而其得《陰符》孫武韓非為深」。其「讀史，當秦漢之際，以至三國五代龍戰虎鬥風雨交馳雷電並擊，則揚眉抵掌，掀髯而笑，其神采百倍平日。及夫天下既定，裂土而封，量才而官，修吏治，興禮樂，則嗒然不能終篇，心煩慮散，若白日而欲寢者」（《魏叔子文集》卷九）。錢謙益《薛更生墓誌銘》記薛氏當日「觀風、占象、占風角，訪求山澤椎埋屠狗之夫，人咸目笑君八十老翁，兩腳半陷黃土，不知波波劫劫何為也」（《牧齋有學集》卷三一第1145頁）。

的說餌沙苑蒺藜，與屈氏的說臥蓼，有語義的相近。而且無論顧氏還
是屈氏，對其上述動作均不掩飾，有時竟像是務期其醒目似的。不止
於發抒激情，且待機而動，因復明活動送掉了性命者，也大有其人，
魏耕就是一個（參看全祖望《雪竇山人壙版文》，《鮚埼亭集》卷
八）。至於遺民與「三藩之亂」的關係，參看《餘論（之二）》。以吳
三桂之三翻四復而猶寄予希望，遺民之為遺民，亦可悲也。[4]

　　歸莊到寫「萬事從此一任天」（《元日三首》，《歸莊集》卷一第
67頁），似乎才將此「待」放棄；其《新春梳得白髮》中「可憐老驥
心猶壯，莫便鹽車畢此生」句，將遺民的頹喪與無奈，刻畫得何其沉
痛（同頁）！梁份也寫到過「與天地爭所不能爭」，「一無所見於世而
死」者的終天之恨（《懷葛堂集》卷八《熊見可先生哀辭》）。陳確的
《東溟寺異人記》類小說家言，篇末所記北方義士「皆投碧浪湖而
死」（《陳確集》第214頁），無寧讀作絕望的符號。到這個時候，王
夫之說國亡之際「留生以有待，非大臣之道」，也應因他本人已深味
了「有待者終無可待，到末後無收煞處」的尷尬（《搔首問》，《船山
全書》第12冊第627頁）。[5]

　　當著「待」終「無可待」，黃宗羲等著名遺民，各以其方式，表

---

4　「有待」者豈止遺民。金堡為錢謙益撰《列朝詩傳序》，曰：「《列朝詩集傳》虞山
　　未竟之書，然而不欲竟。其不欲竟，蓋有所待也……虞山未忍視一線滇南為厓門殘
　　局，以此書留未竟之案，待諸後起者，其志固足悲也」（《徧行堂集》八，轉引自
　　《柳如是別傳》第957頁）。

5　王夫之的思路似與時人有別。其史論中對「義軍」、「士氣」等的深刻懷疑，其「南
　　明」論、其「君子小人」論、其「用獨」之說，都出自深刻的世情洞察與冷峻的現
　　實感；其「天下—公私」論，也提示了「存明」之外的別一境界。他在《讀通鑑
　　論》卷末的「正統論」（敘論一）中說：「若夫立乎百世以後，持百世以上大公者
　　論，則五帝、三王之大德，天命已改，不能強係之以存。故杞不足以延夏，宋不足
　　以延商……」（第1175頁）由此也可見「遺民」名目的籠統，遺民境界之不同，其
　　自我定位的多樣。

達了面對無可更改的事實的反應。「宗羲雖杜門匿影，而與海上通消息，屢遭名捕，幸不死。其後海氛漸滅，無復有望，乃奉母返里門，自是始畢力著述」（《小腆紀傳》卷五三第 572 頁）。關於黃氏，全祖望也說「萬西郭為予言：徵君自壬寅前，魯陽之望未絕，天南訃至，始有潮息煙沈之歎，飾巾待盡」（《鮚埼亭集》外編卷三一《書明夷待訪錄後》）。朱舜水曾在日本蓄財，「志謀義舉，常有恢復中原之圖」，此財無所用，「臨卒，盡內於水戶庫」——「是時當康熙二十五年，距甲申已四十二祀，距緬甸之難亦已二十五祀，鄭祚復斬，三藩削平……」（《碑傳集補》卷三五荀任《朱張二先生傳》）正是「時間」，剝奪著遺民的生存意義，不止於使其「待」落空，而且使其生存依據虛偽化。這不能不是一種殘酷的道德處境。

顧炎武的由此「待」（待恢復）到彼「待」（「待後王」），其間有正是「信念」以及自我期許的變化，儘管「一旦有事」、「光復舊物」的期待較具體，而「待後王」、「有王者起」，則不免渺遠而抽象。[6] 痛悔過「有待」的王夫之，也仍有其「待」，其曰「天地之氣，五百餘年而必復……」（《宋論》卷一五第 337 頁）遺民的自我價值、意義詮釋，也正因此而由近及遠，由淺入深。這也是遺民走出「時間焦慮」，其歷史人生視野擴張的過程。不妨認為，正是遺民對「遺民」作為時間現象的確認，表明了他們的成熟性，他們對「意義」邊界的感知，他們對自己處在歷史的特定時刻、歷史過程中特定位置的意識——清醒的反思正賴此時空知覺而進行。這無疑有利於遺民走出偏窄的道德氛圍。「大時間」使遺民中的傑出者脫出遺民眼界，為其「生」找到了更堅實的根據。這一話題有待於下文繼續展開。

---

6 有恢復期待，又有學術使命自覺，才成其為顧炎武。即使恢復無望，其使命承當，也與承平之世的學人不同。據此才便於理解全祖望《亭林先生神道表》及錢穆《中國近三百年學術史》中所談到的清人對顧氏的誤解、片面化。

## 「失節」夢魘

　　時間焦慮的更深刻的根據，即「節操」在時間中的剝蝕，銷磨。顧炎武《廣宋遺民錄序》說當世「豈無一二少知自好之士，然且改行於中道，而失身於暮年」，說「余嘗遊覽於山之東西，河之南北二十餘年，而其人益以不似。及問之大江以南，昔時所稱魁梧丈夫者，亦且改形換骨，學為不似之人」（《顧亭林詩文集》第 33、34 頁）；說「滔滔者天下皆是」，「三十年之間而世道彌衰，人品彌下」（《常熟陳君墓誌銘》，同書第 161 頁）。在《與蘇易公》中，則說「比者人情浮競，鮮能自堅，不但同志中人多赴金門之召，而敝門人亦遂不能守其初志」（同書第 206-207 頁）。張履祥也說：「方昔陸沉之初，人懷感憤，不必稍知義理者，亟亟避之，自非寡廉之尤，靡不有不屑就之之志。既五六年於茲，其氣漸平，心亦漸改，雖以嚮之較然自異不安流輩之人，皆將攘臂下車，以奏技於火烈具舉之日」（《與唐灝儒》，《楊園先生全集》卷四）。黃宗羲的議論更有其苛刻：「桑海之交，士多標緻。擊竹西臺，沉函古寺。年書甲子，手持應器。物換星移，不堪憔悴。水落石出，風節委地」——他將此種種歸結為「偽」（《汪魏美先生墓誌銘》，《黃宗羲全集》第 10 冊第 383 頁）。又說「慨然記甲子蹈東海之人，未幾已懷鉛槧入貴人之幕矣；不然，則索遊而伺閽人之顏色者也」（《陸汝和七十壽序》，同書第 659 頁）。戴名世也說：「明之亡也，諸生自引退，誓不出者多矣，久之，變其初志十七八」（《溫溁家傳》，《戴名世集》卷七第 201 頁）。處鼎革之世而欲保全志節者，無不感受到時間的威脅。彭士望《書關盼盼詩後》以謝枋得、關盼盼之死為例，說「忠臣節婦之所為極難，惟其久耳」（《樹廬文鈔》卷九）。

　　發生在時間中的較隱蔽也因此更可懼的變，在神情氣象。如黃宗

羲所說「年運而往，突兀不平之氣，已為饑火所銷鑠」，「落落寰宇，守其異時之面目者，復有幾人？」（《壽徐掞青六十序》，《黃宗羲全集》第 11 冊第 64 頁）張爾岐《與鄧溫伯書》，也說到儕輩「亦為人事衣食所累，神識趨向，漸異於舊」（《蒿庵集》卷一第 55 頁）。陳瑚則說「予猶憶予少時，當國家多故，意氣軒舉，凡弓刀擊刺之事，無不一一究習，略皆通曉。顧在苒二十餘年，而發且種種矣，何百鍊鋼化為繞指柔。每誦越石之詩。未嘗不廢卷三歎」（《從遊集》卷下《毛天回》，峭帆樓叢書）。作為後死者，上述諸人盡有機會，細細地觀察與體驗人的精神意志在時間中的損耗，而他們本人也未見得能免於遺論。風節在時間中的遷改，複雜化了遺民行為的意味，使避世、絕世的莊嚴轉成滑稽。遺民行為的極端性（如自錮），其背景也應有這意識到了的威脅的吧。因而頑強中正有脆弱，有「遺民」及其操守的脆弱性。「遺民」是如此難以保有而易於失去的一種品性。

「末路不可不慎」，是一時流行的話頭，戒懼神情畢見。遺民的這種情態，也令人想到婦人女子。即使顧炎武這樣的大儒也如臨如履。他回答對「遺賢」推挽頗力的葉方藹（訒庵），說「人人可出而炎武必不可出」（《與葉訒庵書》，《顧亭林詩文集》第 53 頁）；在與其甥徐幹學的書劄裏，也說「世有孟子，或以之勸齊梁，我則終於韞匵而已」（《與公肅甥書》，同書第 56 頁）。其《答次耕書》，說「惟退惟拙，可以免患」（第 77 頁）；其辭講學，說的是「一身去就，係四方觀瞻，不可不慎」（《與友人辭往教書》第 136 頁）。遺民亦如貞女，似乎稍一不慎，即會成清白之玷。豈不聞呂留良詩曰：「誰教失腳下漁磯，心跡年年處處違」？在此情勢下，同志者不能不以砥礪風節為己任。潘檉章規戒顧炎武「慎無以甥貴稍貶其節」，顧氏則視潘檉章、吳炎為「畏友」（《書吳潘二子事》第 116 頁）。顧氏批評李因篤，說：「昔朱子謂陸放翁能太高，跡太近，恐為有力者所牽挽，不

得全其志節，正老弟今日之謂矣」（《答子德書》第 74 頁）。顯然在遺民，「節」否已不是個人事件，其被認為與遺民群體相關，是無疑的。你也不妨承認，對於「節」否的極端敏感，竟也有助於深化人性認識。即如陳確等人對諸種「託詞」、「遁詞」，諸種「借」的發露，固有苛察之嫌，不也見出士對於同類「情偽」的久經訓練的洞察力？

「出處」即在平世，也被認為與「士」群體相關，何況易代之際！有明大儒中，為此而蒙譏議的，就不乏其人。吳與弼招致過議論；也未能免於非議。《明儒學案》卷四五評論莊氏，即惋惜於其「業已二十年不出，乃為瓊臺利害所怵，不能自遂其志」，歸結為其人的未能「孤峰峭壁」其性情（第 1081 頁）。這一方面士論之嚴苛不貸，在明代也有始有終。

壽則多辱。道德律未必總能敵「時間」的力量。黃宗羲自擬壙前望柱銘文，最能見其晚年心態：「不事王侯，持子陵之風節；詔鈔著述，同虞喜之傳文」（《梨洲末命》，《黃宗羲全集》第 1 冊第 191 頁）。嚴光（子陵）是「逸民」而非「遺民」，這一區別即非同小可。至於以清帝「詔鈔著述」自得，更像是非遺民所宜有。[7]明清之際三大儒中黃宗羲最後死，但其人的上述態度又不能僅由「後死」來解釋，更須以他的歷史觀、倫理觀（君臣論）為注腳的。至於李顒，則晚年雖不赴清主召見，仍遣子「詣行在陳情，以所著《四書反身錄》、《二曲集》奏進」（《清史稿》卷四八〇）。「易代」也即由此而最終「完成」。陳垣感歎道：「噫！遺民易為，遺民而高壽則難為。」其例子就有「吳中蕃明亡後五十餘年未卒，不能不與當事委蛇，幾乎晚節不保，為天下笑」（《明季滇黔佛教考》卷五第 254 頁；陳垣言此，

---

7 朱彝尊稱頌黃氏「不忓俗以為高，不妄交以幹禍」，以為其「明哲」「有不可及者」（《曝書亭集》卷四一第 502 頁）。這似乎也證明了即令自處有別，遺民仍有「基本標準」，有使其人成其為「遺民」的最後界限。

態度正是「當時」的。可見「遺民話語」及其語境即到近代，也未全成過去）。即使沒有上述人物在時間中的漸變，也無以阻止生命在時間中的流失。遺民現象繫於特殊人群，也與此人群相始終。冒襄是遺民中「享大年以終」者。《碑傳集》卷一二六《潛孝先生冒徵君襄墓誌銘》說：「蓋自先生沒，而東南故老之流風餘韻於是乎歇絕矣。」王源《李孝慤先生傳》也說李明性「年六十九而卒，孫徵君門人王餘祐哭之曰：『忠孝遺老盡矣』」（《居業堂文集》卷四）。奈何！

　　時論及「遺民社會」內部的議論之苛，正應以上述情勢為背景的吧。輿論之為自我監察手段，一向被認為於「士」存亡攸關。「清議」之雙刃，一在監督朝政，另一即在清潔（士類）內部。遺民因其所處特殊情境，更將後一種功能發揮到極致。遺民在這一方面，也將「士」生存的一般條件強化了。苛論之下，也就難有免於疑論者。即以徐枋之苦節，朱用純仍以其「微喜諧謔」為病，不惜諄諄告誡。[8]嗚呼！難乎其為「遺民」矣。難怪吳祖錫（佩遠）《答俟齋書》中說：「抱志之士，最難知者肺腸，最可議者形跡。不逢直諒多聞仁人長者，誰為恤其隱而鑒其外，橫被譏評者多矣」（見羅振玉輯《徐俟齋先生年譜》）。

　　當然，在上述問題上，輿論也仍非一律。陳確就一再表明他不欲僅以出處論是非，所謂「出未必盡非，而處未必盡是」（語見《陳確集》第290頁）。他由「道—俗」二項對立，說處士居鄉為「鄉俗」淹沒、喪失其文化存在的可能性，顯示為不囿於通行的「節義論」的對士所面臨問題的思考（參看同書《道俗論（上）》）。時論的關心唯

---

8　朱用純《答徐昭法書》（羅振玉輯《徐俟齋先生年譜・附錄》）曰：「以吾兄二十年大節苦行，敬身之道，當今之世，孰逾吾兄……竊觀吾兄酬應人倫，微喜諧謔。諧謔雖無損於大節，要非君子之所宜為。何者？德盛不狎侮也。」被公認的遺民形象的「嚴肅性」，自與宋明理學的理念有關。

在士人的「節」否；陳確卻由「禮失」這一事實，憂慮士的失其為士，其思考也因此而及於深廣。

縱然遺民都能節操無玷，「遺民社會」也仍在無可避免的消失之中。我在上文中已一再談到遺民的孤獨以致孤絕，他們的非藉強烈出常的姿態不足以提示其存在，自明其心事。而最終正是「時間」，渲染了「遺民」作為現象的嚴酷性。

## 大限：遺民不世襲

遺民現象的「時間性」（亦一種有限性）還體現於「不世襲」。遺民於此看到了其「大限」。

宗法社會以「繼志述事」作為為人子者的人生義務。王夫之就說過：「夫志者，執持而不遷之心也，生於此，死於此，身沒而子孫之精氣相承以不間」（《讀通鑒論》卷一三第 484 頁）。「志」本有助於對時空限圍的超越，而指定了人選的「繼」，又勢所必至地將大歷史大時空縮小，從而預伏了悲劇之源。鼓勵了「世襲」的，應有明代士人的黨社習氣的吧。有關復社之欲接東林「餘緒」，以及「復社子弟」活動的記述，就令人見到了十足明人的方式與趣味。[9]那一時序黃宗羲詩文的文字，幾乎無不由「父子」立論；當時的黃宗羲，其身份首先是「其父（黃尊素）之子」。確信「志」之可「繼」，是士的信念，用在這裏，則不啻將政治品性認作了遺傳屬性。

「世襲」確也是明亡之際普遍的遺民期待，以至陳確這樣對「節

---

9 參看杜登春《社事本末》等。黃宗羲《顧玉書墓誌銘》記「閹禍」遇難者「孤子」，於「訟冤闕下」之時，曾「敘其爵里年齒，為《同難錄》。甲乙相傳為兄弟，所以通知兩父之志，不比同年生之萍梗相值也」（《黃宗羲全集》第10冊第419頁）。亦當時風氣。

義」持通達見識，對時人之「出」有寬容態度者，對遺民子弟之出，也以為不可。他尤嚴於友人、「同志者」子弟之出，對於不能阻止其亡友祝淵仲子的出試，良用耿耿。[10]顧炎武也說處此之時，「生子不能讀書，寧為商賈百工技藝食力之流，而不可求仕。猶之生女不得嫁名門舊族，寧為賣菜傭婦，而不可為目挑心招，不擇老少之倫」（《常熟陳君墓誌銘》，《顧亭林詩文集》第 161 頁）。甚至錢謙益也以陶淵明為話題，討論「遺民子弟問題」，可見時人對此間動向的關注。錢氏釋陶潛詩「雖有五男兒，不好紙與筆。天運苟如此，且進杯中物」，說「杜少陵之譏淵明，以謂『有子賢與愚，何其掛懷抱』，亦未知為淵明者。推淵明之志，惟恐其子之不得蓬髮歷齒，沉冥沒世，故其詩以『責子』為詞，蓋喜之也，亦幸之也」（《吳封君七十序》，《牧齋有學集》第 947-948 頁）。可以作為詮釋古人而富當代趣味之一例。

　　貫徹遺民社會的道德律令，憑藉的就有父對於子的權威。祝淵臨終遺命，曰：「凡我子孫冠婚喪祭，悉遵大明所定庶人之禮行之。不得讀應舉書，漁陶耕稼，聽其所業，違者即以逆論」（《臨難歸屬》，《祝月隱先生遺集》卷四，適園叢書）。[11]朱之瑜即身在日本，也不忘囑其孫「虜官不可為」，說：「既為虜官，雖眉宇英發氣度嫻雅，我亦不以為孫」（《與諸孫男書》，《朱舜水集》卷四第 46 頁）。徐枋《誡子

---

10 陳確主張內外有別，苟為遺民，非但自己必不可出，其子弟亦不可出試（理由是「子父一體」），對非遺民，卻以為不必以遺民道德苛求。他說：「蓋士君子居今日，以我之心待世俗而諉其出試，必不可。以世俗之心待我子弟而趣其出試，亦不可。」陳確於此也表現出敏銳的人事洞察力，如說「父兄之倦於學也，而優遊焉託於不試以明其高」，即屬洞見情偽之言。參看其《使子弟出試議》，《陳確集》第172-173頁。張履祥文集中，多有致晚輩書劄，對亡友的後人尤諄諄勸誡，於此也可感東南遺民間的同志之感。

11 祝淵同文中的下述說法較為明達：「余弟四人、餘子四人賢否、成敗，天實為之，非人之所能為也。昔先正臨歿，子弟問以後事，但云『莫安排』，此三字最妙，置後事勿道。」

書》「告誡諄復」，惟恐其子「不類」、「不肖」，戒其子決非「可以隱可以無隱」，而「斷不可以不終隱」（《居易堂集》卷四）。屈大均述其父所囑：「自今以後，汝其以田為書，日事耦耕，無所庸其弦誦也。吾為荷丈人，汝為丈人之二子……」（《先考澹足公阡表》，《翁山文外》卷七）而甲申那年，屈大均不過 15 歲。甚至以「死遲」而蒙譏評的魏學濂，臨終「貽書付子」，也「諄諄以『子孫非甲申以後生者，雖令讀書，但期精通理義，不得仕宦』為言」（《明季北略》卷二二第 611 頁）。陳確更不由分說：「吾惟吾正義之斷，而奚聽子弟？」（《使子弟出試議》，《陳確集》第 173 頁）──遺民以其意志對於子弟的強加，也即一代人對另一代人命運的支配，不能不含有某種殘忍意味。凡此種種，均令人可感遺民社會內部關係的緊張性。

然而道德律令於此也仍然敵不過時間及現實政治的力量。祝淵的遺命終不能阻止其子弟的「出」。《讀通鑑論》記東晉張駿疏請北伐，錄其言曰：「先老消落，後生不識，慕戀之心，日遠日忘。」慨然道：「……悲哉其言之矣！」（卷一三第 483 頁）事實之可懼，甚至不止於「後生」之「忘」，即遺民本人，何嘗能長保其「慕戀之心」！時間之移人有如此者。至於遺民子弟趨舍之不同，也往往有其不得不然的苦衷。收入《陳確集》的許令瑜書劄，就說到「今日不幸處此世界，事業文章都無用處」，既棄經生舉業，「全副精神，忽爾委頓」，子弟狀態堪憂：「恐其頹墮委靡，潰敗不可收拾」（《陳確集》第 71-72 頁）。正如遺民本身，其子弟也不免承受諸種壓力與誘惑。陳確曾說到祝淵之子「從父命不試」，而其弟「則從母命出試」（《陳確集》第 75 頁；事實是，其子也有出仕者）。至於李顒不仕而其子應考，另有一番說辭：「僕之先世俱係庶人，僕安庶人之分，因無衣頂庇身，眾侮群欺，生平受盡磨難。小兒鑒僕覆轍，勉冒衣頂，聊藉以庇身家，歲考之外，未嘗應科考以圖進取」（《答友人》，《二曲集》卷一七）。

至於冒襄與其父同為遺民，而其子應試，寧都三魏的伯子（魏際瑞）
「出應世務」、周旋當道，叔、季（魏禧、魏禮）保有遺民身份，均
被作為士人的生存策略。一時大儒中，做類似安排的，不止李顒。全
祖望記黃宗羲事：「徐公延公子百家參史局，又徵鄞萬處士斯同、萬
明經言同修，皆公門人也。公以書答徐公，戲之曰：『昔聞首陽山二
老託孤於尚父，遂得三年食薇，顏色不壞。今吾遣子從公，可以置我
矣』」（《鮚埼亭集》卷一一《梨洲先生神道碑文》）。朱彝尊、陳維崧
都說過自愧其「出」的話[12]──如方氏的三代遺民（方孔炤、方以智
及其三子）、如傅山的父子遺民且同志者，畢竟罕有。[13]顧炎武也慨歎
於「朋友之中，觀其後嗣，象賢食舊，頗復難之」（《與楊雪臣》，《顧
亭林詩文集》第 139 頁）。

　　全祖望《題徐狷石傳後》記徐介（狷石）頗有意味：「狷石嚴事
潛齋，其後潛齋亦畏狷石。嘗一日過潛齋，問曰：『何匆匆也？』潛
齋答曰：『主臣以兒子將就試耳。』狷石笑曰：『吾輩不能永錮其子弟
以世襲遺民也，亦已明矣；然聽之則可矣，又從而為之謀，則失
矣。』於是潛齋謝過，甚窘」（《鮚埼亭集》外編卷三〇）。這應當是
關於「不世襲」的語義明確的表達。徐介所說「界限」尤其值得注
意──以「聽之」為「可」；可見其時遺民後代之「出」，已為時論所

---

12 朱彝尊《黃徵君壽序》中說：「餘之出，有愧於先生」（《曝書亭集》卷四一第502
　　頁，按黃徵君即黃宗羲）。陳維崧致書黃宗羲，也說：「崧不肖，不能守遺教，遂
　　嬰世網，其為先生所屏棄也固宜」（見《黃宗羲全集》第11冊第407頁）。陳維崧為
　　著名遺民陳定生之子，年逾五十始舉鴻博，授檢討，與修《明史》。王源亦自說
　　「不得已出而應世」（《與梅耦長書》，《居業堂文集》卷六）。

13 傅山父子，可作為時人所艷稱的「父子遺民」的例子。如傅眉者，才堪稱「繼
　　述」，是其父的肖子。傅山《哭子詩》第四首：「元年戊辰降，十七丁甲申。苦楚四
　　十年，矢死崇禎人。間關相老夫，書史抉黃塵。侮辱兼恫脅，雜無疏親……」（《霜
　　紅龕集》卷一四第379-380頁）彭士望、魏禧與梁份，則是遺民師弟的一例。《懷葛
　　堂集》姜宸英《序》：「然梁子緣師志，退守窮約，年過四十不求仕。」

容忍。[14]有此種見識的不止徐氏。同書卷五《明監察御史退山錢公墓石蓋文》記錢肅圖臨終囑其子語:「故國故君之感,此吾輩所當沒身而已者也,若汝輩則不容妄有逆天之念存於其中。」陸世儀對他人的應試,也持論寬和:「……繼聞吾兄為學校所迫,已出就試。此亦非大關係所在。諸生於君恩尚輕,無必不應試之理。使時勢可已則已之,不然,或父兄之命,身家之累,則亦不妨委蛇其間……近吳中人有為詩歌,以六年觀望笑近日應試者。予謂六年後應試,與六年前應試者,畢竟不同。蓋臣之事君,猶人子之事其親而已。主辱臣死,固為臣之大義,至於分誼不必死者,則不過等於執親之喪;喪以三年,而為士者能六年不就試,是亦子貢築室於場之志矣,而必欲非笑之,刺譏之,使之更不如六年前應試之人,則甚矣」(《答徐次桓論應試書》,《論學酬答》卷三)。比不應試於執親喪,可謂獨出心裁。至於陳確,對不得已的出試也有區分。其《試訟說》曰:「士生乎今之世,或不得已而出試於有司,吾無惡焉耳。惟試而求必售,斯有不忍言者矣」(《陳確集》第251頁)。又出於他略形跡而推究其心的一貫態度。

遺民不「世襲」,前人已然。《讀通鑑論》就記了楊盛「於晉之亡不改義熙年號」,「臨卒,謂其世子玄曰:『吾老矣,當終為晉臣,汝善事宋』」(卷一五第554頁)。同書還說「嵇叔夜不能取必於子,文信國不能喻志於弟」(卷一四第542頁),說張駿「不能世其忠貞」(同卷第519頁),[15]遺民的無奈情見乎辭。倒是近人錢穆對上述徐介

---

14 也有並非迫於時勢的主動選擇。魏禧《熊見可七十有一序》(《魏叔子文集》卷一一)記其勸熊見可之子熊頤「為有用之學,毋徒以潔身為自足。頤深然之,未幾而貶服遜言以遊於世」(以下說「頤比年志在四方,頗能得投間抵隙之用」)。

15 《讀通鑑論》曰:「君子之澤五世而斬,小人之澤五世而斬,或且不及五世而無餘,君子深悲其後也。」又假設道,晉人倘能「俟之隋興,而以清白子孫為禹甸之士民,豈遽不可?然而終不及待也」(卷一四第519頁)。論及遺民的「世襲」問題,也持論激烈,以「終吾身而已,子孫固當去事他人以希榮利」為「雙收名利以

語頗不謂然，以為「自今論之，則聽之與為之謀，亦幾於五十步與百步也」（《中國近三百年學術史》第 2 章第 72 頁）。

對於遺民子弟之出仕者，時論尚不止於「容忍」，更有豔稱之者。錢謙益撰柯元芳墓誌銘，記其子仕清為棗陽令，「君喜曰：『自今可以舒眉坦腹，長為逸民矣』」（《柯元芳墓誌銘》，《牧齋有學集》第1108 頁）。戴名世說：「自明之亡，東南舊臣多義不仕宦，而其家子弟仍習舉業取科第，多不以為非」（《朱銘德傳》，《戴名世集》卷七第209 頁）。一時世俗心理的好尚可知。[16]

面對此情此景，遺民中的敏感者，難免於尷尬與悲涼的吧。沒有「後代」即沒有「將來」。遺民終是「孑遺」之民。錢穆由遺民的世襲問題論及遺民現象的時間性，對遺民的時間恐懼似感同身受：「棄身草野，不登宦列，惟先朝遺老之及身而止。其歷世不屈者則殊少。既已國亡政奪，光復無機，潛移默運，雖以諸老之抵死支撐，而其親黨子姓，終不免折而屈膝奴顏於異族之前。此亦情勢之至可悲而可畏者」（《中國近三百年學術史》第 2 章第 71-72 頁）。

---

為壟斷」（卷一五第554頁）。

16 黃宗羲《憲副鄭平子先生七十壽序》記鄭氏「其聲光」，其子「三入長安」，亦應是當時常見情景（《黃宗羲全集》第10冊）。吳偉業《封中憲大夫按察司副使秦公神道碑銘》、《工部都水司主事兵科給事中天愚謝公墓誌銘》等，所記「父處子出」者（《吳梅村全集》卷四二、卷四五），其父子往往為時人稱美，鄉里以之為榮。父處子出，也繫於門戶、生計。其《宋轅生詩序》說宋氏得以優遊的條件：「轅生昆季皆仕於朝，子弟以詩文為四方所推重，故得以其身優遊嘯傲……」（同書卷二九第686頁）魏禧《先伯兄墓誌銘》記其兄魏際瑞：「甲申國變，丙丁間，禧、禮並謝諸生。兄躊躇久之，拊心歎曰：『吾為長子，祖宗祠墓、父母屍饔，將誰責乎？』乃慨然貶服以出。……禧等奉父母居翠微山」（《魏叔子文集》卷一七）。由此文可知，魏際瑞曾「以貢士試北雍」，交「滿漢諸貴人」，「以才名為當路所推重，督撫大帥皆禮下之」，「自是諸隱君子暨族戚倚伯為安危者三十餘年」：不出者賴出者而得保全。「不仕」以「仕」為條件，「逸」、「遺」賴「不遺」為保障——也有某種諷刺意味。

## 第二節　故國與新朝之間

　　上文已經說到，遺民的自我認同，是賴有時空假定的。錢謙益記徐氏：「南渡日，弘光改元，歲時家祭，稱崇禎年如故。嗟乎！稱弘光猶不忍，況忍改王氏臘耶？」（《書南城徐府君行實後》，《牧齋有學集》卷四九第 1604 頁）屈大均有類似記述：黃見泰曾仕隆武朝，明亡，「家設襄皇帝位，朔望朝拜，以木版為笏，跪讀表文，聲琅琅徹於戶外，人皆怪之。縣役持檄催租，見泰大署紙尾曰：大明無寸土，博士安有田」（《高士傳》，《翁山文鈔》卷四）。你不能不驚歎於其人堅持原有角色的頑強，其自我界定時的想像力。

　　然而自設情境，畢竟使得生存虛幻。遺民無以逃避時世已換的事實。

　　至於遺民與新朝的關係，當道的羈縻，只是一個方面。遺民對新朝政治的某種參與，無寧說是士的傳統、儒者傳統預先決定了的。

　　較之上文寫到的自錮極堅的少數遺民，「遺」而「不忘世」，是更普遍的生存態度。這裏的邏輯就有了相當的複雜性：其人並不自居於當世之外；他們所拒絕的，只是「朝廷」。「遺」無寧說是對一種「民間身份」的確認。士有關其「職志」的意識，無疑有助於遺民在另一朝代的政治格局中，找到其位置。而有明一代民間政治的活躍（黨社、講學、清議、諸生干政等），也可用以解釋士於明亡之際及易代後的積極姿態。不欲放棄儒者使命承當，堅持其所認為的士的職志者，其於鼎革後繼續關心民生利病，以興利除弊為己任，是順理成章的事。顧炎武就明白地說：「百姓之病，亦儒者所難忘」（《與友人書》，《顧亭林詩文集》第 190 頁）。不妨認為，如顧炎武的《利病書》、黃宗羲的《待訪錄》，雖聲稱「待後王」，未必不期其有益於當

世。至於為善鄉里，見諸遺民傳狀，比比皆是。《碑傳集補》卷三六《許青岩先生傳》記許氏「尤厚為德於鄉閭，遇鬥爭及冢宅構釁者，不難片言立解，忠信明決，為人素所折服。」《清史稿》卷四八〇陳瑚傳，稱瑚有經世才而言不見用，「明亡，絕意仕進，避地崑山之蔚村。田沮洳，瑚導鄉人築岸御水，用兵家束伍法，不日而成」。實則陳氏所為尚不止於此。其所撰陸世儀行狀（《尊道先生陸君行狀》）記毛如石之宦，「以君（按即陸氏）行，比至，則明政刑，正風俗，鋤奸宄，君相助之力居多。予時亦在楚中，為登善校士……」（《行狀》載《桴亭先生遺書》）黃宗羲記查遺（逸遠），也說其「以經濟自期許，故凡天下之事，他人數百言不能了者，逸遠數言，其利病纖悉畢見。雖鬱鬱無所施為，而溝渠保甲社倉諸法，講求通變，未嘗不行之一方也」（《查逸遠墓誌銘》，《黃宗羲全集》第 10 冊第 367 頁）。對於民瘼不能度外置之，無寧說正是儒者本色。金堡（澹歸）《李灌溪侍御碧幢集序》，對此的表達，有其一貫的直率，其曰：「先生每聞官邪政濁，閭閻疾苦，詩書崩壞，仰屋而歎，對案忘餐，雖老彌篤。或謂此既易代，何與吾事。夫新故即移，天地猶吾天地，民猶吾民，物猶吾物，寧有睹其顛沛，漠然無動，復為之喜形於色者耶？予故推先生為一世真儒」（《徧行堂集》卷四）。

當著以其經世之才用於地方事務時，遺民自難以迴避或也無意於迴避與當道的交涉——當然是以「民間身份」進行的。陳確就不但關心民生利病，還為「窮黎」請命而一再投揭當事（其《投太府劉公揭》、《投當事揭》等，均見《陳確集》），甚至欲借當道推行其「族葬」法。張履祥也不欲剋制其對現實政治的關切。其撰於甲申後的《書改田碑後》（《楊園先生全集》卷二〇），追論明代湖州歸安稅額之不均，也無非出於對「民之病」的關切。魏禮以為藉當事之力紓民困，無妨於「處隱約」，曰「田疇亦藉魏師去其所居鄉之害」（《李檀

河八十序》,《魏季子文集》卷七)。此例他一再引用。其《與李邑侯書》建議當道除「田賊」,即曰「昔田子春隱居徐無山,以烏桓之擾,藉魏兵除鄉里患害」;在他看來,「義當挺身為萬民請命,方為不負所學」(同書卷八)。凡此,也應基於易堂那一種「經世之學」所規定的與當世、與現實政治的關係。「民間身份」的說法,對某些著名遺民,已顯得籠統。當陸世儀參與地方政事時,其身份即近於幕賓。[17]至於頌揚地方官員的德政,更不難見之於遺民文字。孫奇逢就曾以為小民代言的姿態撰《去思碑》。[18]以「民意」的名義對地方官員的任免實施干預,也屬傳統手段。

一些遺民尤不欲諱言地方官員的興學、推行教化之功,如屈大均《惠州府儒學先師廟碑》(《翁山文鈔》卷三)所謂「興起斯文之

17 陳瑚所撰陸氏《行狀》,曰陸氏「寓詩曰:『廿年學道共艱辛,一夕風塵盡隱淪。何意鵝湖登座客,半為蓮幕捉刀人。』蓋傷之也。」同文曰:「辛亥冬,大中丞巡撫馬公聞君賢,聘為公子師,間諮以江南利病,君知無不言。公愛君甚,禮貌極隆,而不意未及一月,一病不可起矣。」說陸氏「乍遇知己,稍稍一吐其胸中之奇,不宜死而忽死」。陸氏之子所撰陸氏《行實》述其與當道關係,更詳於《行狀》,如曰「吳困賦役,府君作《浮糧考》上之,得蠲荒稅、緩預徵。又作《漕兑揭》、《漕糧議》。吳淞婁江久塞,大中丞馬公條議疏濬,題捐帑金十四萬,檄府君佐於公董其事,府君實左右之。既成,作《淘河議》、《決排說》、《建閘議》。秋九月,馬公祜具書幣聘府君為公子師。入幕後,痛陳江南一切利弊。」當道對陸氏則有「五世真儒」、「理學名家」等旌表。其卒,「大中丞、方伯暨州守,四方會弔之士,赴車填巷」。「大江南北古淛東西,執經門下者幾數百人,而通籍與年長於府君者,十居二三焉。」陳瑚《行狀》也有毛如石為陸世儀捐俸刊《思辨錄》的記述(《行狀》、《行實》均載《桴亭先生遺書》)。凡此,則為《小腆紀傳》等所不載。陸世儀一生未仕,卻也如孫奇逢,其參與政治,易代前後有其一貫(其《避地三策》、《常平權法》、《救荒五議》等作於明末)。

18 《錢牧齋尺牘》卷上《與吳梅村》第二劄曰:「容城孫徵君鍾元⋯⋯頃有書來,盛稱敝邑新令君,北方姱修人士,掌教容城,彬彬有鄒魯風⋯⋯鍾元所撰《去思碑》附致一通⋯⋯」馮其庸、葉君遠《吳梅村年譜》係此於順治十七年。(《吳梅村年譜》)

功」，以「倡明正學」、「明學術正人心」期之執掌學政的官員，非但不否認權力機構的教化功能，而且不放棄以私人方式（與當道的個人交往）間接影響當代政教的機會——其意識到「民間身份」的局限，是不言而喻的。這裏也有遺民與當世關係的複雜性。就以振興「關學」期之當道，說：「安得當事者心同臺之心，械樸作人，砥柱波流，於人心剝復之交，使後火前薪，似續一線，不至當今日而落寞，其大有造於關中為何如耶！」（《答張提》，《二曲集》卷一七）於此，儒者的學派立場，也成為對上述態度的支持。

孫奇逢處清初之世講學布道不避當道，固屬所謂「有教無類」，其間也有經由講學影響當代政治的自覺。李氏甚至不拒絕對滿人將領施教（參看《二曲集》卷四五《歷年紀略》），[19]這種姿態應不違背他的基本目標與信念。他的《司牧寶鑒》（《二曲集》卷二八）即一套規誨、訓戒當道者的教材。孫奇逢的不避交接當道，亦「以民彝為念」，他對請益者說的是：「匹夫為善，康濟一身；公卿為善，康濟一世。某力不能及民，願公減一份害，民受一份之利」（參看魏裔介《夏峰先生本傳》）。同屬「以斯道自任」，所體認的使命也因人而異。如孫、李，顯然將「傳道」作為須優先考慮的目標。以道為公，與天下共之——確也是儒者面目。

陸世儀的思路更有出常者。他以為倘教官不為「官」，則易代之後，勝國之遺黎故老可任之：「學校之職，『臣』也，而實『師』也。若能如前不用品級之說，則全乎『師』而非『臣』。昔武王訪道於箕子，而箕子為之陳《洪範》。蓋道乃天下後世公共之物，不以興廢存亡而有異也。聘遺黎故老為學校之師，於新朝有益，而於故老無損，

---

19 孫奇逢門下亦有當道問學。《孫夏峰先生年譜》卷下康熙十二年，「逸庵由翰林出為大名道，有惠政，是年介湯斌受學。先生曰：『君曾秉憲大名，余父母邦也，曷可以公祖而在弟子列！』逸庵執禮愈堅，每辰起，隨門人侍坐、請益不稍輟。」

庶幾道法可常行於天地之間，而改革之際不至賢人盡歸放廢矣。」他甚至認為教官一職先朝大臣也不妨為之（《思辨錄輯要》卷二〇）。陸氏是由「賢才」的為世所用，與「聖道」的發揚光大出發的，仍然是志在經世的儒者思路。[20]

不妨承認，遺民的上述姿態背後，有對如下事實的確認，即「明」確已亡。不在「明─清」而在「朝廷─民間」中做位置選擇，使上述遺民的「遺」，有了與「遺世」者不同的意義；至於他們的不仕，則更出於對「故明」的情感態度，如報所謂「養士之恩」。遺民中一些人的坦然於子孫的仕「新朝」，也因「明」確已亡，而「報恩」不妨及身而止。

至於推行禮教以化民，本是儒者的傳統職任；用了顧炎武的說法，這也是雖國亡而猶能使「天下」不亡的大事業。「禮」之為「教」，在宗法社會，主要是經由「家族政治」實現的。不見用於世，而以「化民」為事業──本有前賢為楷式。明儒呂柟（涇野）就說過「若見用，則百姓受些福；假使不用，與鄉黨朋友論些學術，化得幾人，都是事業，正所謂暢於四肢，發於事業也，何必有官作，然後有事業」（《明儒學案》卷八第 153 頁）。至於從事於宗族，則儒家政治中，齊家與治國不止相關，後者正以前者為根基。遺民傳狀中就不乏從事這類「政治」且收「儒效」的例子。《碑傳集》卷一二五《新鄉郭公士標墓誌銘》稱道其人「厚於宗族，建祖祠墓側，歲時祭埽，大會族人，習禮其中，置祭田以供饗祀，有餘則以供族人嫁娶喪葬費。立家會，集族之能文者月一課之，又擇其優者，令分教族之子弟，縉紳家傳以為法。」尊祖、敬宗、收族，示範於鄉里，從來是為

---

20 同卷說：「若如前說，學校師當議為定制，受聘不受爵，受養不受祿，居於其國，自縣官及縉紳以下，皆執弟子禮，見藩臬尊官不行拜跪，其往來用書策不用文移，則勝國之遺黎故老，皆可以受之而無愧矣。」

儒者所注重的政治實踐。顧炎武的《華陰王氏宗祠記》、《楊氏祠堂記》（見《顧亭林詩文集》）等文，均論及「人倫」、「風俗」、「政事」、「國家」的關係，由此說「儒者之效」，說「教化之權」，等等。在《楊氏祠堂記》中顧氏曰：「若夫為盛於衰，治眾於寡，孑然一身之日，而有萬人百世之規，非大心之君子莫克為之矣」（《顧亭林詩文集》第 107 頁）。在有此見識、信念的顧炎武，豈但「尚有可為」而已！他本人就曾在關中「略仿橫渠藍田之意，以禮為教」（《與毛錦銜》，同書第 141 頁）[21]——確也是儒者的「踐履」。

上述遺民並不自處於「現實政治」之外，當然更不自以為在「當世」之外。這一種「政治現實主義」，也屬於儒者性格。黃宗羲論臣道，說「仕」之義在「為天下」、「為萬民」，非為「一姓」（《明夷待訪錄·原臣》，《黃宗羲全集》第 1 冊第 4 頁）；「遺」之義何嘗不如是！在顧炎武、孫奇逢，其行為及其道德自信，依據於明徹的理性。儒家「民本」思想，儒者傳統的現世關切、「民胞物與」的仁者情懷，與學者式的究極根本，對於造成「遺民境界」的作用，由顧炎武那裏尤其可以見出。當然，「儒者境界」從來有千差萬別。

遺民現象的時間性，固然也由新朝當道蓄意造成，但當道者也有其態度不便歸入「羈縻」與「迫害」二者的。如關中的李顒與江右的易堂諸子均備極稱頌的駱鍾麟，如不但為李顒、也為傅山所敬重的郭雲中（九芝）（參看《霜紅龕集》卷一八《題四以碣後》）。遺民則固然有「苦節」、嚴於取與、不惜窮餓而死者，也有接受當道的饋贈者。魏裔介《夏峰先生本傳》記孫奇逢「因田盧充埃地，移家於

---

21 顧炎武還說：「近至關中，謂此地宋之橫渠、藍田諸先生以禮為教，今之講學者甚多，而平居雅言無及之者。值此人心陷溺之秋，苟不以禮，其何以撥亂而返之正乎？」（《答汪苕文》，《顧亭林詩文集》第195頁）「蓋戡除雖藉乎干戈，而根本必先於禮樂」（《復周制府書》，同書第208頁）。

衛。……水部郎馬光裕贈夏峰田廬，闢兼山堂，讀《易》其中，率子
若孫躬耕自給，門人日進。」更優禮備至，曾「為之捐俸構屋，俾蔽
風雨；時繼粟肉，以資侍養」；其「俸滿將升，念去後無以贍給，為
置地十畝，聊資耕作」。其時的富平令郭雲中、督學許孫荃等，對李
氏也有資助，以至「廩人繼粟，庖人繼肉，相望於路」（參看《二曲
集》卷四五《歷年紀略》）。[22]

　　活在清世，語言方式的改換只是時間問題。陸世儀《贈蛟水吳公
去思序》曰婁縣「自明末困徵輸，俗始凋敝。國朝起而拯之，擇良吏
撫循茲土，民蒸蒸有起色矣」（《桴亭先生遺書》卷四）。張爾岐頌揚
地方官的與民休息，甚至說：「乙酉去今幾何時，閱視田疇，孰與昔
治？畜牧孰與昔多？屋垣孰與昔理？……」（《送邑侯杜明府還里
序》，《蒿庵集》卷二第89-90頁）「入清」不止繫於身份，更是「狀
態」。這一時期李顒文字中，諸如「天顏」、「宸聰」、「皇仁」等字
樣，隨處可見。「國家龍興遼左」一類說法見諸遺民文字，也應屬習
焉不以為異者（如冒襄《狼山鎮諾公德政序》，《巢民文集》卷二）。
金堡《單質生詩序》（《徧行堂集》卷四）以明太祖提倡忠義為例，告
誡當道，一派為新主獻議的口吻，所說「君臣大義，二主之所共，深
切著明，無所益於勝國之亡，而能為新朝資觀感」云云，似已不自居
「勝國」之遺民。黃宗羲的晚年之作，稱當世為「興王之世」，自述
其與「同學之士」「共起講堂」「以贊右文之治」，其它如「今天子」、
「聖天子」，以至「王師」、「島賊」等等，也全然清人口吻。[23]將黃氏

---

22 駱、郭之死，李氏均為位以祭，服緦三月。《歷年紀略》：康熙二十年辛酉「二月聞
　郭公凶問，為位率家人哭祭，服緦三月，為之表墓。四月為報德龕，奉駱公、郭公
　暨鹿洲張公之主於中，令節則率家人虔祭。」魏禧《孫容也七十敘》說駱鍾麟，曰
　「予甚賢駱公」（《魏叔子文集》卷一一）。

23 至於如李顒建議學憲，曰：「今誠乘詔求遺書，特疏上聞，請照康熙十二年頒賜
　《大學衍義》於各省大臣例，以《實政錄》通飭天下督撫藩臬道府州縣各衙門，俾

此類表述置諸時人文字間，可知其正在當時語境中；那些字樣無非標識著「漢族士大夫」與「清」這一政治實體、與「清世」這一「現實」的關係的演化過程。任何一種設定，都無法阻止話語如空氣般的彌漫，無法阻止語詞的共用。「共用」中即有對共處時空的承認。當然你也不難推想，黃宗羲寫上述文字之時，「遺民社會」的輿論環境，已有了相當大的變化——時間之於遺民的嚴重性，於此不也得一證明？

黃宗羲、孫奇逢，均為以遺民而名滿天下且死備哀榮者。就中孫奇逢、李顒作為一代大儒的影響力，部分地正出於有清當道的製作。《二曲集》卷二三《襄城記異》、卷二四《義林》，尤可作為易代之際當道與遺民共同進行傳奇製作之一例。[24]與黃宗羲的得意於「詔鈔著述」同具諷刺意味的，是康熙親題匾額的懸之家中廳。[25]至此，借諸李氏的「宣傳教育（教化）運動」達到高潮，對李氏的褒獎也無以復

---

各仿此修職業、勤政務，以圖實效」，以為苟如此，則「處處有快心之美政，則處處蒙至治之厚澤，三五熙皞，不難再見於今日矣」（《答許學憲》，《二曲集》卷一七。按《實政錄》，呂柟撰），口吻已大不類遺民。而金堡《單質生詩序》所說「英主有大略，無務以勝國之節士為新朝之頑民，使君臣大義深切著明……無所益於勝國之亡，而能為新朝資觀感」云云，直如向時主獻議（《徧行堂集》卷四）。

24 據卷四五《歷年紀略》，一時按察司、布政司官員，督學、巡撫、提學等，對李氏表章備至。「巡撫張（諱自德）檄督學表其廬曰『熙代學宗』。」順治十八年辛丑「提學王（諱成功）……表其門曰『躬行君子』。是後當道表閭者甚眾，或曰『理學淵源』，或曰『一代龍門』，或曰『躬超萃類』。甚至表章其母，『以『芳追孟母』表閭」——可以解釋李氏易代之際的盛名。李顒的傳奇化，無寧看做官方民間共同進行的頗具「群眾性」的教育運動。當道以表章李氏及其父母為教化手段，李氏並未拒絕在此題目上的合作：亦遺民與當世關係之一例。

25 《二曲集》卷四六《潛確錄》（門人錄）記康熙四十二年西巡欲召見李氏始末，及有關文字，錄康熙與李氏之子李慎言問答，及大臣奉旨閱《反身錄》、《二曲集》評語。「……今上知先生抱恙，遂有『高年有疾，不必相強』溫旨，隨賜書『操志高潔』匾額及御製詩章，並索先生著述。」

加。惜李氏當此際的真實感受，已不能由存留下來的文字中得知。其時對當道的褒獎感激涕零者，大有人在。閻若璩之外，如金人瑞《春感八首》序：「順治庚子正月，邵子蘭雪從都門歸，口述皇上見某批才子書，諭詞臣：『此是古文高手，莫以時文眼看他』等語，家兄長文具為某道，某感而淚下，因北向叩頭敬賦。」

　　由此回頭看遺民的自外於清世，土室蝸居、「每飯不忘故國」者，倒像是一意將自己作成簡單的象徵。踐「大清」之土，食「大清」之粟，黃氏拒絕將「象徵」等同於「事實」。他是寧可正視「遺民」的「有限性」的。這也可以理解為如黃宗羲這樣清醒的學者無可避免的選擇。歸莊自我解嘲，說：「余今客淮陰，固非吾土也；即歸吳中我所生長之鄉，猶非吾土也。駱賓王有云：『觀今日之域中，是誰家之天下？』既身淪左衽之邦，不能自拔，不得已，就其所居之處，指為己之齋，亦猶平叔所謂何氏之廬也。」「客曰：『子之言似矣。顧前哲之訓曰：「素夷狄，行乎夷狄。」孔子欲居九夷，曰：「君子居之，何陋之有！」畫地之說，得無少隘，殆非本旨也！……』」（《己齋記》，《歸莊集》卷六第 352 頁）由此也令人窺見了遺民為自己在「清世」的生存提供論證的艱苦過程。即使僅僅由遺民中特選的人物，你也可以看出，正是在「遺民」身份賴以成立的「處清世」上，在對待「清」這一政治、歷史現實上，「遺民社會」內部並非一律。我們還沒有說到這裏的「遺」、「逸」之別，即拒絕「清」之為「夷」，與拒絕清代的官方政治。「遺民社會」構成之複雜，是籠統的描述所難以盡之的。

　　上文已經說到，遺民行為往往因時間推移而前後有別，易堂諸子由山居避世，到出遊四方尋訪豪傑（且不避與當道的交接），即一顯例。即使持守特嚴者，也不免於因時的變化。嚴格意義上的「遺世」，從來只見於隱逸族中最稱「徹底」的一類。至於「遺民現象」

的效應，更非遺民的時空假定所能限定。且不必說清代朝廷以及士人對明代「忠義」、遺民的褒揚——「清世」不但是遺民故事得以敷演的舞臺，也是遺民行為發生作用的具體時空。遺民現象的「當代性」，在學術的承啟中有更顯明的呈現。顧炎武的被奉為「清學開山」，應是顧氏本人始料未及的吧。正是「清世」，提供了遺民的「明代學術批判」、「明代文學史梳理」的語境，提供了「遺民學術」與「遺民詩文製作」所賴以進行的環境、情境（由此又不難想到遺民中主動「失語」者用心之苦，他們所以放棄言語的緣由）。「遺民」角色固然出於自主的選擇，遺民卻無從選擇或拒絕其被「歷史」安排的位置。而其時及後世遺民傳狀的敘事慣例，往往將真實的「關係」掩蓋了。

還不妨承認，即使有清初江南的「哭廟」、「科場」、「奏銷」諸案及文字獄，也仍不便以明遺民所歷之境為特殊。即如遺民著述之有「違礙」者雖屢遭禁燬，而有關明遺的文獻仍有可觀。顧炎武說王機所著《信書》，即曰「此固宋之遺臣所隱晦而不敢筆之書者也」（《歙王君墓誌銘》，《顧亭林詩文集》第 117 頁）。清初的殺戮士人，就其殘酷性而言，也未必較明初為甚。清初當道對知名人士，雖羈縻不遺餘力，如顧炎武者尚能「徜徉自遂」（《顧亭林詩文集》第 187 頁，這也是為時所重的大學者，才能有的一份瀟灑），而明初拒仕新朝者，其處境似更其嚴酷。[26]

---

26 《明史》卷九三刑法志一：洪武十八年，為《大誥》，「其目十條：……曰寰中士夫不為君用。其罪至抄劄」。卷九四刑法志二：「凡三《誥》所列凌遲、梟示、種誅者，無慮千百，棄市以下萬數。貴溪儒士夏伯啟叔侄斷指不仕，蘇州人才姚潤、王謨被徵不至，皆誅而籍其家。『寰中士夫不為君用』之科所由設也。」卷一三八嚴德珉傳，記嚴「以疾求歸。帝怒，黥其面，謫戍南丹」。卷一三九錄葉伯巨疏，中有「古之為士者，以登仕為榮，以罷職為辱。今之為士者，以溷跡無聞為福，以受玷不錄為幸」等語。葉氏死於獄。萬斯同《讀洪武實錄》（《石園文集》卷五）說太

實則明遺較之前代遺民，有幸有不幸。有清一代對文字的禁燬，
雖可比之於「暴秦」，而清代士人整理遺民文獻的工程之浩大，也像
是並無先例。這當然也因了明遺民擁有的力量，其著述之豐，遺民
「存史」的意志之頑強。經由輯佚「修復」歷史、復完形象，清中葉
即在進行。到清末，更有遺民文字的大規模搜集整理，甚至如黃宗
羲、顧炎武文字中因涉時忌而刪於生前的，也無不被搜尋刊刻，「蓋
黃、顧二老，為國朝儒林之冠，雖寸墨片楮，皆當寶貴，為之流傳」
（蕭穆《南雷餘集跋》，《黃宗羲全集》第 11 冊第 458 頁），也未必是
黃、顧等人逆料所及的。

至於遺民與「故明」的聯繫，無寧說是極其複雜的問題，僅由忠
義、遺民的傳狀，是不能得其實更不能得其深的，似乎還須向遺民的
明代政治、歷史批判中尋繹。梁份以魯仲連自期，說秦、趙相爭，「譬
之邑令，一舊一新，貪均也。與民習而欲既厭者，其舊也。夫既無廉
者，則孰與舊令之猶賢也？天下人不知此，而仲連知之。其欲解紛排
難，為天下非為趙也」（《懷葛堂集》卷一《與李中孚書》）。其邏輯像
是大可玩味。遺民對「故國」的情感，本因家世身世而有不同；如上
文已提到過的熊開元。黃宗羲對故明政治的嚴厲的批評態度，也應與
其個人背景有關。「歷史」常有極其詭譎的安排。啟、禎年間的黨爭，
直演到南明小朝廷，而當阮大鋮欲興大獄一網打盡政敵之際，某些復
社人士竟賴「北兵」之南下而獲保全，[27]豈不就是令人啼笑皆非的？

祖「殺戮之慘」，曰：「迫不為君用之法行，而士子畏仕途甚於窀坎，蓋自暴秦以後
所絕無而僅有者。此非人之所敢謗，亦非人之所能掩也。」

27 其時的有關記述也頗耐人尋味。《靜志居詩話》曰：「假令王師下江南少緩，則『復
社』諸君，難乎免於白馬之禍矣」（卷二一《孫淳》，第650頁）。雖不便據此認為其
人幸明之亡，卻可以作為對弘光朝覆亡的一種反應。同書記：「僉事遺命家人勿
葬，仿伍子胥抉目遺意，置棺兩花臺，未浹月，而留都不守矣」（卷一九《周鑣》
第572頁）。杜登春《社事本末》亦曰「……社稷用傾，門戶之憂，亦從此煙消木脫
矣」（《陳子龍年譜》附錄，見《陳子龍詩集》第736頁）。

　　遺民現象在時間中的消逝，自然也由後人的「遺忘」而助成，對此，遺民與表彰遺民者同樣莫可如何。全祖望在《亭林先生神道表》中說「讀先生之書者雖多，而能言其大節者已罕」（《鮚埼亭集》卷一二）。此時距顧氏之死並不遠。全氏另在《端孝李先生窆石銘》中慨歎道：「嗚呼！孝子之孝，不特吾里中人知之，而大吏亦知之，天子亦知之者也。而豈知孝子之不止於孝者，則固無一人知之者耶！」（同書卷二一）在「大吏」以至「天子」，屬有意遺忘；小民的「忘」，則是忘當道所「忘」。遺民以學術傳，以文傳，以孝傳，卻未必能以「節」傳，即未必以「遺民」傳：這也應當是刺激了全氏於乾隆年間傳狀明遺民的事實。「忠義事蹟」先就湮沒，也屬「遺民命運」。由此看來，遺民的「時間恐懼」豈非大有遠見在！

　　遺民的「遺民史述」作為記憶工程，是與上述「忘」的自覺對抗。遺民作為「故國」所「遺」，因「國」之故而成「故」；遺民又以「存史」（包括遺民史）為「存明」。甚至不止於「存明」。顧炎武序時人所撰《廣宋遺民錄》，說其書「存人類於天下」，自說「將以訓後之人，冀人道之猶未絕」（《廣宋遺民錄序》，《顧亭林詩文集》第34頁）。而相當一些遺民確也終以文傳，以學術傳──「文字」的功用，正如遺民致力於著述者之所期。全氏在《中條陸先生墓表》中說：「嗚呼！先生之志節至今日而始白。然而論先生者不但當以其詩，而先生之所以至今日而得白者，亦終賴其詩」（《鮚埼亭集》卷一四）。亦一種遺民命運的悖論。至於明遺民反清文獻的為清末志士所援據，更令人有「輪迴」之感。這也是明遺民命運的一部分。說遺民憑藉文字而活在時間中，不如說其活在後人的讀解中。「遺民」出諸選擇，遺民又要經受選擇。價值論是因時而變動的，僅僅文字畢竟不足以「傳」遺民：於此又令人窺見了人與時間的一般關係。

　　在結束本篇的時候，不妨將遺民自我界定所憑藉的時空假定，視

為遺民對抗其意識到了的「時間威脅」的策略；遺民的「孤獨」也要透過時間方能說明。遺民在時間中磨蝕，同時經由時間保存，遺民在時間的不斷塑造中：這又是不惟遺民才有的命運——我們總在對遺民現象的追究中，遭遇更大的主題，「士」的以至「人」的主題。遺民以其特殊，將「普遍」演示了。

# 餘論（之一）

　　讀遺民，尤當於無字處讀之。但文字，公然的表達，仍然是可供詮釋的材料。

　　就「表達方式」而言，以上諸篇所說，自不足以盡之。遺民表達其歸屬以至信念，常用的方式，就有自我命名（通常的做法是另擬字、號、室名、別名等）。《碑傳集補》卷三五《吳節士赤民先生傳》記吳炎：「以遭逢鼎革，係心故國，不忍背棄，故更號赤民雲。」這類自我命名，也屬於賦予生存以意義的活動。顧炎武的改名炎武，即此之類。徐枋《恒軒說》記歸莊釋其自號「恒軒」：「……且吾自經世變，吾終悲夫素絲之終染，荃蕙之為茅，是皆無恒者也，故以為吾號以自期，亦自儆也」（《居易堂集》卷九）。可感遺民自我命名的嚴肅性，對符號意義的認真推究。

　　性情不同，志行不同，賦予「名」的意義也自有別。黃宗羲《查逸遠墓誌銘》說查氏「初名崧繼，字柱青，後改遺……」（《黃宗羲全集》第 10 冊第 367 頁）《碑傳集補》卷三七《張鷟庵先生傳》曰張氏「更號曰鷟庵，喻草際遺民，將如野鷟之漂流水上也」。其它如陶澂「身當末造，以季自稱，遂以字行，曰陶季」，亦出於對易代這一事件的反應。也有更名以紀其所歷的。錢謙益《薛更生墓誌銘》曰：「君諱正平，字更生……聞國變，慟哭欲投海死，同行者力挽之歸。歎曰：『吾今日真薛更生矣！』更名，所以志也」（《牧齋有學集》卷三一第 1144 頁）。陳確更名為「確」，亦在甲、乙之後。更名雖一時風氣，但意義設置仍因人而異，未必均有政治意味。

彭士望《首山濯樓記》記方以智，曰：「墨歷老人者，於高座為無可、浮廬，為藥地、廩山、壽昌，為木立、青原，為愚者；桐城為方密之先生；乙酉、丙戌間為吳石公；最後西昌為墨歷」（《樹廬文鈔》卷八）。方以智曾用名尚不止於此。其名之屢更，亦如其一生蹤跡（參看任道斌《方以智年譜‧傳略》）。他自說曾「七年中五變姓名」（《書周思皇紙》，《浮山文集後編》卷一第 22 頁），即在流亡途中。同時吳鼎「本欲逃名，故屢更名號」，陳垣說：「所謂『姓名不敢污青史』，又何暇顧後人之艱於考索耶！」（《明季滇黔佛教考》卷五第 225 頁）方以智的動機肯定要複雜得多。至於上文說到的歸莊，據說其人「名字屢更，崇禎中，忽請於學使者，改名祚明。自是以後，或稱歸妹，或稱歸乎來，表字或稱元功，或稱園公，或稱懸弓，恒軒其別號，亦號普明頭陀，又號鏖鏖鉅山人」（《靜志居詩話‧歸莊》第 680 頁）。歸莊自序其《山遊詩》，則說：「平生名字型大小屢更，以十數計，今名從其舊，字從其新，號從其怪者雲」（《歸莊集》卷三第 212 頁）——仍不脫名士面目。

釋名釋字，近於一種文類，士人文集中並不罕見。劉城《汪漢字序》說汪生以「漢」命名之義，即頗有發揮。其曰：「……又況今日之於漢，能無慨想歎息乎？」寄意深長。同文對汪生字之以「西京」，也無非寄託「光復舊物」的期待：「夫漢有二京焉，殆與周同。然周之東也不復振，而漢以光復舊物，乃有東都……非發源嶓冢、并流潛沱之『漢』，而實豐沛長安，高、文、景、武所漸摩之『漢』云爾。是亡秦不能距於前，而周為之垂其統，新莽、曹魏不能簒其後，而千萬世中國人為之傳述其號，久長其祚者也。夫生不忘漢，不忘漢所存古聖王五常六籍之道，燦然明備於世也，是則西京為烈矣。故夫『漢』者，中國之通辭，西京者，又漢之最盛。視生之名，生豈猶夫今人之志意也哉！生自視其字，生敢不詳求其實，而力務所以存古聖王之道也哉！」（《嶧桐集》卷九）應是劉城集中難得的一篇激情文

字。劉氏本人在文後所附家書中說：「此所謂借秦為喻也，聊一發揮，似仍蘊藉，讀之只如論古，正不妨也」——可知其謹慎，與對文字策略的自覺。

姜垓生前並未赴戍所，其自號「敬亭山人」、「宣州老兵」者，毋寧說為了表達對先帝懲創的態度。其子編《年譜續編》，曰其「思終老宣州」，「欲結廬敬亭，以終謫戍之命」（《敬亭集》），亦一種特殊的遺民表達而已。

有諷刺意味的是，祝淵遺命其四子分別以乾明、恒明、昇明、晉明名，其遺集注引《家譜》卻曰：「乾明今名翼乾」，「恒明今名翼恒」——無論出於何種原因，都應當視為對其父借諸命名的意志強加的拒絕。還是祝氏本人如下的話說得通達：「昔先正臨歿，子弟問以後事，但云『莫安排』，此三字最妙……」（《臨難歸屬》，《祝月隱先生遺集》卷四）

用以表意的符號自不止於此。顧炎武所記「復堂」、「貞烈堂」的命名，用意也很明白。其《貞烈堂記》曰「僅以一堂之名托之文字，以示子孫不忘」（《顧亭林詩文集》第 107 頁）。彭士望說其友「死喪略盡」，「弟恥後之，用不敢寧居，棄家率野，窮年道路」（《與陳君任書》，《樹廬文鈔》卷一），可自注其「恥躬堂」。陸隴其《刁文孝先生生平事實記》說刁包「於城隈闢地為齋，曰『潛室』，亭曰『肥遁』」（《用六集》）。文人尤有對創意的不厭追求。屈大均釋其「臥蓼軒」，曰：「吾以軒名其所居，蓋不忘有事於天下四方也。布之以蓼以臥，蓼之生，春苗秋華，多在洲渚之間，其味甚辛……苦其心以膽，辛其身以蓼，昔之人凡以為雪恥計矣。予本辛人，即使無恥可雪，無仇可復，猶必與斯蓼相朝夕，況乎有所甚不能忘者於中也哉！」（《臥蓼軒記》，《翁山文外》卷一）

　　陶潛的入宋不書甲子，啟示了一種與所處時世的關係的表達。
《讀通鑑論》卷一五：「宋之篡晉，義熙以後以甲子紀，而不奉宋之
元朔，千古推陶公之高節」（第 554 頁）。余英時《方以智晚節考》說
方氏「以歲陽歲名繫年者，亦淵明入宋後不書甲子之意，晚明遺老及
密之父子莫不皆然焉」（增訂版第 20 頁）。錢謙益《書南城徐府君行
實後》記徐氏於「弘光改元」後，「歲時家祭，稱崇禎年如故」。歎
曰：「嗟乎！稱弘光猶不忍，況忍改王氏臘耶？」（《牧齋有學集》卷
四九第 1604 頁）年號問題的嚴重性，也因了有清當道的提示。戴名
世即因《與余生書》論永曆正朔獲誅。但將文章作在紀年方式上，確
也像是一種「遺民傳統」。錢謙益《跋本草》記金遺民：「金源氏以夷
狄右文，隔絕江左。其遺書尤可貴重，平水所刻《本草》，題泰和甲
子下己酉歲。金章宗泰和四年甲子，宋寧宗嘉泰四年也。至己酉歲，
為宋理宗淳祐九年，距甲子四十五年，金源之亡，已十六年矣。猶書
泰和甲子者，蒙古雖滅金，未立年號。又當女後攝政、國內大亂之
時，而金人猶不忘故國，故以己酉係泰和甲子之下與？」（同書卷四
六第 1522 頁）到明清之際，這類密碼解密已久，由遺民用來，仍像
是惟恐別人不能領解，且方式不厭其變換。王夫之自題墓石，書「戊
申紀元後⋯⋯」（按戊申紀元為洪武元年），尤大有深意（參看《船山
全書》第 15 冊第 227 頁），亦遺民表達追求創意之一例。

　　上述種種，自然不可能窮盡「遺民表達」的豐富性。

　　遺民的懷念之情通常向舊物尋求寄託。那舊物可能是幾方私印。
劉城《印記》記其「數十餘私印」之印文，曰「謝發鄭心」（謝翱
《晞髮集》、鄭思肖《心史》），曰「今字存宗」，曰「更字存宗」，曰
「明之遺民」，曰「宋有會孟明則存宗」── 可以讀作遺民對其身
份、生存理由的宣告（《嶧桐集》卷八）。那舊物也可能是一枚錢幣。

林古度將「兒時一萬曆錢，佩之終身，吳嘉紀為賦《一錢行》」（參看錢仲聯主編《清詩紀事・明遺民卷》第 8 頁）。李景新撰《屈大均傳》，記屈氏「取永曆錢一枚，以黃絲係之，貯以黃錦囊，佩肘腋間以示不忘」。屈大均記孔聞詩，「所著帽，常綴一崇禎錢」（《孔氏四忠節傳》，《翁山文鈔》卷四）。均像是不謀而合。屈大均說：「侯官林茂之先生有一萬曆錢，係臂五十餘載，泰州吳野人為賦《一錢行》以贈之。予亦有一錢，文曰『永曆通寶』，其銅紅，其字小篆，錢式特大，懷之三十有一年矣。」「錢以黃錦囊貯之，黃絲係之，或在左肘，或在右肱，願與之同永其命，錢在則吾長在，吾長在則將無所不在，所關者大，夫豈徒以為古物之可寶而已哉！」（《一錢說》，《翁山文外》卷五）屈氏將那枚永曆錢當詩作了。

　　明遺民除顧、黃、王之外，最為讀者所知的，應屬張岱的吧。讀其《夢憶》、《夢尋》，而能由「閒適」中讀出苦澀，進而讀出「遺民情懷」者，想來不多。遺民的「故國之思」本不妨有極個人的根據，寄寓於極瑣細的物事的。如冒襄的《岕茶匯鈔》、《宣爐歌注》（如皋冒氏叢書）之類。張潮《宣爐歌注小引》曰：「物之佳者，或以人名，或以地名，或以代名；名雖不同，其為物之佳則一也……至於商彝、周鼎、秦璽、漢碑，則以代名者也。夫以一物之微，而致煩一代之名名之，及其久也，代已亡而物尤不朽，豈物以代重耶？抑代以物傳耶？有明三百年間，物之佳者不可勝數，而宣爐一種，則誠前無所師，後莫能繼，豈非宇宙間一絕妙骨董乎？」可謂善於詮釋遺民者。冒氏本人則在其《宣銅爐歌為方坦庵先生賦》中說：「撫今追昔再三歎，憐汝不異諸銅駝。一爐非小關一代，列聖德澤相漸摩。」
　　陳定生《秋園雜佩》所收小品文字，如《廟後茶》、《蘭》、《龐公榛》等（《陳定生先生遺書》），因物記事，令人據以可知明末貴族—

文人式的精賞，其精緻的生活藝術，而滄桑、興亡之感即於此寄寓。《鸚鵡啄金杯》曰「睹此太平遺物，不勝天寶琵琶之感」。《湘管》一則慨歎其所存湘竹「零落殆盡」，曰「況海內知交，嵇鍛王琴，多化為異物，騷魂徒賦，筆冢成封，睹一湘管，而坡老磨人之譴，廣陵絕調之悲，茫茫交集……」

這類文字尤見於諸家文集中「銘」之一體，且非文人、名士的專利。王夫之也有《雜物贊》。

或許倒是因了那瑣細，使得「滄桑之感」、「故國之思」更其切實。而「閒適」也未必即與遺民身份不相容。陳確的《竹冠記》、《再作湘冠記》等作，即不無閒適趣味。這也應當是遺民因「遺」成「逸」的例子。當然，你也盡可換一種思路，將這類文字讀作借諸「故國之思」的大題目的文人固有習癖的展示，貴族式的對其曾經佔有的財富、文化資源的誇炫。

如果你所注意的不止於作為一種「身份」的遺民，還及於遺民之為「情懷」，你將發現遺民現象「泛」到了似無邊際。讀陳維崧、顏元、王源等人文集，令人印象深刻的，即其時「遺民氛圍」的彌漫。但我又懷疑這「氛圍」僅存在於文字中。

「遺民情懷」之於文人，向如夙緣；其看似「天然」的遺民傾向，部分地可由正統文學的傳統來解釋。陳維崧作為遺民的後代，其身世遭際注定了其與故明的精神、情感聯繫。他記吳應箕、冒襄、方以智等人及有關家世的文字，可自注其遺民情懷。其《祭姜如須文》曰：「維崧則發未燥時，從諸先生長者為雅遊，一時如黃清漳、張婁東、吳秋浦、陳雲間諸先生，謬承獎拔，廁我上流。其愛我者死矣，其不愛我者未嘗死也，其愛我不深者未嘗死，即死矣，未嘗最可悲也」（《湖海樓全集》卷六）。陳維崧以「復社子弟」，受業於吳應箕，

《吳子班讀史漫衡序》記其師吳應箕，一往情深：「篋中僅僅保守
《樓山堂集》數卷，每讀集中論史諸作，時而悲歌起舞，旁若無人；
時而作為變徵聲，泣數行下」（同書卷一）。陳氏與故明的情緣正繫於
人。那是一份至為沉痛的記憶，故其往復唱歎如此。《王西樵炊聞卮
語序》一篇自述其生涯，曰「負其薄藝，以與賢豪長者遊，則北里西
曲之靚麗，輒時時徵逐其間，哀絲豪竹之音，又未嘗三日而不聞於耳
也」。「以故前者之泡影未能盡忘，過此之妄想亦未能中斷，百端萬
緒，窅窅茫茫，如幽泉之觸危石，嗚咽而不能自遂也；如風絮之散漫
於天地間，簾茵糞溷之隨其所遇也」（同書卷三）：不勝世事蒼茫之
感。世道之盛衰，一己之今昔，從來是構造「時間形象」的材料，而
陳氏又各各賦予其個人意義。其中「家族背景」尤為醒目，諸相關人
事無不或近或遠地通向、指向這一背景。觸處興感，故明的一段歷史
自浮沉、隱現其間，其個人的時間經驗，也於此接通了遺民的普遍
經驗。

王源屢歎「老成凋謝」，說「予侊侊然獨立天荒地老，俯仰無
聊，一無所成於天下，徒以文字表彰忠孝遺逸，而悲歌慷慨，呼天而
莫之應」（《廖處士墓誌銘》，《居業堂文集》卷一七）——倒像是遺民
之遺。其《十三陵記》（上）（下）、《景泰陵記》（同書卷一九），記謁
明陵，神情即無異於遺民。由其父（王世德，字克承）、其師（梁以
樟，字公狄，別號鷦林）、其知交如劉獻廷、梁份等，不難知其遺民
緣。其《北省槁序》曰：「予齋壁懸莊烈賜楊武陵督師詩墨刻，而先
人畫像掛於傍。」自說「父師皆以患難，九死餘生，萍聚他鄉，晨夕
歌哭，淋漓酣痛。予兄弟日侍左右，其習於感慨無聊不平，宜也」
（卷一四）。

或許不全是遺民情懷的「世襲」，而是士的類似傾向借諸遺民方

式尋求表達：認同遺民更出於自我表達的需要。無需身份確認的繁難手續，文人中的相當一部分本是「遺民」。

王源自說有志於明史，曰：「源自幼聞先君子談前代朝儀典故，暨目擊中外軼事，娓娓忘倦；或侍飲至夜深，相對欷歔不寐。及來京師，耆舊盡矣，往往從布衣野老訪問當年之事」（卷一六《送廷尉常公歸里序》，其它尚可參看卷六《家大人八十徵言啟》、卷一二《家譜序》等）。其所撰傳狀，頗存京畿、直隸一帶與抵抗有關的史實；所記北方義士、大俠，亦其時之「兩河忠義」，可補南人所撰忠義、遺民傳狀之闕。北方忠義遺民事蹟，還見諸顏元、戴名世等人文字。戴氏有關榆林、保定城守的記述，也可補有關記載的闕略。黃宗會亦如王夫之，目北方為「夷」化之區，曰「於極亂毀壞之日，而欲求奇節慷慨之士，礄乎曠世而一睹焉」（《地氣》，《縮齋文集》第9頁）——應是其時南方人士中較為普遍的偏見。顏元、王源等人為北方忠義立傳，當有對於此種時論的針對性的吧。

遺民的人格魅力，不難由大致同時的顏元那裏讀出。顏元說：「元生也晚，不得堯、舜、周、孔而見之，得見夫學堯、舜、周、孔者亦幸矣；不得學堯、舜、周、孔者而見之，即得見夫傳堯、舜、周、孔者亦幸矣。弱冠時博訪其人，聞今世有孫徵君鍾元先生、刁孝廉蒙吉先生、張處士石卿先生、張石室公儀先生、王義士介祺先生……」（《與上蔡張仲誠書》，《顏元集》第433頁）對上述諸人，不止於心儀，且僕僕「拜交」，務求「親炙」。顏元表達其對李明性的敬重，「爰書尊姓字於案上筆筒，望見必拱，日對如嚴師」（《祭李孝愨文》，同書第532頁）。其欲藉重孫奇逢以推廣其學，以為「天生材自別……蓋天生王者，其氣為主持世統之氣，乃足繫屬天下，非其人不與也。儒者教世，何獨不然！是其人也，天下附之；非其人也，學即

過人，而師宗不立。如龍所至則氣聚成雲，否則不可強也，況愚之庸陋不足數乎！自料只可作名教中一董三老耳」（《存學編》卷一《學辨一》，同書第 52 頁）。儘管此後又有對於孫氏的失望。他服膺陸世儀，至說「宋儒中止許胡安定、張橫渠為有孔門之百一；今儒止許太倉陸道威為有孔門之百一，自陸氏辭世，未見其人也」（《寄關中李復元處士》第 435 頁）。他談及畿輔的「忠義」，如數家珍，說王義士「春風淑氣，化我乖棱，巨量闊懷，蕩我褊隘，偉識雄略，啟我庸頑，使固陋之子不容不心折也！刁文孝捐客，石卿、公儀棄世，某所敬佩倚望如師、如父者，獨先生一人」（《祭壯譽王義士文》，同書第 530 頁）。或也因與遺民的精神聯繫，當其世有以「三代逸民」目之者（參看其《答許西山御史書》），他本人也未嘗不以此為榮。

如若你承認了「遺民情懷」以故明之思、明亡之恨為表徵，那麼大可認為，此種情懷是其時士人普遍的精神取向。你甚至不難在失節者如錢謙益、吳偉業、龔鼎孳等人的文字中讀出此種情懷，甚至在更後的全祖望等人那裏讀出此種情懷。

具有諷刺意味的是，「遺民情境」、「遺民情懷」，由錢謙益一類「偽遺民」（錢氏確常以「遺民」、「遺老」自我指稱）寫來，有時像是更充分，更淋漓盡致；錢謙益、吳偉業較之某些正牌遺民，其文字也像是更足以令人認識「士之處易代之際」。你不能否認此種「殊相」也包含著「共相」，也無需否認這一種「表達」的價值。是否可以認為，「遺民態度」在士，又是被其自身的創造物（比如其抒發興亡之感寄寓故國之思的詩文）所助成的？吳偉業《戴滄州定園詩集序》說龔鼎孳詩「慷慨多楚聲」，歸結為「文人才士，所蘊略同」（《吳梅村全集》卷二七第 659 頁）。你可以蔑視錢謙益的自居遺民，卻不必否認其與「故明」的這一種情感聯繫。這是人與其「過去」的

一種聯結，亦士與過去了的歷史時代的聯結。在這兒，你再次覺察到了「遺民」作為士的存在方式的普遍性。

關於方以智，我想用一點篇幅。余英時考方以智晚節，斷以方氏「自沉惶恐灘」，說「此案經反覆辯難，其讞終定」（《方以智晚節考·增訂版自序》）；但不以為此案已定者，想必還大有人在。

明遺民中當其世即具「傳奇性」者，南方如方以智，北方則有傅山、閻爾梅等。其中以方氏的故事最迷離惝恍。讀有關方氏的記述，會覺那些描繪各成片斷，無以拼接，令人難以窺見所謂「全人」。且拈出幾片來看。

先看余懷《板橋雜記》與方以智有關的幾則：「王月，字微波……桐城孫武公昵之，擁致棲霞山下雪洞中，經月不出。於牛女渡河之明夕，大集諸姬於方密之僑居水閣。四方賢豪，車騎盈閭巷；梨園子弟，三班駢演水閣外，環列舟航如堵牆。品藻花案，設立層臺，以坐狀元二十餘人……」（中卷）「萊陽姜如須遊於李十娘家，漁於色，匿不出戶。方密之、孫克咸並能屏風上行。漏下三刻，星河皎然，連袂間行，經過趙、李，垂簾閉戶，夜人定矣。兩君一躍登屋，直至臥房，排闥哄張，勢如盜賊。如須下床，跪稱大王乞命，毋傷十娘。兩君擲刀大笑曰：三郎郎當，三郎郎當。復呼酒極飲，盡醉而散」（下卷，嘉慶庚辰刊本。按姜如須，即姜垓）。到世亂時危，即像是形象一變。陳子龍《方密之流寓草序》，曰「方子尊人大中丞方握全楚之師鎮荊鄂，受命之日，散家財、募精卒，即日之鎮。而方子亦左囊鍵、右鉛管，結七、八少年以從」（《陳忠裕全集》卷二五）。親見方氏此一姿態的陳維崧，所記更有其真切（見下文）。

《明季北略》：「崇禎十五年八月，定王出閣讀書，訓講為方以智，仿書為劉明翰。演儀之日，方以貌過莊，王不啟齒」（卷一八第

314頁）。余懷所謂方氏「能屏風上行」，類小說家言；但金陵舊院的方以智，與此定王講官的方以智，畢竟不像同一個人。

至於當甲申之際，《明季北略》曰其人「潛走祿米倉後夾，見草房側有大井，意欲下投，適擔水者數人至，不果」。「次早，家人同四卒物色及之，則家人懼禍，已代為報名矣。四卒挾往見偽刑官，逼認獻銀若干，後乘間逃歸」（卷二二第585頁）。弘光朝的有關文獻，即據此而將其列入待懲處的「降」「附」者名單。《南渡錄》卷四記弘光朝刑部尚書解學龍疏上從逆諸臣罪案，方以智屬「五等應徒擬贖者」，得旨：「方以智係定王講官，今定王安在，何止一徒？」（第186頁）其時關於方以智「節」否爭議之激烈，可參看方中通《陪詩・哀述》及注。

在南明朝與方氏共有一段政治經歷的王夫之說：「方密之閣學之在粵，恣意浪遊，節吳歈，鬥葉子，謔笑不立崖岸，人皆以通脫短之」（《搔首問》，《船山全書》第12冊第635頁）。「恣意浪遊」云云，仍不免簡略，令人無從想像，陳瑚所輯《離憂集》卷上《海外畸人》錄瞿共美詩序，即提供了具體描述。瞿共美乃瞿式耜的族弟，其《六十初度自述示子八首》序云：「昔在粵時，與桐城方密之相得甚歡。一日，余與密之裸裎披髮，闖大司馬門，效漁陽三撾。張別山倉黃從別竇出，造留守府言狀。太師因置酒小東皋，召我兩人，意欲別山面規我兩人耳。密之則拍檀板，肆口高唱，余則坐小石布棋局，張亦無可奈何。靖江府梨園妙絕天下，每酷暑，餘與密之往觀，酌酒獨秀山下。時樹色湖光朱牆畫壁相映爭奇，如蓬萊閬苑，非復人世。密之道京都宮殿徼道，歷歷在目，手指口談，令人想見西京盛事。既而慷慨悲歌，以李山人自況……」（按太師即瞿式耜，張別山即與瞿同時殉難的張同敞）

只因有了上述襯映，其人當披緇後的「衣壞色衣，作除饉男」，

才令人看得吃驚，足資談論。披緇後的方以智，確也神情一變，即
《明季北略》上文所引的那段文字，也說到方氏披緇後，「氣象雍
和，不似昔年講官時嚴肅也」（第 585 頁）。

錢謙益記劍叟和尚，說其人「一生面目，斬眼改換，使人有形容
變盡之感」（《題官和尚天外遊草》，《牧齋有學集》卷五〇第 1629
頁）。有關方氏的記述，也令人做如是想。這種支離破碎、不成片
段，或許只是敘述的結果，是記述方式、趣味的結果，未必即其人在
蓄意製造傳奇。但你在這些敘事的碎片之外，又向何處尋覓方以智？

親見了方氏不同面目的陳維崧，筆下一派訝異神情。其《方田伯
詩序》曰當明亡前「秣陵全盛，六館生徒皆一時名士。密之先生衣
紈，鳴笳疊吹，閒雅甚都。又以四郊多壘，尤來大槍之寇，薄於樅陽
者，歲輒以警告，以故先生益慷慨習兵事，堂下蓄怒馬，桀黠奴之帶
刀劍者自衛者，出入常數十百人，俯仰顧盼甚豪也。曾幾何時，而先
生則已僧服矣。先生之為僧於長干也，崧常過竹關從先生遊，時田伯
亦在關中。崧再過竹關，而先生念崧故人子，必強飯之，飯皆粗糲，
半雜以糠，蔬菜尤儉惡，為貧沙門所不堪者，而先生坐啖自若，飯輒
盡七八器。回思金陵時，時移物換，忽忽如隔世者，噫！可感也」
（《湖海樓全集》文集卷二。田伯，方以智長子方中德）。令陳氏感慨
良深者，固然在其人物質境遇前後反差之大，更應在其竟然能「坐啖
自若」！其實方氏本有吃苦這一種訓練，正如其有放浪形骸的那一種
訓練。

至於魏禧所說，「丈人乃自苦而為此枯槁寂寞之事，甘之如飴，
至老而不衰，彼其所欲盡者何心也！」（《同林確齋與桐城三方書》，
《魏叔子文集》卷五）似直欲揭出方氏心事；但那究係何種心事，也
仍不明。

上引王夫之的那段文字，以方以智在粵的「恣意浪遊」，對比於

其披緇後的甘於枯寂，曰：「乃披緇以後，密翁雖住青原，而所延接者類皆清孤不屈之士。且復興書院，修鄒、聶諸先生之遺緒，門無兜鍪之客。其談說借莊、釋，而欲檠之以正。又不屑遣徒眾四出覓財。」王氏對方以智後一段的記述，應得之傳聞，並不確切。在此期間與方氏頗有往還的魏禧，所見即不盡然。魏禧《與木大師書》，有「接納不得不廣，干謁不得不與，辭受不得不寬，形跡所居，志氣漸移」（《魏叔子文集》卷五）等語。雖易堂人物的「諍」往往辭氣峻厲，卻不可能無中生有。由此也可證方氏積習之深，雖披緇也仍未脫名士面目。

但無論如何，歷人生劇變，處人所不堪，而能從容其間，確是一種境界，令人慨歎而又嚮慕。方以智的故事的奇特之處，無非在其以貴介而為人所難能，因而才使得魏禧自說「家居晏安歡娛之下，念丈人則心為之慚」（《同林確齋與桐城三方書》）。陳維崧對方氏一門的遭際也頗不平，說：「方氏既為皖桐望族，貂蟬簪組，掩映天下，而田伯祖父又皆豐功偉業，光照竹帛，一旦陵谷變遷，方氏一門為世所忌諱，幾類怪物，密之先生又轉徙豫粵，隱忍無窮時，然其里中兒黃金橫帶者，又比比然也」（《方田伯詩序》）。陳氏此文似作於方氏難發前，可證方以智處境的兇險已是公開的話題。

對於方氏一門的被禍，魏禧確可以自負其先幾之識。其《同林確齋與桐城三方書》即勸三方（方以智之三子）避地以保全，勸其「不苟安目前而貪尺寸之利，超然世俗以保其身名」；引《詩》「民之訛言，寧莫之懲。我友敬矣，讒言其興」。曰：「今夫亂之發也，闌猶火然，燎棟樑，折榱桷，崩墉裂壁而不可止」，都令人相信背後大有故事。魏氏建議三方「各治一事而相為用，或綜田賦之任，奉粢盛屍母饗；或浼身浮沉以交遊為折衝；或出侍瓢笠傳三世之學；又或迭為居行」——正是三魏的生存策略。易堂彭士望、魏禧有關方以智的文

字，雖不無曲折隱晦，卻也絕非諱莫如深，可知方氏的被難即使作為
禁忌性的話題，其禁忌也仍有限度。而曾與方氏有故的黃宗羲等人，
文集中幾無有關方氏之死的點滴記述抑暗示，殊不可解。

　　無論方以智是否如屈子式的自沉，其「末路」一旦置諸上面這一
大幅斑駁陸離的背景上，不能不令人驚心動魄。彭士望《首山濯樓
記》述方以智之死，確也適足以啟疑：「且夫老人自庚辰為勞人、窮
子，為刀環上人，為羈囚，為孤旅，為逋客，為僧，為老病以至於
死，輾轉於破巢瘴卵蠻煙瘴霧天荒丐食僵骨俎風濤口語文章之重淵曲
窔，曾不能一日安其身，以有生人之樂。近十年託跡青原，勤開示，
為《炮莊》《烹雪》，出入儒釋之際，辨晰微茫，以徜徉於山水泉石雲
樹之間，稍自陶寫，猶與僧徒同食盂頭飯，甘糗，非人所堪。乃蜚語
中之，自天而下，怡然行素，不為怰撓，而卒以疽發於背，血肉崩
潰，言笑從容，觸暑載馳，終焉致命……」彭氏此作以遺民哭遺民，
管急弦促，富於暗示，堪稱奇文，或也是寫在當時的有關方氏之死的
最沉痛的文字。

　　方以智愈到晚近，愈被人作為「學術轉型」的標記來談論了。這
個人物其實在許多方面都足以標記那個時期，那個時期士人的選擇，
他們的姿態設計，他們存在於異代的方式、條件，等等。而材料在其
空缺處恰恰留出了想像的餘地。這個人物的魅力即賴有空缺而釀成。

# 餘論（之二）

讀明清之際的文字，每每覺得遺民心事頗堪玩味。

余英時先生據余颺臣《送佺兒遊粵序》所引方以智語，即「今天下脊脊多事，海內之人不可不識四方之勢，不可不知山川謠俗，紛亂變故亦不可不詳也……一旦天下有事，吾當其任，處分經略，取之眼中、手中，可以猝辦……」斷定為方氏「參與復明活動最明白之招供」（《方以智自沉惶恐灘考》，《方以智晚節考》增訂版第 245 頁），證據不免薄弱。「一旦有事」云云，更像是一時遺民的常談。顧炎武解釋其卜居華下，即說「華陰綰轂關、河之口，雖足不出戶，而能見天下之人，聞天下之事。一旦有警，入山守險，不過十里之遙；若志在四方，則一出關門，亦有建瓴之便」（《與三姪書》，《顧亭林詩文集》第 87 頁）。士人處此際，自不難知此「事」何事。如冒襄等之汲汲皇皇，令人不明所以，亦無非此「事」，無非待此「一旦有事」。易堂彭士望孜孜於尋訪「一旦處事變之窮」，能「倜儻畫策、定非常、解紛難，互相持於不敗」者（《送王若先南遊敘》，《彭躬庵文鈔》卷五）；魏禧也一再表示欲於「行伍屠沽」中物色「非常之人」。在證據不足的情況下，上述說法毋寧讀作遺民心事。如《冒襄研究》（顧治著，江蘇文藝出版社，1993）的僅據行蹤、交遊等，即斷其人從事復明活動，似將「考據」之為方法，簡化地使用了。此外我還想說，以詩證史，顯然有其限度——畢竟「詩言志」。

余英時在《方以智晚節考》中說到易堂，曰「九子於清初圖謀恢復最為積極，畢生奔走四方，連結豪傑，為晚明遺民放一異彩」（增

訂版第 25 頁）。易堂人物中，彭士望、曾燦（青藜）確曾於明亡之際一度從事反清活動；而魏氏兄弟如魏際瑞（善伯）、魏禮（和公）所事，均性質複雜。若上述判斷所據僅為「奔走四方，連結豪傑」，則這在當時，也是一部分遺民（甚至不限於遺民）的共同姿態，不唯易堂人物為然。顏元、王源等莫不如此。對此，我也更願意看做「姿態」，而不以為即是「圖謀恢復」的實際動作。余氏更進一步推測，「大抵密之之復明活動常居幕後為暗地之策劃，而實際之執行連絡或皆由其三子為之」（同書第 246 頁）。這種推測的確很有趣味，奈文獻不足何！

由「一旦有事」，想到明遺民對三藩之變的反應。

劉鳳雲所著《清代三藩研究》提到「前明遺老亦趁機舉事反清，如福建、江西一帶」（第 210 頁），惜該書只提供了宗室朱統錩這一實例，而對遺民在事件中的動向（包括心理動態），未有更細緻的描述。遺民的反應、參與在這一事件中或未占太大的分量，但的確構成了事件背景中的重要部分。

遺民與三藩之變的關係，確也難以一一考實。遺民文集中所透露的，多屬所謂的「蛛絲馬蹟」。近人李景新所撰《屈大均傳》（《翁山文鈔》），對屈氏與魏耕一案的瓜葛及其參與三藩變事有較多記述。「當時有魏耕者，通海為鄭成功通聲息，謀復漢臘，大均預其謀。十五年辛丑事敗，魏耕被磔，大均之名亦在刊章，乃避地桐廬。」「二十七年癸丑，大均從軍於楚。蓋是時吳三桂抗清，改國號曰周，自率兵二十萬至湖廣，孫延齡降三桂。大均受吳三桂署官為按察司副司，有說三桂立明後意。然知三桂僅圖僭竊，二十九年乙卯，乃謝歸。」三藩起事前夕曾到武昌、宜昌一帶活動的，據說還有李因篤（參看趙儷生《清初關中二李一康詩之比較的分析》一文，《中華文史論叢》

1983 年第 3 輯）。王夫之當三藩變時，亦曾作賦贈孫延齡，中有「光贊興王，胥匡中夏」等語（《雙鶴瑞舞圖》，《船山全書》第 15 冊第929 頁）。

　　史家及近人述及遺民與恢復有關的活動，多屬推測。《清史稿》卷五〇一王弘撰傳：「弘撰嘗集顧炎武及孫枝蔚、閻爾梅數十人所與書劄合為一冊，手題曰『友聲集』，中有為謀炎武卜居華下事，言『此舉大有關係世道人心，實皆攸賴，唯速圖之。』蓋當日華下集議，實有所為也。」謝國楨《顧寧人先生學譜·學侶考》中說：「吾嘗疑關中，僻壤塞西，何以人文獨勝，久疑不決，後讀及楊鍾羲雪橋詩話，始知其意……蓋關中僻遠，清人勢力尚未能顧及，故明末宗室，及二三遺老，尚得盤遊其間，遁影無涯，是以遠方之士若屈大均、顧寧人，皆不遠千里而來，亦即其因。吾即有此證，更有進而言者，及後三藩之亂，吳三桂獨立雲南，王輔臣即相應於陝西，蓋與此二三遺老不無有相當之原因」（第 153-154 頁）。亦猜測之詞。鄧之誠《清詩紀事初編》也說：「蓋明亡邊兵多有存者，姜瓖之變，募邊兵事攻戰，期年清人不能克。李因篤屈大均走塞上，意即在此」（第 2頁）。我仍以為在材料不足的情況下，上述諸人的走塞上與奔走中原，不妨姑且視為激情表達，歸入遺民特有的語義創造的。

　　值得玩味的，是被目為復明志士的易堂人物對於三藩之變的反應。
　　魏禧寫在當時的書劄，對叛軍亂民的騷擾地方頗憤憤，其《周左軍壽敘》（《魏叔子文集》卷一一）甚至以「剿除」為有德於贛之民。其所謂「叛服反覆，唯以盜賊為事者」，無疑指三藩，像是並不推究「叛」誰「服」誰，係何種「反覆」。其《贈萬令君罷官序》稱頌萬氏（萬躔生，寧都令）定亂之功，曰：「予最服夫君之處乙丙之亂也。方甲寅西南變起，境百里環強敵，十里多伏莽，門以內奸民之欲

持白梃而起者相視。」以下即記萬氏部署抵禦（時魏氏在山中），「於
是寧民得宴然保其父母妻子免反覆誅討之殃」（卷一○）。陸麟書撰
《彭躬庵先生傳》，曰彭氏「顧心非微倖反側之徒，金聲桓之將叛，
故大學士姜曰廣與其謀，召士望，士望辭去不顧雲」（《樹廬文鈔》）。
似可移用於注所謂「叛服反覆」，解釋易堂諸子對三藩之變的態度。
同時金堡亦以吳三桂為「兩朝之叛」，即「清之叛逆」、「明之仇讎」
（《傅竹君中丞壽序》，《徧行堂集》卷二），也耐人尋味。

　　這或許可以作為遺民個人處境影響其對事件、時局的觀察、反應
的例子。關於三藩之變中江西一地的擾攘，參看《清代三藩研究》第
212、274頁。江右於易代之際破壞慘重，「改革之際，寧之民嘗稱兵
於市，白日而殺人劫人於縣治之門」（《贈萬令君罷官序》，見上）。魏
禮《李檀河八十序》說「邇年東南之變」（即三藩之變），曰「孟騰
起，所在麇沸，人人稱義兵，互掠其妻子、器用、財賄，係殺其人，
僻險之鄉，結聚根括，為虐益甚」。魏禧屢寫改革之際贛州、寧都的
混亂與殺戮。其以「弭亂」為仁政，亦民生立場。三魏之一的伯子魏
際瑞即死於三藩之變（參看魏禧撰《先伯兄墓誌銘》）。魏禧曾因三藩
之變，說到明亡以來世情人心的變化：「方乙酉、丙戌以來初罹鼎
革，夫人之情悵悵然若赤子之失其慈母。士君子悲歌慷慨，多牢落菀
勃之氣，田野細民亦相與思慕愁歎，若不能以終日。及天下既一，四
方無事，人心安於太平，而嚮之慷慨悲歡，遂亦鮮有聞者。而去年甲
寅，西南變起，天下多事，吾彈丸之邑，數被兵寇，至於今未已。人
不得保其父母妻子，有其廬室，又相率鑿山梯險而居者已二年所，而
夫人之情視乙酉、丙戌間，殆有過之」（《諸子世傑三十初度敘》，《魏
叔子文集》卷一一）。「人之情……殆有過之」云云，語義模糊，未知
指「思慕」之情，抑厭亂之情。贛州於易代之際，殘破尤甚，人心思
治，亦無怪其然。

　　但事實仍未必有如是之簡單。甚至不排除魏氏以文字為煙幕自掩
其形跡的可能。線索之一，即其門生梁份與三藩之變的關係。王源序
梁份文集，曰：「質人樸摯強毅，嘗隻身走數萬里，欲繼兩先生志」
（《梁質人文集序》，《居業堂集》卷一三。按「兩先生」指彭士望、
魏禧）。所欲繼者何「志」？對梁份，時人有以魯仲連目之的，他本
人也未必不以此自期。其《與李中孚書》曰：「先生知份，以魯仲連
為況，不敢當，亦不敢不勉」（《懷葛堂集》卷一）。他自說與其師魏
禧的關係，曰：「昔夫子居廬陵萬山中，份揭衣水行日夜百十里，就
區畫大事，其後成敗不失錙黍」（同書卷八《哭魏勺庭夫子文》）。所
區畫者為何種「大事」？劉獻廷《廣陽雜記》記梁氏與西北邊將，
曰：「梁質人留心邊事已久。遼人王定山，諱燕贊，為河西靖逆侯張
勇中軍，與質老相與甚深，質人因之遍歷河西地。河西番夷雜沓，靖
逆以足病，諸事皆中軍主之，故得悉其山川險要部落遊牧，暨其強弱
多寡離合之情，皆洞如觀火矣。著為一書，凡數十卷，曰『西陲今
略』」（卷二第 65 頁）。你大可想像其人以學術為掩護從事過策反，雖
然靖逆侯張勇是拒絕從叛且在平叛中立了功的。據《廣陽雜記》，梁
氏確曾在事局中，且曾在吳三桂軍中觀吳軍與清兵戰。「梁質人自江
西為韓非有求援，三桂之意先敗安王而後援吉安，訂於三月初一日合
圍，留質人曰：『汝於壁上觀吾軍容，歸以語東方諸豪傑也』」（該書
卷二第 77 頁）。韓非有即韓大任。王源《姚少保傳》：「大任者，為三
桂守吉安，被圍久，三桂不救，乃棄吉安，由贛趣汀。為人多智善
戰，人呼為小韓信」（《居業堂集》卷五）。《廣陽雜記》卷二還提到與
方以智、彭士望均有深交的蕭伯升（孟昉）曾應接韓大任糧餉事。彭
士望《復友人書》（《樹廬文鈔》卷三）所說「質人以氣矜闢地」，也
應可資考梁氏於三藩亂後的處境。

或許正因了上述相互矛盾的材料，易堂彭、魏與三藩之變的關係
更形曖昧了。

有諷刺意味的是，一時鬧得沸沸揚揚的陳夢雷、李光地「蠟丸告
變」事件中（參看陳夢雷《閒止書堂集鈔》），相仇的陳、李兩造在以
耿精忠為「逆」的一點上並無分歧（以耿氏為逆，即以清為正統所
在）。陳夢雷至以「國家養士三十餘年」為說（見該書卷一《絕交
書》）。由梁章鉅《歸田瑣記》卷四《李文貞公》所錄李光地自述，也
可知李氏對其行為的坦然。如果不持「遺民立場」，倒是陳夢雷們的
態度更易於理解。

言及明代史實有時比遺民更遺民的王源，其《姚少保傳》記三藩
之變，即持清人立場，以明殘餘勢力為「賊」。其所記姚氏是在平三
藩亂及滅鄭（鄭成功—鄭經）中立了大功的。該文頗記閩地民生在易
代過程中的破壞，說當姚氏卒，「閩人無貴賤老幼，莫不流涕，肖公
像祠之；其歸葬也，送者號咷數百里，至今猶祠祭之不衰焉」，以為
其「造福於閩者，其德甚大而功甚偉」（《居業堂文集》卷五）。

至於近人的史學著述，對三藩之變早有定評，已毋庸置疑。但或
因看多了遺民的文字，竟對這種「毋庸置疑」生起疑來，想到借諸
「歷史進步」的理念認可的「正統論」，是否真的無懈可擊。

遺民中其事蹟曖昧者，往往令人有從事某種活動的猜測。

《鮚埼亭集》卷二八《劉繼莊傳》說劉獻廷，曰「其人蹤跡非尋
常遊士所閱歷，故似有所諱而不令人知」；說「予獨疑繼莊出於改步
之後，遭遇崑山兄弟，而卒老死於布衣；又其棲棲吳頭楚尾間，漠不
為枌榆之念，將無近於避人亡命者之所為。是不可以無稽也，而竟莫
之能稽」——你不能不承認「莫之能稽」這一事實。遺民故事掩蔽于

禁忌、剝蝕於時間，終成疑案、「永遠的秘密」者，又何止於此！

讀遺民不妨據「跡象」推測，但推測畢竟是推測。將言論如實地作為「言論」，將士人關於自己的想像與其「實際」區分開來，將其表白、剖白與其「作為」區分開來，至少保有這「區分」的思路，無論如何，還是必要的。我尤其想說，詩作為言論形式，本宜於容納諸種幻覺——尤其詩人關於自己的幻覺。據言論推斷「事實」，在任何情況下，都須計及其間的誤差。當然，遺民事蹟的殘缺，也因了明遺民存留至今的文字，除本人的刻意晦跡，戚友後人的掩飾、「湔洗」，刊刻者的刪削外，更有奉朝廷律令的恣意改毀。

至於劉獻廷本人，在其《廣陽雜記》中，幾不欲掩飾其對三藩之變的複雜態度。該書儘管也記述了吳三桂的擾民，卻也記了吳三桂惜荊之「百萬生靈」，不用掘堤之計，於此劉氏曰：「予為沉吟感歎者久之」（卷三第 204 頁）。對王輔臣的記述更不掩其同情，雖也說到其人的不得已、身不由己。王源《劉處士墓表》記劉獻廷，卻說：「久之，西南大亂，民惶惑不聊生，處士乃入洞庭山，學益力」（《居業堂文集》卷一八）。似與三藩之變全無干係。

關於劉氏，全祖望說：「且諸公著述皆流佈海內，而繼莊之書獨不甚傳，因求之幾二十年不可得，近始得見其《廣陽雜記》於杭之趙氏」（《劉繼莊傳》，《鮚埼亭集》卷二八），或也可解釋《廣陽雜記》的有上述記述而竟未遭禁燬。只是不知全氏所見之《雜記》是何種面貌。傳世的《廣陽雜記》是由劉氏門人整理的，且屢經刪削（參看潘祖蔭《廣陽雜記跋》，見中華書局版），其版本情況是否也有研究的價值？

不唯遺民，即忠臣的心事，又何嘗無可玩味。

記南明朝事的文字，每可感其時士人的受辱感。陳子龍所撰徐石

麒行狀記徐氏：「一日朝罷，有一中貴，忽於眾中揖公曰：公非大冢宰徐公耶？曰：然。曰：某有門生某令者，才而賢，可任公屬吏，公有意乎？某居中，能為公地也。公愕然拒之。退而自念：雖先朝閹寺極橫時，亦無公薦人於朝堂者。紀綱墮壞盡矣！」（《陳忠裕全集》卷二九）處此「朝廷」，忠臣的心境如何？

瞿式耜在其家書中說：「人見我兩月內自給諫而府丞，而巡撫，而侍郎，而拜相，似乎官運利極矣！以我觀之，分明戲場上捉住某為元帥，某為都督，亦一時要裝成局面，無可奈何而逼迫成事者也。其實自崇禎以後，成何朝廷？成何天下？以一隅之正統而亦位置多官，其宰相不過抵一庶僚，其部堂不過抵一雜職耳」（《瞿式耜集》卷三第260頁）。任此「宰相」，瞿氏的感受可知。

我已談到了其時士人知不可而為的絕望反抗，那確是一種慘烈的激情。汪有典《史外‧吳副榜傳》引冒襄為吳應箕所作序，寫明亡前的吳應箕，曰「惟余知樓山五嶽在胸，觸目駭心，事與境迕，潦倒拂逆，或奮袖激昂，或戟髯大噱，臥鄰女旁，撾鼓罵坐，皆三年後死事張本也」（《樓山堂集》）。將吳氏的潦倒失意與舉義死節作因果觀，亦對其人心理的一種洞察。劉城為吳氏所撰傳，也記其人不得志於世，不諧於俗，拂鬱憤懣，不得發抒，「會世變，南土陸沉，忠義者起恢復，次尾曰：吾有以自見矣」（《吳次尾先生傳》，《嶧桐集》卷一〇）。黃宗會《王卣一傳》所記王氏有類於此：「君以區區布衣，於時文，而卒不得一遇於有司，乃與一二同塾之友，不知兵革為何事者，攘臂而為之」（《縮齋文集》第132-133頁）——以其人科場失意解釋其易代之際的舉義。至於吳應箕，他本人的史論也可自注其心跡。《樓山堂集》卷六《晉元帝中興論》曰：「諸葛武侯豈不知漢不可復興，賊不可即滅，而其言曰：王業不偏安，坐而待亡，何若滅賊。於是連年動舉，惟敵是求，而鞠躬盡瘁，至死後已。」凡此，不免令人

想到魯迅所說「革命隊伍」中人，「終極目的」不妨「歧異」，有的「或者簡直為了自殺」（《非革命的急進革命論者》）。

　　我也已寫到黃宗羲比陳子龍為「望門投止」的張儉。《後漢書》卷六七張儉傳，曰儉舉劾侯覽、結怨朱並，怨家「遂上書告儉與同郡二十四人為黨，於是刊章討捕。儉得亡命，困迫遁走，望門投止，莫不重其名行，破家相容」。「其所經歷，伏重誅者以十數，宗親並皆殄滅，郡縣為之殘破。」魏禮《與梁公狄書》，卻說「儉之為人，不足以累萬家」（《魏季子文集》卷八）。此「不足以」乃由後果立論，當張儉亡命之時，人們像是並不作如是觀。將「後果」歸之於張儉的亡命，而非當道的追逼與濫殺，正令人可感輿論的卑怯與苛酷不情。陳子龍一案牽連之廣，確有與張儉一案相似者。徐秉義《明末忠烈紀實》卷一六《陳子龍》：「其以匿子龍死者，侯岐曾一門，延安推官顧咸正、諸生顧天逵、顧天遴、張寬、夏之旭」（第354頁）。於是也就有了對陳氏殉明前一度逃生的苛評。《明末忠烈紀實》同卷《夏之旭》錄夏氏絕命詩，中有「惜哉臥子，何不早決」句（第355頁）。對同一事件的反應，另有吳騏《春感》：「四海無人藏復壁，千秋遺恨托江流」（《陳子龍詩集》第797頁）。顧炎武《哭陳太僕子龍》，曰：「嗚呼君盛年，海內半相識。魏齊亡命時，信陵有難色。事急始見求，棲身各荊棘」（《顧亭林詩集匯注》第182頁），言及陳氏末路，也不無遺憾。惜陳子龍之死遲，也像是一種時論。「或曰：文山之烈，猶必待炎午之生祭；軼符死矣，不死於甲申，而死於丁亥，遲三年作鴟夷，不如先三年而為汨羅」（徐世禎《丙戌遺草序》，《陳忠裕全集》卷首。陳子龍，號軼符）。於今想來，那剝奪陳子龍逃生的權利的，就應有上述利害的計較。你可以想像陳氏其時所處之為絕境。那實在是一種殘酷至極的經驗。

　　如上文已經引過的，吳祖錫《答俟齋書》曰：「抱志之士，遭值坎，最難知者肺腸，最可議者形跡。不逢直諒多聞仁人長者，誰為恤其隱而鑒其外，橫被譏評者多矣」（羅振玉輯《徐俟齋先生年譜・附錄》）。

　　但也仍不妨承認，儒者在關係到節操的題目上，對「人心」特具一種敏感。陳子龍《申節愍公傳》記申佳胤：「曰：庶幾得當以報漢，可乎？公曰：是藉口也」（《陳忠裕全集》卷二九）。劉宗周則說：「今謂可以不死而死、可以有待而死、而蚤死，頗傷於近名，則隨地出脫，終成一貪生畏死之徒而已」（《答秦嗣瞻》，《劉子全書》卷二〇）。孫奇逢曰：「總之，仗節殉義之臣，須具一知中之愚，仁中之過，方得淋漓足色。彼仁柔者悠忽不斷，知巧者規避多端，一瞬失之，終身莫贖。從來坐此咎者，正自不少」（《賀公景瞻傳》，《夏峰先生集》卷五）。此所謂「愚」與「忠」的關係，豈不耐人尋味？文人所少的，即有此「愚」的吧。孫奇逢好說「淋漓足色」，苛刻處亦見出儒者對人性的洞察力。類似意思，魏禧也曾談到。其《答石潮道人》說：「弟亦嘗云：大賢以下定要帶些愚意，方做得徹底忠孝仁義之人也」（《魏叔子文集》卷七）。至於顧炎武告誡李因篤，說：「昔朱子謂陸放翁能太高，跡太近，恐為有力者所牽挽，不得全其志節，正老弟今日之謂矣」（《答子德書》，《顧亭林詩文集》第 74 頁），黃宗羲說魏學濂死遲乃「功利誤之」（《翰林院庶起士子一魏先生墓誌銘》，《黃宗羲全集》第 10 冊），均令人可知其所擬「節」的條件。至於如吳應箕所說「生死之際易決，而富貴之心難冷」（《啟禎兩朝剝復錄》卷二），亦對於人處生死之際的一種觀察，不惟吳氏談到。

　　失節者則另有其邏輯。《甲申核真略》記王鰲永語：「今日之事，何所逃於天地之間？孔子曰：素夷狄行乎夷狄……」（第 39 頁）

　　較之「忠義」「遺民」，清初應試、應召者的心事確也更有可玩味者。

　　《清史稿・聖祖記》記康熙十七年「詔開博學鴻儒科，中外各官各舉所知徵詣闕下」。閻若璩《潛邱札記》卷五《與劉超宗文》中說：「見開送單有仁和吳志伊，深快人意……作字與季貞云：安得將杜于皇濬、閻古古爾梅、周茂三容……姜西溟宸英、彭躬庵士望、邱邦士維屏、顧景范祖禹、劉超宗某、顧寧人炎午、嚴蓀友繩祖、彭羨琴桂、顧梁汾貞觀一輩數十人，盡登啟事，齊集金馬門，真可賀野無遺賢矣」（乾隆十年眷西堂刊本）。當其時，確有為新朝汲引人才，不遺餘力，以自掩其尷尬者，如下所記李因篤尚非極端的例子。《二曲集・歷年紀略》記康熙十七年李因篤勸李顒應召事：「李太史（因篤）亦以博學宏詞被薦就徵，來別先生，見官吏洶洶，嚴若秋霜，恐先生堅執攖禍，勸先生赴都。」總督「欲以違旨題參，李太史為先生危甚，涕泣以勸，先生笑曰：『人生終有一死，惟患死不得所耳，今日乃吾死所也。』」

　　遺民對此種心理隱微，也頗能洞悉。顧炎武言及李因篤上述行徑，語氣間不無譏諷。其《答李因篤》說：「關中人述周制府之言曰：『天生自欲赴召可爾，何又力勸中孚，至之以利害，殆是蘧伯玉恥獨為君子之意。』竊謂足下身躡青雲，當為保全故交之計，而必援之使同乎已，非敗其晚節，則必夭其天年矣。《易》曰：『君子之道，或出或處，二人同心，其利斷金。』吾於老弟乎望之！」（《顧亭林詩文集》第76頁）黃宗羲表達類似意思，語氣較為委婉，如說「人之相知，貴相知心」，「古人或出或處，未嘗不藉友朋之力」；說祈對方「不強之」，「愛人以德」、「成人之美」，勿「陷人於不義」，「使義得遂麋鹿之性」，「且使義得免於疑論」，等等，可供考察其時知名人士「辭」、「謝」的藝術（參看《與陳介眉庶常書》、《與李郡侯辭鄉飲酒

大賓書》、《再與李郡侯書》等，均見《黃宗羲全集》第 10 冊）。但其述葉方藹（訒庵）將其薦之「皇上」的過程，又未必沒有銘感之意（參看《董在中墓誌銘》，同書）。黃百家《前遺獻文孝公梨洲府君行略》記黃宗羲為逃避徵召，「寓書陳庶常介眉，謂『與君相知有素，胡不為力止？此魏野所謂斷送老頭皮也』」（《黃宗羲全集》第 11 冊第426 頁）。徐枋也懇請他人勿標榜，甚至勿「齒及」，說其「願天下知我者之哀憐而容宥之，俯矜迂愚，曲全微尚，毋奪其志……」（《與馮生書》，《居易堂集》卷三）當此之際謝枋得著名的「卻聘書」，為明遺民提供了藍本。謝氏《上程雪樓御史書》：「語曰：士屈於不知己而伸於知己」（《謝疊山先生文集》卷二）。

但顧炎武畢竟未與李因篤絕交，不似王弘撰態度的峻厲。

傅山拼死拒徵，仍被顧炎武譏為「中書一授，反覺多此一番辛苦」（《與蘇易公》，《顧亭林詩文集》第 207 頁）。孫枝蔚的見黜於遺民錄，自因其多了應試的一番辛苦。孫氏的應試，當其時即有諍之者。杜濬《與孫豹人書》曰：「乃數日以來，人言藉藉，至謂豹人喜動顏色，脂車秣馬，惟恐後時。」其對孫枝蔚「道義相勉」之一言，是「毋作兩截人」，那說法是：「且夫年在少壯，則其作兩截人也，後截猶長；年在遲暮而作兩截人，後截餘幾哉！」（《變雅堂遺集》文集卷四）語意沉痛，是遺民諍時賢之一例。惟恐遺民晚節不保的，甚至不止於遺民——儼然其時的「士類」都為那遺民一族捏著一把汗似的。

施閏章《送孫豹人歸揚州序》記述孫枝蔚被迫入試情狀：「豹人北首入都，初迫於有司。居既久，諸待試闕下者多務研練為詞賦，豹人獨泛覽他書，間語客曰：『吾僑居廣陵，數十口饔飧待我，使我官京師，不令舉家餓死乎？』已入試不中，良喜，遂束書南歸」（《施愚山集》第 162-163 頁）。施氏據此謂其人「雖有蒲輪之征，不改懸車

之素，可謂皭然無忝處士者也」。但時人似乎並非都作如是觀。孫氏與傅山同授中書舍人，其間區別或只在傅氏未與試，而孫則「入試不中」。於此可見「遺民」資格審核、鑒定之嚴。倘由遺民的角度看去，清初的羈縻政策，近於蓄意玷污，所謂的「染缸政策」。即使施閏章，當其曰孫枝蔚「處不隱不仕之間，身貧賤而拜官於朝，名富貴而遁跡於野」，讀來竟也像是語含譏諷，在他人眼中，或只見其人的進退失據的吧。

在本書中，已一再談到遺民的節操問題，遺民的節操之為「問題」。在遺民這一特殊族類，「出」的所指，已不限於「出仕」，有時還包括了界定模糊的「出應世務」（應泛指與官方或當道有關的活動）。遺民固然以「不出」為基本標記，但對所謂「出」，理解仍人各不同。即如陸世儀自說「以一退老諸生，而被當道之聘，輯理學書，此仍是『處』，非『出』耳」（《答江上徐爾瀚書》，《桴亭先生遺書》文集卷二。按陸氏所謂輯理學書，所輯應即《儒宗理要》），應是針對了某種疑論。而萬斯同「以布衣參明史局」，卻被傳為佳話。即公認的遺民，其「晦跡」的程度，仍互有差異，尺度的掌握，不免因人因環境而有別。即如與修方志、參與「鄉飲酒」等儀式、應邀講學等等，即有人以為可有人以為不可。

易堂諸子於出處之際（此「出」指出應世務），似較為灑脫。魏禧《先伯兄墓誌銘》記三魏的不同選擇：「甲申國變，丙丁間，禧、禮並謝諸生。兄躊躇久之，拊心歎曰：『吾為長子，祖宗祠墓、父母屍饔，將誰責乎？』乃慨然貶服以出。寧都亂民橫據城市，稱『義兵』，禧等奉父母居翠微山」（此所謂「貶服」，應即易清服）。同文說：「伯之死，天下士有不盡知其心者，或以為冀官賞，或以為欲立功名。哀哉！」（《魏叔子文集》卷一七）所慨歎的，無非亂世士人立

身之難。魏禮《陰生寅賓再至翠微峰序》也引他人的話，說：「伯子之行，難於叔季；伯子之心，苦於叔季。嗚呼！吾伯孰能明其心乎！」（《魏季子文集》卷七）邱維屏《眾祭魏善伯父子文》為魏伯子際瑞剖白心跡，說：「子則以父子兄弟並相棲遁，掩蔽窮石，而墳墓祠祀無以為顧，遂以家相之任，出膺世務，然吾人有稍露影徇跡於城市者，子則為之憮悵，歎息而不已，而子自為之志則又決矣。」在這種描述中，儼然魏伯子在做自我犧牲（叔子所謂的「自污」），以至「舍生以救千萬人之生」（《邱邦士文鈔》卷二）。然而魏伯子畢竟因此而失去了遺民資格。實則名列「遺民錄」的季子魏禮，也頗應世務（參看其文集）；至於陸世儀，本書已經說到，其晚年角色已近於幕賓。或許最敏感的界限仍在「公」「私」，即與之打交道的是當道個人抑權力機構，打交道時是保持還是放棄民間身份。魏際瑞的履歷中最要命的，當是「以貢士試北雍」一節。據此也可知清初應試與否，是何等重大的抉擇。

遺民錄上的人物，固然有生前即具此身份自覺者，但「遺民」之為身份，仍應主要出於事後的認定。諸遺民錄的取捨不一，也證明了甄別的缺乏嚴格且一致的標準。遺民社會公認的規範，毋寧說即前代遺民事蹟——對此也不妨各有詮釋。清末民初出於現實需要的「遺民發現」中，對明遺民錄的有意擴充，也因了標準的非統一。我雖未再加甄別，具體論說時卻也不免有所取捨。實則「資格」問題仍然有討論的必要：「遺民」的界定畢竟是遺民問題討論的基礎。

失節者的難堪，是不難想見的。難為了呂留良為周亮工的《焚餘集》作序，竟至於吞吞吐吐得令人不知所云。該序推論其人心跡，不能不避重就輕，言非所欲言。其說周氏何以「於喪亂顛躓之後，舉平生所作畀之束炬」，曰其人「有所大不堪於中」（《櫟園焚餘序》，《呂

晚村先生文集》卷五），卻終不能明言周氏所「大不堪」者何。呂留良本人也正有難言之隱，他屢說「降辱」，以「偷息」為恥，最沉痛的表達，應當是「誰教失腳下漁磯，心跡年年處處違」那幾行詩。凡此，也令人感慨於亂世人生的可悲可憐。呂氏乃遺民錄不收而心跡行為類遺民者——或也出於刻意的補救。其以死拒宏博之舉，剃髮入山，以至意欲「絕人逃世」（參看《呂晚村先生文集》卷一《與施愚山書》），均屬標準的遺民行為。

對於周亮工，其時的一些名遺民已不止於「諒」。冒襄《跋周太翁吉祥相》說：「櫟園先生以積德起家，天下賴以生活者數千萬人」（《巢民文集》卷六）。魏禧亦感周氏知遇，其《賴古堂集序》盛稱周亮工之文並稱其人，如曰其「延見布衣之士，相與諮詢議論，聞人有一藝之長，一言之善，則必紀錄而獎譽之，不問其老稚貴賤，大都僻邑。未謀面未通名氏之人，如禧之父子兄弟，其一也。」曰：「公蒙難而人樂為之死，公死而天下知名士悵悵乎無所依歸，豈偶然哉！」自說得知周氏對三魏文字的賞識，「不禁其涕泗之橫流也」（《魏叔子文集》卷八）。杜濬於周氏也有知己之感，其《與周櫟園言黃濟叔所注六書》說：「嘗竊伏歎先生古道獨行，誼篤死友，如向日於林宗、太沖兩先生，近日於孟貞、於一、與治諸老友之遺文，皆不計有無，表章之不遺餘力」（《變雅堂遺集》文集卷四）。周亮工其它與遺民有關的善舉，如葬林古度，如營救方以智（參看余英時《方以智晚節考》第 44 頁注〔89〕及該書第 100-101 頁）。凡此，也應為了救贖的吧。

周氏本人在其《因樹屋書影》中說：「魏鶴山云：處人倫之變，當以三百五篇為正……東坡在黃、在惠、在儋，不患不偉，患其傷於太豪，便欠畏威敬恕之意。如『茲遊最奇絕，所欠唯一死』之類，詞氣不甚平。」「余謂士君子不幸而當患難，筆硯便當焚卻；怨懟固足鼓禍，和平亦是矯情。范丞相堯夫謫永州，閉門獨處，人稀識面；客

苦欲見之者，或出則問寒暄而已；家僮掃榻具枕，揖客解帶，對臥良久，鼻息如雷霆；客自度未起，亦熟睡；睡覺常及暮，乃去。不必華山五龍法，只范丞相此睡何處得來；熟睡之客更奇。此客不能熟睡，公亦未必見之。此可為善處患難者法，省卻多少葛藤」（卷七）。此段文字中「和平亦是矯情」最可玩味；但範堯夫之熟睡，又何嘗非矯情！

　　《呂晚村先生文集》附錄呂氏之子為其父所撰《行略》，有與施閏章有關的一段記述：「嘗遊金陵，遇施愚山先生於廣座。愚山論學，先君不數語中其隱痛，愚山不覺汍瀾失聲，坐客皆驚，遷延避去。」也令人不禁想知道是何種「隱痛」，是否與朱彝尊、陳維崧等人的隱痛一類。


　　一時名遺民與失節者的關係，也有可玩味者。

　　見諸李清《三垣筆記》的崇禎朝言官龔鼎孳，無異於僉壬，杜濬《送宋荔裳之官四川按察使序》卻說：「求之當世處以為身者，當如宣城沈耕巖先生；出以為民者，當如合肥龔芝麓先生。耕巖而外，處而賢者不具論；芝麓而外，出而賢者，則又有宛陵施公愚山、萊海宋公荔裳，二公皆余石交，而稔其心乎為民者也」（同上卷五）。所說當然是易代後的龔鼎孳。同書卷八《祭龔太夫人文》，也說到龔氏清初在司寇任上「多所平反，所活人不下數千百計」。同卷《哭龔孝升先生文》竟說「世界雖大，人物雖眾，求一人焉如先生之憐才篤友，恐斷斷然不可再得也，斷斷然不可再得也。嗚呼，痛哉！」同卷尚有《祭少詹吳公文》、《祭周公櫟園侍御文》。以三文分別哭、祭龔鼎孳、吳偉業、周亮工，在一時遺民文集中，不能不引人注目。

　　由丁寶銓所輯年譜可知，傅山入獄後「備極拷掠」，以紀映鍾、龔鼎孳力救得釋（見《霜紅龕集》附錄第1313頁），然傳世的《霜紅

龕集》，傅山幾無一語及此。閻圻《文節公白耷山人家傳》記龔鼎孳援救閻爾梅事：「……刑部龔尚書，山人故友也，輒力為解，自矢曰：『某豈戀旦夕一官，負天下豪賢哉！夫以忠義再罹難，吾不能忍矣。』乙巳十二月十一日特書題釋。」後閻入京，「龔聞山人來，喜就見，三返始相揖而哭，不謝」（《閻古古全集》卷一）。閻爾梅本人對此並不諱言，其《崆峒山序》「高人解紛排難，口不言功」一語原注：「龔孝升為大司寇，為餘題疏，事得解」（同書卷六）。龔氏為此，於念舊、全交外，也應有自我救贖之意。當然，在貳臣，更徹底的救贖，無過於從事復明活動，如錢謙益於降清後之所為（詳見《柳如是別傳》）——卻也已無可救贖。「失節」是萬劫而不復的罪孽。陳寅恪對苛論者的不容錢謙益改悔，倒是屢致感慨。

對於上述遺民與失節者的關係，並非沒有疑論。熊賜履致書杜濬，曰杜「生平壁立千仞」，「謂宜先生之予奪嚴於袞鉞，不可以毫髮假也。乃細讀大集，其中往來贈答與觴詞挽章諸作，不無一二歸命於當世之達尊，而所謂當世之達尊，則又吾儕之所目為敗名喪節、寡廉鮮恥、不足齒於士夫之列者。薰蕕不同器，顏跖不共居，諒先生籌之熟矣，不知何故而復有此荒唐之作也」（《經義齋集》卷一一，康熙庚午退補齋刊本）。熊氏另剟引杜氏復書中語：「親者無失其為親，故者無失其為故」（見《變雅堂遺集》附錄一）。

更為人所知者，應是歸莊、朱鶴齡與錢謙益的關係。歸莊那篇《某先生八十壽序》說錢謙益，曰：「先生近著有《太公事考》一篇，舉史傳所稱而參互之，知其八十而從文王，垂百歲而封營丘。先生之寓意可知」（《歸莊集》卷三第 253 頁）；其《祭錢牧齋先生文》說「窺先生之意，亦悔中道之委蛇，思欲以晚蓋，何天之待先生之酷，竟使之齎志以終」（卷八第 471 頁），確可稱錢氏知己。

關於錢謙益、朱鶴齡注杜公案，陳寅恪言之已詳（參看《柳如是別傳》第 993-1006 頁）。朱氏《與吳梅村祭酒書》，為「虞山公」討取公道，辭情慷慨，可與歸莊那篇意味深長的《吳梅村先生六十壽序》（《歸莊集》卷三）並讀。朱文說：「憶先生昔年枉顧荒廬，每談虞山公文章著作之盛，不啻義山之歎韓碑。乃客有從雲間來者，傳示宋君新刻，於虞山公極口詬詈，且雲其所選明詩出於筆傭程孟陽之手，所成諱史，乃掩取太倉王氏之書。愚閱之，不覺噴飯。夫虞山公生平梗概，千秋自有定評，愚何敢置喙。若其高才博學，囊括古今，則夐乎卓絕一時矣」（《愚庵小集》卷一〇第 482-483 頁）。《書王右丞集後》曰：「右丞與鄭虔同污祿山偽命，乃子美詩皆無刺語，可見古人用心忠厚，非獨以全交情也。今人於才名軋己者，必欲發其瘢垢，掊擊不啻仇讎，解之者則曰：文士相軋，自古而然。嗚呼！使誠為文士也，豈有相傾者耶！」（卷一三第 637 頁）當然，朱鶴齡關於失節者也有別種議論（參看同書同卷《書元裕之集後》），也令人想到錢謙益。

與錢氏交誼至死不變的，還有幾位著名「忠義」。錢謙益《啟禎野乘序》曰黃道周「就義之日，從容語其友曰：『虞山尚在，國史猶未死也』」（《牧齋有學集》卷一四第 687 頁）。黃氏為隆武朝大臣，其就義無疑在錢謙益降清之後。至於瞿式耜與錢謙益間的情誼，是被吳偉業引為佳話的。吳氏說：「⋯⋯稼軒在囚中，亦有《頻夢牧師》之作。蓋其師弟氣誼，出入患難十餘年，雖末路頓殊，而初心不異⋯⋯」（《梅村詩話》，《吳梅村全集》卷五八第 1147 頁。按稼軒即瞿式耜）

我並不認為由這些仍然「個別」的事實，能作出什麼有價值的判斷。我略感驚詫的只是，在一個以鼓勵「別白」、務求「分明」為風尚的時期之後，竟有這種錯雜以至混沌。

至於貳臣心事，自然備極曲折，且未必沒有蓄意的透露。杜濬《哭龔孝升先生文》說：「先生勳業滿世，而不自以為善；利濟在人，而不自以為德。往往於酒闌燭灺歌殘舞罷之際，與濬酌茗相對，泫然流涕焉⋯⋯」黃宗羲《弘光實錄鈔》記弘光朝阮大鋮授意名捕沈壽民，言從賊陳名夏逃匿其家，沈氏變姓名入金華山中。清人記此事，每著力渲染沈壽民嚴拒陳名夏的薦舉（對使焚書云云），但這事件背後的故事，想必曲折得多。上文已說到寧完我劾陳名夏「倡亂」，陳名夏對甯氏舉報其主張「留發、復衣冠」供認不諱。陳寅恪對此分析道：「夫百史辯寧完我所詰各款皆虛，獨於最無物證，可以脫免之有關復明制度之一款，則認為真實。是其志在復明，欲以此心告諸天下後世，殊可哀矣」（《柳如是別傳》第 1162 頁。按百史即陳名夏）。這不消說只是一種猜測，卻不失為有趣的猜測。

奇怪的倒是清人較之明遺民，持論更苛，對貳臣更不齒。《小腆紀傳》記杜濬，曰：「錢謙益嘗造訪，至閉門不與通」（《補遺》卷四杜濬傳，第 798 頁），陳寅恪已辨其非（參看《柳如是別傳》第 1083-1084 頁）。由上文可知，杜氏即果然將錢謙益拒之門外，也必另有緣故；即果然鄙其人，所鄙也未見得在其失節（關於錢、杜糾葛，《潛邱札記》卷五《又與戴唐器》似透露了若干消息）。至於《四庫全書總目提要》朱鶴齡《愚庵小集》條，曰朱氏「與錢謙益為同郡，初亦以其詞場宿老，頗與倡酬。既而見其首鼠兩端，居心反覆，薄其為人，遂與之絕」，亦想當然爾。上述朱鶴齡致吳梅村書，即作於錢氏故世之後，儘管據陳寅恪說，其另有用意（參看《柳如是別傳》第 994 頁），畢竟是一種公開的表態。杜濬、朱鶴齡本人不諱，後人（清人）卻以為有必要為之「湔洗」，亦一有趣的現象。

# 附錄
# 我讀傅山

　　本文的讀傅山，所讀乃《霜紅龕集》（丁寶銓刊本，山西人民出版社 1984 年影印出版）中的傅山。《霜紅龕集》非即傅山，自不能指望從中讀出傅山全人。但其中有傅山，儘管所讀出的或因人而異。本文所寫，即我所讀傅山之為「文人」、「名士」、「遺民」。

## 文人傅山

　　明代江南（尤其東南）文人文化昌盛，相形之下，北方即見「厚重無文」，人文風物似質實而乏情韻。生長晉中的傅山富於文人趣味，只是其人以遺民名，以醫名，以金石書畫名，以俠義名，其「文人」之名不免為上述諸名所掩。

　　自揚雄說「雕蟲篆刻」「壯夫不為」（《法言・吾子》），文人雖手不能縛雞，卻每大言「經世」，似鄙文事為不足道。傅山雖也偶而襲用這類話頭，但他確實一再表達過對文事的尊重。這裏有明確無疑的價值態度。其《老僧衣社疏》說：「若夫詩是何事，詩人是何如人，何談之容易也！」（卷二二第 606 頁）在傅山那裏，文與書與畫，境界無不相通。但他說「一切詩文之妙，與求作佛者境界最相似」（《杜遇餘論》，卷三〇第 818 頁），卻是參悟了妙諦之言。他說：「明經處到不甚難，以其是非邪正顯然易見，而文心掠播，實鑿糟所難得窺測」（《文訓》，卷二五第 673 頁）。由儒者看，怕是將難易顛倒了。傅山醉心於文字之美，對其論文的手眼也頗自負，自說「胸中有篇《文

賦》」（同卷第 693 頁）。[1]至於其說「世間底事，好看在文，壞事在文，及至壞事了，收拾又在文」（《老子十三章解·絕聖棄智節》，卷三二第 853 頁），卻又不免出諸文人（不限於文人）式的誇張。

清初北方遺民中，傅氏是博雅與通脫足與江南人士比擬的人物。由他的《與戴楓仲》（卷二四）一篇說為文次第，可知其文章背後的知識準備：子、史之外，尚有佛典道藏（「西方《楞嚴》」、「東土《南華》」等）。傅氏本人行文造句常出乎繩尺之外，正依據於他多方面的學養與才藝。他的畫論尤可自注其文字。[2]似乎是，傅山以書畫家而為文，即將書畫徑直作進了文章，表達也往往因突兀而警醒，陳腐於此即成新鮮。《犁娃從石生序》（卷一六）劈頭一句是「犁娃方倚晉水之門」，就頗饒「畫意」，決非一味規摹唐宋者所能寫出，更不必說「制藝」那一種訓練。至於似率易的文字間每有精悍之氣溢出，又是性情不可掩也不欲掩者。

傅山長於記事而不循史法，傳狀文字常雜用小說筆法，取一枝一節，或略小而存大（其所以為的「大」），適足以造成敘述的個人性。命意亦奇。如《聳道人傳》（卷一五）的發揮「聳」（即聾）之義，《敘靈感梓經》（卷一六）的說「受苦」、「受救苦」、「救受苦」，思理活潑，議論風發泉湧。下文將要談到的《書山海經後》更屬巧於設論，妙於用喻的一類。傅氏所謂能使「精神滿紙」的那「三兩句警策」（卷二五），他得之似易易。不同於尋常傳狀文字的還有，不大記

---

1 卷二六的《失笑辭》一、《失笑》二，似即可讀作傅氏的《文賦》。二文歎文事的奧妙無窮，狀其境之壯麗豐富，說「文心之極高極深縹緲洞幽不可得而方物之微」，足見對文事的醉心。他筆下的「文」，亦一種生命現象（有其「天」），「拘士」、「文章禮法之士」只能使生氣全失。其不滿於「勸百諷一」的儒者所謂「詩賦之經」。至於所說文的「無古無今」的非時性、超時性，亦可注傅氏在時風中的態度。

2 《題趙鳳白山水巨幅》即有「絕不用繩尺」一句。因出乎「此事法脈」，方成「奇構」。論梁樂甫字，亦欣賞其「全不用古法，率性操觚」（卷二五）。

傳主的政績，而好寫家常瑣屑——也透露出傅氏的價值態度，其所輕與所重。至於如《汾二子傳》，不妨讀作關於士的處境的寓言：士處俗世、庸眾中。該篇寫王、薛二人的行徑為「汾之人」所非笑，其死義之後「汾之人皆益笑之」。這裏的「汾之人」，也如三百年後魯迅筆下的「魯鎮人」、「未莊人」，像是某種「總名」。「士在眾人中」，是傅山關注的一項主題，這類主題也更能注釋其自我界定與處亂世的姿態。

　　傅山文字「拙」而富於諧趣。「拙」正屬他所好。但拙非即枯淡；傅山所好的，是古拙而有風致（亦即「韻」）的一類。他本人的文字就一派樸茂，因古拙以至生澀示人以「人性力度」，那「拙」於此是文境又是人性境界。[3] 其樸其拙，都經了打磨燒煉，類木石之精，精氣內蘊，只待由文字間稍泄而已。他那種半口語化的非規範（不合文法）表達，故作嘮叨，足以釀成一種俳諧趣味。寫風情固諧，送行文字亦不妨調侃（如卷二二《草草付》），傳狀文字更莊諧雜出（如《明李御史傳》摹仿口吃）。諧趣、鄉野村俗氣、狹邪趣味，諸種成分出諸傅氏筆下，已難以離析。善諧本是一種心智慧力，在傅山，又根源於溫暖的世俗人間感情。至於莊嚴文體（如卷二二《紅土溝道場閱藏修閣序》等）用不莊嚴語書寫，則又屬於傅氏特有的智慧

---

3　傅山說「拙」，如《喜宗智寫經》（卷二二）。與此相通，他樂賞「高簡」，《文訓》曰：「文章未有高而不簡、簡而不摯者。」樂賞「直樸」（《題湯安人張氏死烈辭後》所謂「直樸不枝」，「專向自己心地上作老實話」）。品藻人物也用同一尺度，如《太原三先生傳》（卷一五）形容王先生「真樸懶簡」。但這仍只是其一面。由其所作大賦，可知其對華麗富贍的嗜好，也可知其所論拙、樸，非枯淡之謂也。你自然感到，「拙」在傅氏，是審美更是道德境界，且已非「本色」，而是出於自覺與提煉。他本人的文字決非一味「拙」。其行文運思的機智處，顯然得諸對《莊子》的嗜好與佛學（包括禪宗機鋒）訓練。

形式。傅山曾自懺其不莊，[4]但性情在這裏也終不能掩。

為傅山之人之文在雅俗間定位很難。南方人士由其鄉俗、村野處讀出了「蕭散」。如下錄的小箋《失題》（全文）：「老人家是甚不待動，書兩三行，眵如膠矣。倒是那裏有唱三倒腔的，和村老漢都坐在板凳上，聽甚麼『飛龍鬧勾欄』，消遣時光，倒還使的。姚大哥說，十九日請看唱，割肉二斤，燒餅煮茄，盡足受用，不知真個請不請。若到眼前無動靜，便過紅土溝吃碗大鍋粥也好」（卷二三）。像這樣土色斑駁且古意盎然，在城鎮消費文化發達的江南（尤其東南），已難以在士人文字中覓見。因而好傅氏之文者，也可能出於文化懷念。其實為南方人士所感的「蕭散」，在北方士人，倒可能是直白地寫出的日常狀態，經了不同情境中的閱讀才成「閒適」的。傅氏的這一種「近俗」，所近乃「村俗」（不同於「市俗」），要由北方生活本身的「鄉村化」來解釋。北中國「城市化」水準長期低於江南（尤其東南），而傅山又拒絕晉商所代表的那一種文化。[5]他的古風與鄉氣，因於環境也出於主動的選擇。但也仍不妨認為，傅氏的這類短章小簡，與同時張岱等人的小品，雖有人生及文字意境的不同，卻都呈示了悠然寬裕的一道人生風景。

至於如傅山那樣，將方言俚語運用得一派嫻熟，則又是江南的博雅之士所不屑為也不能為的。這也堪稱傅山的一絕。「鄉俗」於此，即成別趣。傅氏雖雜用各體，但在我看來，最本色當行者，還是那些

---

4　《明觀察楊公黃田先生傳》（卷一五）傳後附記：「憶三十年前，或有以畫冊屬餘題者，餘頗為離合體識之……而先生頗聞之。爾楨與余言：『先生云：人以文事相屬，是雅相重，何輕薄爾為？』余聞之，猛省，謝過，自是凡筆墨嘲誚之習頓除於中」（第414-415頁）。

5　參看卷三六《雜記》一說「丐貸決不可謾為」，似惟恐其澆，寧人負我，不可負人，甚至不可以「負我」「藏諸心」——確也古色爛然。

像是率爾為之的文字，如《草草付》、《失題》之類。你大可相信這類文字間散發出的世俗人間氣味，正為自居「方外」的傅山所沾戀。而他的文體趣味，也包含了對那形式所寄存的生活方式的肯定態度。

　　其時的北方人物，傅山之外，如孫奇逢，均有似出天性（而非出諸義理如「道平易」）的「平民氣」。孫氏在我讀來，尤其氣象渾厚寬和如大地，與同時理學中人頗不侔。但那是「鄉土」而「莊」的一類，與其人的儒者身份一致，風味仍不同於傅氏。傅山即其平民氣，也根柢於文人性情。[6]傅氏對類似的人生意境極具鑒賞力。《題唐東岩書冊》中記唐頤（東岩）之子近岩老人佚事，謂其「質實無公子習」，「傳聞訪先大夫來時，每騎一驢，隨一粗廝。坐久，廝睡熟，不能起。先生憨之，令牽驢，不即應，笑而待其寤」（卷一八第539頁）。

　　如此近俗的傅山，偏能行文古奧，佶屈聱牙，又使你相信其人的嗜古（當然其「嗜古」與前後七子的根據未必同），正在其時的復古空氣中。[7]清人及近人好說傅山與清學、清學家的關係（如其金石學、訓詁，與閻若璩），似欲以之為其人增重。但傅山的神情顯然與學問家不似，所用也非嚴格的學術方式。[8]至於以佶屈聱牙狀難狀之

---

6　但他頗能欣賞孫奇逢，說孫氏「真誠謙和，令人諸意全消」，自說「敬之愛之」，甚至為孫氏的「模棱」辯護（《雜記》三，卷三八第1068頁）。他對「王學」有顯然的好感。

7　傅山對漢代文化情有獨鍾，不但對漢賦、漢碑，且對《漢書》。這也是其所尤「嗜」之「古」，上述「拙」、「樸」、「高簡」，均可注其此種「嗜」。他要戴楓仲「細細領會《漢書》一部整俊處」，說「外戚一傳，尤瑣碎俏麗，不可再得」（《與戴楓仲》，卷二四第653頁）。「整俊」而「瑣碎俏麗」，是其讀「漢」而尤有會心處，也是其為文用力處。卷一六《兩漢書人姓名韻敘》說早年讀《漢書·東方朔傳》，「頗好之」。卷三七自述早年學書，「既一宗漢法，回視昔書，真足唾棄」，說「漢隸一法，三世皆能造奧」（第1044-1045頁）。對東漢節義，更再三致意。

8　其以書法家，由文字學金石學知識解字，卻每每動情，似由字中感覺得一派生意，不唯「是」之求，有時傳達的無寧說是對文字的詩意感受。如以為「春」字「最韻」，「妙理微情」，「憃之心動，亦有女懷春，妙字，不必以淫心斥之」（《雜記》

境，迷離恍恍，出入於真幻、虛實、夢覺、明晦、空有之際，也足以使他的文字脫出陳、熟——儘管有時像是走火入魔，仍不妨看作精心設計的文體策略，其中或暗含了對士人的「不學」的反諷。他的《序西北之文》說畢振姬之文「沉鬱，不膚脆利口耳。讀者率佶倔之，以為非文」（卷一六第 465 頁），徑可移用於形容他本人的這一路文字。你可以據此認為，傅山對「拙」的喜好，與佶屈聲牙，固然都繫於性情學識，也都出於自覺的文化姿態：逃避媚俗。事實上，他極其鄙薄以至憎惡他所謂的「奴俗」，對這種俗，敏感到近於病態。[9] 這裏又有傅山的潔癖，對某種文化「純潔性」的幾近於苛的要求。傅山的近俗與對「俗」的極端拒斥（「和」「同」與拒絕和同），就如此地呈現於文字層面。不如說，傅山以個人化的形式，將所謂「漆園」（《莊子》）的文化品性固有的矛盾性呈現了。

有如此深的文字緣，即不大會附和禪宗和尚所謂的「不立文字」。文人禪悅，所「悅」往往就在文字所負載的智慧與「文字智慧」。這通常也是文人與佛學的緣。[10] 傅山的文字興趣，對「無用之辨」的興

---

二，卷三七第1023頁）等。至於因解字因釋義而駁正成說，不惜穿鑿（亦每有妙解），也更為顯示思理的活潑，證明其知解、想像力，與嚴格的訓詁旨趣有異。

9　傅氏說「奴俗」處甚多，尤其在論書法的場合。如說「奴態」，「婢賤野俗之氣」，說「字亦何與人事，政復恐其帶奴俗氣……不惟字」（卷二五）。還說「奴儒」、「奴師」（卷三一《學解》），「奴書生」（卷三七《雜記》二），譏講學曰「麤糟奴貨」（卷四〇《雜記》五），黨爭則有「奴君子」（同卷《書宋史內》），至論醫亦說「奴」（卷二六《醫藥論略》）。說「不拘甚事，只不要奴」（卷三八《雜記》三）。「奴」在傅氏，乃極鄙之稱。「奴人」的反面即「妙人」、「高爽者」，亦應即其它處所謂「韻士」，實即慧業文人。「奴人」有時也指庸眾（參看卷二八《傅史》）。

10　參看卷二二《募智慧緣》、《草草付》。傅氏寫梵境，筆下也一派生機，且有畫家所好的繁富意象。「必使境界墟蕪，是為真空，不見華嚴鋪陳，亦自受用」（《五惜社疏》，卷二二第615頁）。有此見識，也自不會附和「黜聰明」之說——或許因此，骨子裏倒是更近「漆園」的吧。

趣，對心智愉悅的追求，確也有助於解釋其對佛經的耽嗜。[11]傅氏一再以「俗漢」與「韻士」對舉。《恭喜》一文說「諸佛菩薩無不博學，語言文字謂不用者，皆為誑語」（第 629 頁）。《劣和尚募疏》（卷二二）更比較了「俗漢」與「風韻君子」宗教趣味之別：也可讀作他有關「文人與宗教」的一種解釋。該文說謝靈運一流文人有「作佛根器」；謝靈運也正屬於黃宗羲以之為「山林之神」的「慧業文人」（參看《靳熊封遊黃山詩文序》，《黃宗羲全集》第 10 冊）。民間信仰與文人信仰根柢本不同。文人非但向宗教尋找「人生觀」，且向宗教尋詩，尋找構造人生意境的材料，與佞佛求福祉者，動力自異。傅山《藥嶺寧寧緣》斷然說：「若雲莊嚴不是風韻，風韻不是莊嚴，都無是處」（卷二二第 631 頁）。吸引了文人的，即此融會了「莊嚴」與「風韻」的宗教意境。南北或有不同的智慧形式，如南方的義理興趣，與北方的踐履熱情；但「文人性」卻無間南北。傅氏也即據此解釋了愛佳山水（如謝靈運）與「作佛」的內在關聯。

　　傅山與佛、道的緣，又不只繫於文字。傅山嗜讀佛經，《佛經訓》（卷二五）說佛經「大有直捷妙諦」，「凡此家蒙籠不好問答處，彼皆粉碎說出，所以教人翻好去尋討當下透徹，不騎兩頭馬也」（按「此家」應指「儒家」）。即使如此，佛教仍未必可以作為信仰，故「須向大易、老子尋個歸根覆命處」（第 682 頁）──又解釋了其所以「黃冠」而不「披緇」。佛教盛行於南方，道教流行於北方，固有各自的根據；傅山的「黃冠」，卻要由其人的「終極關懷」與立身的嚴肅不苟來解釋。

---

11 參看卷三四《讀子》三讀公孫龍子幾則。其於世儒的不契，亦可由此種文人根性得一解釋。他說儒家「所謂布帛菽粟之文，一眼而句讀而大義可了」（第940頁），非但無餘蘊（如公孫龍如《楞嚴》的「幽杳」、「空深」的「旨趣」），且不能變化多姿（「變化繚紗恍惚若神著」）。其對《墨子》的興趣，則也因其「奧義奇文」（卷三五《讀子》四）。其讀《公孫龍子》、《墨子》，均可自注其與佛教之緣與道教皈依。

　　這裏說文人傅山，以「文人」（亦一種讀書人）為身份、角色，何嘗不出於選擇！在傅山，選擇「讀書」之為生活方式，也即選擇「純潔的人生」，使「一切齷齪人事不到眼前心上」（《佛經訓》第684頁）。他訓子侄，也說：「凡外事都莫與，與之徒亂讀書之意」（卷二五第701頁）。當易代之際，這種「文人」的角色選擇，也即選擇與當世的關係，選擇活在當世的方式，其意味可知。他甚至具體描寫了他想像中的那一種文人生活情境：「觀其戶，寂若無人；披其帷，其人斯在」（《家訓》第704頁）。這裏又有晚年傅山所希冀的生存狀態。潔癖，對純淨度的苛求中，從來有文人式的「弱」。這不消說是退守的人生。傅山於此，也更見出「道人」面目。

　　周作人自說「甚喜霜紅龕集的思想文字」（《風雨談・鈍吟雜錄》），作過一篇《關於傅青主》（《風雨談》），大半是抄錄，卻也可見其喜之「甚」。周作人談論傅山，將傅山與顏元比較，我讀傅山，想到的卻是其時浙西的陳確。顏元思想雖較顧炎武、黃宗羲為「古怪」，但那種聖徒氣味，即與傅山不倫。陳確雖師事劉宗周，但似生性與理學不契，[12]有與生俱來的文人習癖，饒才藝，富情致。其人之「韻」，正近於傅山的一路。骨子裏那股倔強廉悍之氣也相類。只是陳確雖不契理學，仍未全脫道學方巾氣，是儒家之徒，闢起佛來即武斷到不由分說，沒有傅氏思想的「寬博」。[13]但陳確的透徹處，又非傅

---

12　黃宗羲《陳乾初先生墓誌銘》二、三、四稿均記其「不喜理學家言」，「格格不能相入」（《黃宗羲全集》第10冊）。《霜紅龕集》卷三一《學解》則批評「世儒」，「世俗之溝猶瞀儒」（該文解釋「溝猶瞀儒」，曰：「所謂在溝渠中而猶猶然自以為大，蓋瞎而儒也」，語見第825頁）。卷四〇記李顒，尤生動地自白了與其時主流思想學術、主流話語的「不契」。其它批評理學、宋儒處尚多。

13　關於陳確之饒才藝、富情致，見黃宗羲《陳乾初先生墓誌銘》初稿。陳、傅二氏可比較者尚不止於是。他們均有「世家」背景；均擅書法（傅山更負盛名）；都好說「孝」（陳確曾書《孝經》），但傅山卻絕無陳確關於「節義」的通達見識；明末

山所能夢見——對此，我將在下文中談到。

## 名士傅山

　　周作人說，「傅青主在中國社會上的名聲第一是醫生，第二大約是書家吧」（《關於傅青主》，《風雨談》第 3 頁）。我相信傅氏生活的當時，其人事蹟傳播於人口的，肯定還有（或曰「更是」）豪俠仗義。幾種關於其人的傳記文字，都說到崇禎九年傅山率眾赴闕為袁繼咸訟冤的壯舉，以之為令傅氏名聲大噪的重要事件。正是此舉使你相信，易代之際他的身陷囹圄，是命中必有的一劫。傅山本人像是並不即以豪傑自命，那篇《因人私記》披露的更是世情、「士情」；對入獄事更諱莫如深。但那血性，那豪氣仍每出文字間，而且是北方式的血性與豪氣，沾染了「冰雪氣味」。

　　他的《敘楓林一枝》記丹楓閣外雪，「落樹皆成鋒刃，怪特驚心」（卷一六第 463 頁）。因讀戴廷栻（楓仲）《楓林草》殘編，見其「俱帶冰雪氣味」。傅氏正有此冰雪情懷。其兄傅庚說其「無問春側側寒，輒立汾河冰上，指揮淩工鑿千畝琉璃田，供齋中燈具」（卷一四傅庚《冷雲齋冰燈詩序》第 369 頁）。有此豪興，且好奇境奇情，正是名士面目。

　　真名士無不是所謂「性情中人」，如黃宗羲所說「情之至者，一往而深」（《時禋謝君墓誌銘》，《黃宗羲全集》第 10 冊）。深於情也即

---

浙、晉兩地著名的諸生干政事件，分別由陳、傅倡首（黃氏所撰墓誌銘說陳確「廉勁疾惡，遇事發憤有大節」，傅山也略同）；陳、傅均喪妻不再娶，不納妾，陳氏且著《女訓》，與其論學宗旨不合的張履祥亦稱道其「居家有法度」（《楊園先生全集》卷三二）——姿態大異於其時標榜「通脫」的南北名士；只是陳確更有端謹，並傅山那種訴諸文字的狹邪趣味也絕無。作為其時有名士氣的南北著名遺民，其人與其時其世、當代思想學術、倫理觀念的關係，是研究士的精神自由及其限度的材料。

傷於情。傅山本人就說過，「無至性之人，不知哀樂；有至性之人，哀樂皆傷之」（《佛經訓》，卷二五第 686 頁）。孫奇逢《貞毣君陳氏墓誌銘》記傅山之母：「當甲申之變，山棄家而旅，隨所寓奉母往，母絕不以舊業介意，沙蓬苦苣，怡然安之。迄歲之甲午，山以飛語下獄，禍且不測，從山遊者僉議申救。貞毣君要眾語之云：『道人兒自然當有今日事。即死亦分，不必救也。但吾兒止有一子眉，若果相念，眉得不死，以存傅氏之祀足矣。』逾年，飛語白，山出獄見母，母不甚悲，亦不甚喜，頷之而已」（《夏峰先生集》卷七）。傅山母確可稱亂世奇女子。但「奇」而至於出人情之常，令人但覺氣象荒寒，不似在此人境。傅山的道行似終不能至此。《霜紅龕集》卷一四那一組《哭子詩》，寫親子之情，篇篇血淚，悲慨淋漓。「無情未必真豪傑。」在我看來，惟其如此，才更足稱名士。

鍾於情，即有所執持，對人間世有其沾戀，非世俗傳說的那種亦人亦仙的怪物。傅山的《明戶部員外止菴戴先生傳》，說戴氏「天性專精堅韌人也」（卷一五第 434 頁），也是夫子自道。這「專精堅韌」與下文將要說到的「不沾沾」、「不屑屑」，決非不相容。周作人讀傅山，讀出了「倔強」與「辣」（《關於傅青主》），所見即與顧炎武不同。但傅氏的魅力維持得較為長久者，卻又確實更在顧炎武所說的「蕭然物外，自得天機」（《廣師》，《顧亭林詩文集》第 134 頁）。那蕭然也同樣根柢性情，又是一種經了理性熔冶的人生態度。無論作字還是作詩作佛，他均不取「有意」，以為如此方能不失其「天」。他筆下人物亦可注此。《帽花廚子傳》說其人「聊為諸生，不沾沾諸生業」（卷一五第 454 頁）。《太原三先生傳》寫王先生「好圍棋，終日夜不倦，亦不用心，信手談耳」（第 440 頁）。寫錢先生：「時時有詩，不屑屑嘔心，所得佳句率粗健淡率，極似老杜口占諸奇句。七十以後，

益老益健益率益淡，絕不爾恤也」（第 441 頁）。[14]但更難能的，還應當是對產業的「不沾沾」，用了「漆園」的話說，即不「役」於此「物」。[15]有這份灑落，才足以令其人不鄙（《帽花廚子傳》所謂「鄙夫」的「鄙」）。「不沾沾」、「不屑屑」，也即不亟亟，不熱中、奔競，才會有其魅力所在的那份悠然、寬裕，他人所樂賞的「蕭然」、「蕭散」。有這種似執持非執持的態度，也才配說所謂「漆園家法」。

　　傅山式的蕭然自然不是「做」得出來的。那蕭然並不由於天真，倒更像是因了入世之深。[16]傅山深於世情，對「人」甚至未必有粹儒式的樂觀信念，竟說「最尨最毒者人」（《雜記三》，卷三八第 1054 頁）；對人加之於人的迫害，像是創巨痛深。這足以提示「蕭然」的限度。《汾二子傳》寫庸眾的麻木冷漠，《因人私記》寫「人情反覆，炎涼嚮背」，都凜凜然透出寒意。他也從來無意於掩飾其現世關切。他本人曾自說其「蕭散」之不得已。《寄示周程先生》曰：「弟之中

----

14 傅氏本人對文字的態度亦然。參看《霜》集附錄三劉贄錄戴廷栻刻《晉四人詩》「凡例」。劉飛《霜紅龕集備存小引》亦曰：「傅青主先生足跡半天下，詩文隨筆隨擲，家無藏槁，亦無定槁。甚有執所著以問先生，而先生已忘為己作」（同上第 1238-1239 頁）。《霜》集乾隆年間張思孝所輯乃 12 卷，輯 40 卷付梓已是咸豐年間，傅氏著述尚多佚。另有未「佚」而為編刻者摒棄的，見注〔18〕。傅氏晚年對自己文字的態度似有變化。《家訓》囑孫輩：「凡我與爾父所為文、詩，無論長章大篇，一言半句，爾須收拾無遺，為山右傅氏之文獻可也」（卷二五第 703-704 頁）。

15 其《佛經訓》說：「一生為客不為主，是我少時意見欲爾。故凡事頗能敝屣遺之，遂能一生無財帛之累」（第 684 頁）。郭鋐《徵君傅先生傳》（《霜》附錄一）說傅氏為袁繼咸訟冤事「出萬餘金」，可知其饒於貲；又說其易代後「棄數千金胘產，令族分取，獨挈其子眉隱於城東松莊」（第 1161 頁）。能敝屣富貴，才是「世家子」且「漆園」之徒本色。

16 由傅氏名臣、名將像贊（參看卷二七《歷代名臣像贊》），及《傅史》一類文字，可感其人對事功的渴慕。他說韓愈，說白居易，對其政治才具、事功，均豔稱之，又未始沒有對「文章士」的輕視。至於他本人的強毅、能任事，則可證之以《因人私記》等文。

曲，不必面傾。示周吾之道義友，自能信之。然成一騎虎神僵人，或謂其有逍遙之致，誰知其集蓼茹也！」（卷二三第 637 頁）這逍遙中的苦趣，也要深知遺民者才能品出。實則傅山其人熱烈與蕭散兼有之。一味激切，即不像人生；蕭散不已，人生又會少了分量。顧氏所見，未必誤解。[17]

　　既有名士風，見識自不同於俗流。名士例不諱言「色」，通常也就以此與道學、禮法士較勁。《霜紅龕集》卷二《方心》序徑說「色何容易好也」！（第 36 頁）《書張維遇志狀後》一篇則許張氏「敢死」，說「敢死於床簀，與敢死於沙場等也。且道今世縱酒悅色以期於死者，吾黨有幾人哉！」（卷一七第 496 頁）——確係出於「別眼」，所謂「常人駭之，達者許之」（《書郝異彥卷》）。《犁娃從石生序》寫風情，題旨嚴肅，卻也仍能令人感得透出於文字間的狹邪趣味。至於樂府之《夕夕曲》（卷二）等，更流於香豔。傅山或許屬於周作人所說為人謹重而文字放蕩（偶一放蕩）的一類。他所作傳奇竟被編刻其文字者付之一炬，其「猥褻趣味」可知。[18]傅氏所好之風情，與東南名士所好的風雅文人與舊院才媛間的「風情」，顯然有質地的區別。至於上文說到的陳確，其筆下絕無傅山那一種村野氣、俗文化氣味。這裏或許又可見出鄉村式的北方，與城市較為發達的南方的文化趣味的不同。

---

17 全祖望《陽曲傅先生事略》（《鮚埼亭集》卷二六）：「惟顧亭林之稱先生曰『蕭然物外，自得天機』，予則以為是特先生晚年之蹤跡，而尚非其真性所在。卓爾堪曰：『青主蓋時時懷翟義之志者』，可謂知先生者矣。」可見知人之難，即遺民也不即能知遺民。

18 由劉霬《霜紅龕集·例言》可知，內容多俗，其中「語少含蓄」（應即不雅馴）者，「古娛一見，即投諸火。詩文有類此者，概不收錄」（《霜紅龕集》附錄三第1247頁）。傅氏不諱而他人諱，亦文人身後遭際之奇特者。倒令人.想到傅氏本人是否尚有未傳之奇？

　　說「色」態度世俗，說「食」亦然。傅山自稱「酒肉道人」（《帽花廚子傳》）；他確也頗不薄待自己的那副皮囊，非但不諱言口腹之欲，且寫「吃」的津津有味，像是在蓄意冒瀆雅人。如上文所錄《失題》中的「燒餅煮茄」及「大鍋粥」，《嘔陀南賦》（卷一）、《無聊雜記》（卷七）的詠「合絡」（《書張維遇志狀後》所寫「河漏」，疑亦「飴餄」）。他對於食，所欲不奢，寫到的多屬民間且地方性小食或野味，其鄉土愛戀在上述表達中，也格外切實。由這類文字還可知，傅山雖言及「易代」即不勝愴痛，但並不即因此而自虐，其人的「遺民生涯」，並不如人們所設想的那般枯寂。

　　傅山好「以道人說和尚家語」（卷二一《天澤碑》）。他雖於道學不契，對道學而「忠義」者卻不吝稱許。甚至談及「門戶」，也不標榜超然，附和時論（參看卷一五《明李御史傳》）。他撰《題三教廟》，用了調侃的口吻，說：「佛來自西方，客也，故中之；老子長於吾子，故左之；吾子主也，故右之。雖然，他三人已經坐定了，我難道拉下來不成？」（卷一八第 545 頁。按「吾子」即孔子）非但於「三教」不設畛域，對三教外之教也不排攘，表現出包容的氣量（時下所謂「同情之瞭解」），像是並無「異教」概念。[19]在門戶、宗派之爭勢同水火的明末，可算得異秉之尤「異」者。在我看來，唯其能如此，較之其時名士，是更「徹底」的名士，也是更誠實無偽的信徒。

　　傅山非但不以「出家」為佛徒的標誌，且以為「真作佛者，即真佛牙亦不持」（《傅史》，第 772 頁）。由其文字看，傅山做「道人」同

---

19 他強調夷夏之辨，但在信仰層面上，卻又持論通達，重在「真」與境界之相通，而無論胡、華，佛、儒。《太原三先生傳》說回教：「乃知其教之嚴淨，非異端也。」說教中人：「今七十矣，而奉其教不衰，可不謂用力於仁者哉！」（第443頁）其《書扇壽文玄錫》：「先生原西極人。西極之學，與耶穌同源而流少異。今互爭正陪，然大都以事天為宗」（卷一九第554頁）。

樣不拘形跡，做得一派自在。《書扇壽文玄錫》曰：「不知玄錫之事天，不於其眾所匍伏之寺，而獨於其屋漏，儼然臨汝，無時不畏威懲住此」（第 554 頁）。但「事天」而「獨於其屋漏，儼然臨汝」者，較之「匍伏」之「眾」，對宗教從來更有一份虔信。傅氏何嘗獨於信仰為然！他從未自放於禮法之外，面對禮法秩序，其神情無寧說有十足的莊重。這也應是《莊子》以還幾千年間士的歷史的結果。你看他以批評神宗為「大不敬」（卷一七《書神宗御書後》），即決不像是會有黃宗羲《明夷待訪錄‧原君》的那種思路。他自說曾編「性史」，「深論孝友之理」，「皆反常之論」（《文訓》），那「反常」多半也如不守戒律，更因了對經典的尊視、對義理的深求。這只要看他即使為佛家書碑，也呶呶說忠孝不已即可知。他自說「頗放蕩，無繩檢」（《跋忠孝傳家卷》，卷一八第 533 頁），也偶有狹邪之作，對兒女情事別具鑒賞態度，卻又乏關於節烈的通達見識，如東南人士歸有光、歸莊等。你決不能想像其人能如錢謙益似的娶河東君之流「禮同正嫡」──且不論荒寒的北方有無可能滋養出河東君。他說如下的話時的態度，是絕對嚴正的：「凡妄人略見內典一二則，便放肆，有高出三界意，又焉知先王之所謂禮者哉！禮之一字，可以為城郭，可以為甲冑，退守進戰，莫非此物」（《雜記二》，卷三七第 1015-1016 頁）。正是由綱常倫理，標定了其人「心靈自由」的限度。你不妨相信，叛逆性的倫理思想，倒是孕育在風流的南方，商業化、城市化水準較高的南方，有著風雅文士與舊院才媛的南方。其時北方優秀之士，常顯示出土地般素樸的智慧，甚至不避「猥褻趣味」，卻可能有骨子裏的迂陋。傅氏論書、訓子，一副端人正士面孔。那為人豔稱的曠達澹泊，是以道德自律為底子的。周作人雖「甚喜」傅山的思想文字，對其家訓卻不大以為然，也正因此（《鈍吟雜錄》，《風雨談》）──由通達之士的不甚通

達處，正可看出其人與其時其世的更深刻的精神聯繫。[20]

因而上文所說傅氏之灑脫，之不拘形跡，要與其自律之嚴，行事為人之不苟一起看，才讀得明白傅山的。傅氏確也好說「作人」。其書法論往往即人格論。他一再強調的，是書寫行為的嚴肅性。至於鄙趙孟頫的人格，甚至以早年學趙為「比之匪人」，[21]他自己也意識到苟。對書藝尚如此，與南方名士之一味尚通脫者，意境自然大異。

傅山乃真名士。凡此豪傑氣，俠氣，癡情，及諸種大雅近俗處，均成其「真」。但這裏以「名士」說傅山，恐非其人所樂聞。那時代實在不缺「名士」，無寧說「名士」太多，故傅山譏假名士，說彼人「竊高陽之名，欺人曰：我酒狂。若令伯倫家荷鍤見之，必以鍤亂拍其頭矣」(《老僧衣社疏》，卷二二第 606 頁伯倫，劉伶)。

---

20 稽曾筠《傅徵君傳》(《霜》附錄一)：「失偶時年二十七，眉甫五齡，旁無妾媵，誓不復娶。」丁寶銓所輯《傅青主先生年譜》《霜紅龕集》係張氏卒於崇禎五年，傅山二十六歲。

21 《作字示兒孫》詩後記：「貧道二十歲左右，於先世所傳晉、唐楷書法無所不臨，而不能略肖。偶得趙子昂、香光詩墨蹟，愛其圓轉流麗，遂臨之，不數過而遂欲亂真。此無他，即如人學正人君子，只覺觚稜難近；降而與匪人遊，神情不覺其日親日密而無爾我者然也。行大薄其為人，痛惡其書淺俗如徐偃王之無骨，始復宗先人四五世所學之魯公而苦為之，然腕雜矣，不能勁瘦挺拗如先人矣。比之匪人，不亦傷乎！不知董太史何所見而遂稱五百年中所無——貧道乃今大解，乃今大不解。」「然又須知趙卻是用心於王右軍者，只緣學問不正，遂流軟美一途——心手之不可欺也如此。危哉！危哉！爾輩慎之。毫釐千里，何莫非然」(《霜紅龕集》卷四第91-92頁。董太史，董其昌)。傅山對其論趙之苛也有反省。《字訓》：「予極不喜趙子昂，薄其人，遂惡其書。近細視之，亦無可厚非。熟媚綽約，自是賤態；潤秀圓轉，尚屬正脈——蓋自蘭亭內稍變而至此。與時高下，亦由氣運，不獨文章然也」(卷二五第679頁)。即屬原情、平情之論。

## 遺民傅山

　　明人頗有屬意山右人物者。與傅山同時的吳偉業《程崑崙文集序》就說過：「吾聞山右風氣完密，人材之挺生者堅良廉悍，譬之北山之異材，冀野之上駟，嚴霜零不易其柯，修阪騁不失其步……抑何其壯也！」（《吳梅村全集》卷二九第 683 頁）但要到明末傅山之出，山右才有更足為其地文化驕傲的人物。而當明清之際，傅山首先是以名遺民而為世人矚目的。

　　傅氏並不自掩其遺民面目，無寧說有意彰顯之。《霜》集卷一〇《風聞葉潤蒼先生舉義》的「山中不誦無衣賦，遙伏黃冠拜義旗」、《甲申守歲》的「夢入南天建業都」、《右玄貽生日用韻》（乙酉）的「生時自是天朝閏，此閏傷心異國逢」、「一日偷生如逆旅」，無不是其時「典型」的遺民話語。他自說「耽讀刺客遊俠傳」而「喜動顏色」（《雜記（三）》，卷三八第 1049 頁），說「耿耿之中有所不忘，欲得而甘心者」（同上），也無不在有意示人以遺民心事，展布血性男子抑鬱磊落的情懷。《巡撫蔡公傳》、《汾二子傳》等作的感人處，亦在其中的「遺民情結」。他的《仕訓》（卷二五）等篇，更令人可知他所認為的遺民處易代之世的原則。「遺民」在傅山，並非一種特別的標識，借助一套特殊行為呈現。你由上文可知，他的「文人」及「名士」姿態中，無不寓有「遺民」身份自覺。事實上，一部《霜紅龕集》的大部，均可讀作這一「遺民」狀態、經驗的記錄。「遺民」是時間現象，但有關的士人經驗，卻有不限於時間者。如上文已經說到的，傅山以他的文字，將士人生存體驗的嚴酷性凸顯了。

　　由《霜》集還可知傅山與同時南北名遺民（顧炎武、閻爾梅等）間的往還，彼此的精神慰藉與呼應。卷九《顧子寧人贈詩隨復報之如韻》曰：「秘讀朝陵記，臣躬汗浹衫。」《奉祝碩公曹先生六十歲序》

說閻爾梅（古古）「不應今世，汗漫去鄉國。舊善騎射，今斂而不試。時寄豪詩酒間……」「我方外之人，聞之起舞增氣」（卷一九第550-551頁）。而傅山本人作為名遺民，其所經驗的情境的諷刺性，莫過於因他的「名」而為時主（清主）與眾人（「滿漢王公九卿賢士大夫逮馬醫夏畦市井細民」，參看秸曾筠《傅徵君傳》等）所強。他於此證明了「世網」的難脫，欲「方外」的不能。這或許也是《莊子》之徒所能遭逢的最具諷刺性的情境。

　　至於他的說死說風節，則全在時論中，且較諸一般論者更有激切——這一層卻顯然與所謂「漆園家學」無涉。他好說「出處」之「大」，一言及忠義即辭情慷慨，以為關涉人之為「人」（參看卷二八《傅史》），與同時儒者所謂「存人道」，思路相通。本文開頭即說傅山之為「文人」；但要由他的說「文行」之「一」，說「文章生於氣節」（卷二七《歷代名臣像贊·韓文公》），方可知他作為儀型的「文人」。他對他本人的風節也頗自負。《書金光明經懺悔品後》曰：「山自遭變以來，浸浸四十年，所惡之人與衣服、言語、行事，未嘗少為之婀娜將就，趑趄而從之……」（卷一七第 522 頁）他的「遺民道德」，更有嚴於時流者。他不但宣稱不欲人「誣以劉因輩賢我」，也不以吳澄、虞集等為然，《歷代文選敘》譏此二人「棄其城而降於人之城」（卷一六），持論較同時遺民如孫奇逢、劉宗周等為苛。[22]他的「趙孟□論」的嚴重其辭，也令人可感遺民社會語境的緊張性：失節的憂懼，自我喪失的憂懼。上文已說到他的嫌惡「奴俗」。在他看

---

22 《訓子侄》：「著述無時亦無地，或有遺編殘句，後之人誣以劉因輩賢我，我目幾時瞑也！」（卷二五第671頁）《雜記》一：「薛文清公云：『許魯齋無時不以致其君堯舜為心。』此語極可笑」，因不察「其君何君」（卷三六第993頁）。傅山對元人也非一味作苛論。《祝榆關馮學師七十壽》曰：「呂思誠三為祭酒，而以許衡為法衡世，所謂大有得於程、朱，而以道為己任者也」（卷一九第552頁）。

來，應是媚俗之尤者，而媚俗也是一種失節，或正與失節於夷狄同一根柢。

作為遺民，傅山深刻地感受著他生存的時代，體驗與表達著他對生存處境的感知。他一再描繪其時士所處言論環境，諷喻的筆墨間透出冷峻的現實感。在這方面，上文已提到的《書（山海經）後》最是奇文。該篇據《山海經》第一《南山經》「洵山……有獸焉，其狀如羊而無口，不可殺也」，發揮道：「可以殺者，職有口也，無口則無死地。文章士不必輒著述持論始為有口，始鼓殺身之禍，居恒一言半句，皆為宵人忌，皆是兵端。介母曰：言，身之文也。愚謂不但文，幾以身為的而積人矢鏃者」（第 514 頁）。[23]將士人、文人處境之兇險，渲染得淋漓盡致。以下因《山海經》第二《西山經》「天山……有神焉，其狀如黃囊，赤如丹火，六足四翼，渾敦無面目，是識歌舞，實為帝江也」說「囊」，更有妙解：「老子曰：寧為腹，不為口。腹也者，中也，囊也。孔子亦曰：幾事不密則害成，亦申括囊之謹。故囊者，天下之妙道也，然而自無口始；無口而後可囊，可不殺……不能無口而不見殺者，幸而已矣。人不殺，造物者殺之矣。」「囊之時義至矣哉！然囊難能也，無口或可能也」（第 515-516 頁。郭璞、畢沅、郝懿行諸家均不及此義，參看袁珂《山海經校注》）。奇思妙想，一派憤世嫉邪者言，也可作為與清學家的訓詁不同方法及旨趣之一例。這是一篇演繹寓言（《山海經》）的寓言：關於「言」的寓言。而具有諷刺意味的是，《霜》一集中刻露而尖銳的，卻正是說言之為禍的這一篇。因而其說「言禍」，也如龔自珍的說「避席畏聞文字獄」，倒是表明了並不真懼禍，及意識到了可供言說的縫隙。同文篇

---

23 郭璞注：「稟氣自然」；郝懿行云：「不可殺，言不能死也；無口不食，而自生活」（參看袁珂《山海經校注》第15頁）。

末說到「誕」與「實」。「誕」乃現實本身的品性,「現實」無非一大寓言。《書山海經後》說現實的荒謬,正係用了《莊子》式的智慧說《莊子》式的命題。由此等文字推測傅氏之於「漆園」,他的終於「黃冠」,也應當可得一解的吧。

傅氏生前身後,頗吸引了對他的詮釋。其友戴廷栻所撰《石道人別傳》(《霜》附錄一)雜採傳說,似已不以常人視傅山:傅氏當其世就已傳奇化了。此傳的精彩處,如說「道人習舉子業,則讀方外書;及為道人,乃復乙儒書而讀之」(第 1156 頁)。令人想見傅氏的文化姿態。至於郭鈜所撰傳,說傅氏「更著奇書,藏其稿於山中」(第 1162 頁)——像是到死還特意留了懸念。其它,如赴闕訟冤,如黃冠,諸傳所記互有異同,無非見仁見智,各見其所欲見。

在我看來,諸傳狀中,以善讀明遺民著稱的全祖望的那篇《事略》(見上文)最得其人精神。全氏強調傅山的風骨氣節,現世關懷,謂其人以學莊列為韜晦,記述其遺民遭際,剖露其遺民心事,所傳也更是「遺民傅山」。但「遺民」畢竟不足以盡其人。清末如丁寶銓等人筆下的傅山,欲彰顯其遺民精神而愈將其片面化了。[24]片面化也罷,誤讀也罷,有意誤解也罷,對傅山本人已無所損益,知人論

---

24 傅山《霜紅龕集》丁寶銓《序》(宣統三年)謂「《潛丘札記》謂嗇廬(按傅山別字嗇廬)長於金石遺文,嘗謂此學足以正經史而補其缺,厥功甚大(約原文)。按本朝莊氏(葆琛)、吳氏(荷屋),為用金文證經之鉅子,畢氏、阮氏(文達公),為用石文考史之大宗,其源乃開於嗇廬。由是以言,金石文證釋經史,傅學也。」同文說顏元學風「嗇廬所漸漬者也」,說曾(文正)氏文派,「為嗇廬宿所主張者」,還說傅氏「昌言子學,過精二藏,乾嘉以後遂成風氣」,甚至說「近日之哲學實嗇廬氏之支流與其餘裔」,似對傅氏的影響力有誇大。同文說:「然石莊《繹志》,譚氏訪求於海壖擾攘之時;船山遺書,曾公雕刻在江皖糜爛之日,儒書講習,卒贊中興。嗇廬貞諒,迥異弔詭。倘承學之士聞風興起,則人心世道之已蕩決者,或回瀾於學術之流行,亦未可知。」宗旨本不在學術。

世，照出的永遠更是「讀」者自己的期待以至面目。本文也難免於
此，故題作「我讀」。

# 《明清之際士大夫研究》後記

　　關於寫作本書的緣起，我已反覆說到。在近幾年所寫散文中，我對自己90年代初由中國現當代文學轉向「明清之際」曾一再回溯。正如當年進入現代文學專業，只是為了擺脫那所我在其中任教的中學，涉足明清之際，也像是僅僅出於文學研究中的某種心理疲勞。但終於選定了這一帶河岸作為停泊地，畢竟有更深的緣由，只是一時難以理清罷了。即使在這項研究進行了六年之後，將所做的工作訴諸清晰的說明，仍使我感到為難，儘管我也一再說過，「士大夫研究」是我本人的現代文學研究在同一方向上的延伸。我確也在從事現代文學研究時，就有意清理自己關於「士」的似是而非的成見；後來的經驗證明，原有那些看似自明的概念，在限定了的時段中，遭遇了質疑與校正，現象的複雜性因而呈現出來。

　　至於明末清初在思想史上的重要性，已無需論證。龐樸先生在近年來發表的文章中還談到，他「認為中國明清之際出現過啟蒙思潮或者叫早期啟蒙思潮」（《方以智的圓而神》，《傳統文化與現代化》1996年第4期）。日本學者溝口雄三則認為，「如果就中國來看中國的近代歷程」，那麼明末清初政治上的君主觀的變化，與經濟上田制論的變化，「應被視為清末變化的根源」，「從這裏尋找中國近代的萌芽，決不是沒有根據」（《中國的思想》第111頁）。但這仍然不是我選擇「明清之際」的最初的原由。也如在現代文學研究中，我與題目的相遇，通常憑藉的是直覺，是某種契合之感；我最初只是被明清之際的時代氛圍與那一時期士大夫的精神氣質吸引了。於是在幾乎毫無準

備、同時對自己的力量並無充分估量的情況下，我邁過了那道門限。

　　如本書上編這樣將研究材料作為「話題」處理，以及有關話題的分類原則，也同樣未經事先擬定。只是在這一角度的研究到了一個段落之後，才想到了如下的解釋，即明清之際的上述「思想史意義」首先是士大夫經由「言論」提供的。言論通常在「話題」中展開，而「話題」則在具體的歷史情境中展開。言論無不反映著其賴以生成的環境，包括話題在其中展開的言論環境。明清之際言論的活躍，賴有歷史機緣，即如所謂「王綱解紐」所造成的某種鬆動，某些話題禁忌的解除；明代士風士習（及「左派王學」）所鼓勵的懷疑、立異傾向等。此外還有制度上的原因，尤其與「言論」關係較為直接的明代的監察制度。明清之際最初吸引了我的，就應當有其時活躍的言論環境、生動的言論方式，以至某些警策的議論。至於本書中所討論的「話題」所體現的分類原則，自然更繫於個人旨趣，個人的經驗以及知識準備、理論視野，是由能力、訓練、原有的研究基礎事先規定了的。

　　「明清之際」是個起止不明確的時段。在這本書中，它大致指崇禎末年到康熙前期。寫作本書上編諸章時，「明清之際」對於我，首先是一片活躍而喧囂的言論之區。我在此分辨不同的聲音，對語義做分類處理，以便發現、確認思想的線索。幾乎從一開始，我就被「言論」所吸引。一個論題的擬定，通常是在遭遇了令我的精神為之一振的「說法」之後——我確也像在現當代文學中那樣，會為某種出常的表達方式所吸引。我遊弋在那些線裝或洋裝書的字行間，更像一個狩獵者，隨時準備獵取言論及言論形式。這種情形其實與我原先的工作不無相似：當我在現當代文學作品中漫遊時，也往往並無明確的目標，卻同樣充滿期待，隨時準備被特殊的智慧及智慧形式所激動。當然，在此後對言論材料依「話題」為線索梳理時，我已由最初的激情

中脫出，努力於尋找言論背後的邏輯，言論與言論者的經驗、與其時士人普遍經驗的關聯。我當然知道，將最初激動了我的言論材料編織成《說「戾氣」》、《明清之際士人之死及有關死的話題》（分別發表於《中國文化》與《學人》，即本書第一章的第一、二節），決非事出偶然。更可能是，我的尚未分明的思考，被所遭遇的材料啟動並明晰化了。

有關「戾氣」的話題吸引了我的，首先不是那一時代的政治暴虐（這類描述是如此刺激，你在丁易關於「明代的特務政治」的著作中已領略過了），而是有關明代政治暴虐的「士」的批評角度，由此彰顯的士的自我反省的能力，他們關於政治暴虐的人性後果、士的精神斲喪的追究，對普遍精神疾患的診斷，以及由此表達的對「理想人格」的嚮往。而易代之際被認為至為重大的節義問題（也即生死問題），令我關注的，則是怎樣的歷史情境與言論氛圍，使得「死」成為「應當」甚至「必須」的，也即使得某種道德律令生效的條件。「用獨」是王夫之的說法。藉此題目，我試圖清理其時士大夫與反清活動有關的經驗描述；之所以大量引述王夫之，是因為王夫之的反省更具深度與力度，他以哲人與詩人的優異稟賦，將士當其時選擇的困境與精神痛苦，表達得淋漓盡致。

「南北」作為話題，古老而常新。我在這裏所關心的，是這一話題在明清之際特殊時段的展開，其時士人借諸這話題想說些什麼，以及怎樣說。使我的有關論題得以成立的，首先是明代政治史上與地域有關的材料，包括展開在朝堂上的南北論；吸引了我的，還有易代之際士人尤其「學人」對「播遷」的態度，播遷中主動的文化選擇，地域認同。「世族」與「流品」在明清之際的語境中，是兩個相關的話題。我的興趣在於世族的衰落之為歷史過程對士人存在狀態的影響，士人保存其文化品性的努力。由更長的時段看，作為上述話題的背景

的，是發生在漫長時期的「貴族文化」衰落、士的「平民化」的過程。士人對此的反應與對策，是值得考察的。至於「流品」這一概念的陌生化，在我看來，除了因於世族的衰落外，也應與知識者自我意識的削弱、士群體自我認識能力的蛻化有關。

「建文遜國」是有明「國初史」的一大公案。「易代」這一特殊背景複雜化了有關談論的性質。我的興趣在透露於士人的有關談論的情感態度——對「故明」、對明代人主，以及士人的命運之感。我試圖揭示的，是「建文遜國」這一發生於有明國初的事件，在二百餘年間對士人心理的深刻影響，易代之際士人經由這一話題對明代歷史的批判。

討論上述話題，你不能不對那些話題賴以展開的言論環境發生興趣。參與構成其時的言論場的，就有士人關於「言論」的言論。這無疑是一種悖論式的情境，所謂自身纏繞。士所表達的對言論的功能理解，直接關乎士的自我角色期待，他們的自我定位。你會發現，那種功能理解與角色意識，在你並不陌生。明清之際士人對其時代的言論行為的批評，也正在他們參與構成的言論環境中展開，甚至他們批評的態度、方式，也須由其時的言論條件來解釋。梳理這類言論，我的著重處仍在與明代政治關係密切的方面：「言路」與「清議」，即言官之於朝廷政治，言官政治對士人言論方式、態度的影響；清議在明代政治生活中。為了對有關現象做出解釋，我嘗試過對明代「言路」的制度考察，卻因缺乏細密考辨的能力，不得不部分地放棄了預定目標，而滿足於一般性的陳述。「模糊影響」，或也是人文研究中常見的弊病。在這一論題中尚未及展開的，還有制義、策論以及章奏之為文體，對士人言論方式、議政方式的影響。儘管難以付諸論證，我仍然認為這一角度對於我的論題是不可缺少的。

在處理言論材料時，我力圖復現那個「眾聲喧嘩」的言論場，而

非將其呈現為組織嚴密秩序井然的「公共論壇」。當然我也只能近似地做到這一點。即使像是沒有明確的理論預設，當我搜集材料並將其整理排列時，仍然依照了一定的「秩序」。我所能做的，是盡可能保存相互牴牾的議論、陳述，因為我相信這將有利於發現，甚至有助於澄清。我的難題始終在理論工具的匱乏，這裏有一代人文研究者難以克服的局限。也因此，我甚至不能實現我已隱隱「看到」的可能性。在寫給友人的信中，我說，我其實很清楚，因為不懂得語言哲學，不懂得符號學、敘事學等等，閱讀中不可避免的浪費。我很清楚，如若工具適用，一定能由文獻中讀出更多的東西。

我將繼續「話題」的研究——明清之際士人的「君主論」，他們的「井田、封建論」，以及「文質論」、「異端論」等等。較之已納入本書上編諸題，這無疑是一些更傳統也更與儒學相關的話題，需要更耐心謹慎地對待。事實上，上述研究已在進行中，在搜集材料的過程中。不但諸多課題幾乎同時進行，而且彼此衍生。因此隨時處在饑渴狀態，感到知識的匱乏，佔有材料的不足，尤其是有關話題之為「史」的材料，那一話題下言論的累積。我深深體驗到學養的不足，缺憾的無可彌補。

至於選擇明遺民作為課題，也同樣並非出於對這一現象的重要性的估量，而是因了涉足這一時期不久，我就被「人物」——顧炎武、黃宗羲、王夫之、傅山、方以智、陳確、魏禧等等——所吸引。「遺民」出自士人刻意的自我塑造，自覺的姿態設計。「遺民」須憑藉一系列方式（記號）而自我確認，而為人所辨識。但在具體的研究中，我不想過分地強調遺民的特殊性，而更關心其作為「士」的一般品性。遺民不過是一種特殊歷史機緣中的士。「遺民」是士與當世的一種關係形式，歷史變動中士自我認同的形式。士對「歷史非常態」的

反應，往往基於士的普遍生存境遇與生存策略。上述認識使我一開始就嘗試給有關「明遺民」的描述一個較為開闊的背景，儘管我在這裏同樣遇到瞭解釋框架的限制。

困難自然還在知識準備的不足。余英時《方以智晚節考・增訂版自序》說：「唯余考密之晚節尚別有一重困難而為通常考證之所無者，即隱語系統之破解是已。以隱語傳心曲，其風莫盛於明末清初。蓋易代之際極多可歌可泣之事，勝國遺民既不忍隱沒其實，又不敢直道其事，方中履所謂『諱忌而不敢語，語焉而不敢詳』者，是也。」「顧亭林在諸遺老中最為直筆，顧其詩中以韻目代字者亦往往而有。故考證遺民事蹟者非破解隱語不為功。」而這一項工作在我，不過略及其淺層，限於學力，今後也未必能深入，因而決不敢自信讀遺民真得了正解，何況遺民文字漫漶湮滅，更何況「文字」或適足以障蔽了所謂的「真實」呢！但我對於傳統的考據之為方法，也並非無所保留。在本書的「餘論」部分，我談到了「以詩證史」的限度問題。在我看來，某些以引證豐贍而令人傾倒的考據之作，所證明的除著者的博學外，無寧說更是想像力、人事洞察力，以至「文學才能」；那些密集的材料所提供的，最終仍不過是諸種可能中的一種——即使其作為推測極富啟發性。出於同樣的考慮，我對自己本書中的推測、判斷，也往往心存遊移，對此你可以由本書的文字中讀出。由此我想到了對於歷史生活、事件，可以經由文字復原的程度；想到為了保持某種解釋的「開放性」，宜於採取的敘事態度。

我很清楚，關於明遺民，我所涉及的只是極有限的方面。友人談到明遺民的主張為新朝所吸納、成為其制度建構的資源、他們的思想著作構成清初主流文化、他們本人在這過程中實現認同的過程——這無疑是明遺民命運中尤具戲劇性、諷刺性的方面，也是我的研究中尚待深入的方面。由有清一代看去，明清之際的士人（尤其名遺民）對

明代的政治批判，其含義是複雜的，即如有關「言路」的批評，有關「黨爭」的批評，有關講學、黨社的批評，等等。但我也注意到，在其時所有較為重大的論題上，都有不同的議論；在看似一致的言論背後，也往往有前提、邏輯的參差。我所能夠做的，或許仍然是呈現眾聲喧嘩的言論場，並對言論背後的「動機」提供某種解釋。至於本書描述處明清之際的遺民族群，置重心於其與故國（明代）的聯繫，也因我關於清代更少知識累積；而論證明遺民思想於有清一代制度的意義，須有明清兩代制度的比較研究為依據。但即此你也可以相信，明遺民作為現象，還有相當大的研究餘地。

在本書之後，我將以某些群體（如劉宗周及其門下，如江西易堂）為專題，繼續對明清之際士人、對明遺民的研究。我也將進行與明末「士風」有關的研究（同時注意到這種研究的風險與限度），以便使本書中尚未深入的方面，得以在另一場合展開。

有學界前輩說到我的研究的意義，或許在將大量材料依我選擇的題目整理了，給後續的有關研究提供了基礎。當然，材料的揀取仍然受制於理論背景、工具。我對材料的整理的特別之處，無寧說在閱讀的範圍。我主要是由文集中取材的，而這一部分文獻往往被史家與文學研究者擱置或捨棄。閱讀文集是一種漫遊，由一個人到另一個人，到某一群體；在漫遊中傾聽彼時士人間的切切私語（經由書劄），侃侃談論（比如在史論中），甚至他們之間的詆訶、謾罵。對於人事的敏感（因而對文集的興趣），不消說是在文學研究中養成的。

當然如上所說，我提供的決非無統屬的材料，因而在排列材料時，不可避免地將我的眼光、視野的邊界呈現了。而且為我所利用的文字材料極其有限，我尚未及做更廣泛的涉獵，比如對於詩詞歌賦，以及小說戲劇等等。這裏也有學養、精力的限制，甚至不得已的取

巧：文集中的文字作為表達的直接性、明確性，以及書劄一類文字的某種「私人性」，便於我的利用。我當然知道，為我暫時擱置的那一部分文字，對於我的目的至少是同等重要的，問題在於如何利用。我對自己解讀古詩賦的能力心存疑慮，尤其穿透「形式層面」的能力。

同時我也發現，即使個人文集，甚至其中更「私人性」的文體如書劄，也受制於那一時期的敘述方式、趣味——這在明清之際以至有清一代有關「忠義」、遺民的記述中尤為顯明。你隨處可感傳統史法、正史書法對敘事的規範。我在本書第三章有關「建文遜國」的史述分析中，已說到了這一點。道德化，對精神事件的偏重，對生活的物質層面的漠視或規避（其後果包括了有關記載的闕略、統計材料的匱乏），都限制著對歷史的「復原」，「生活」在文體、時尚的剪裁下，已不但支離而且單一化了。而「由史所不書處讀史」，有時不能不近於空談。我自然明白困擾了我的絕非新問題，我只不過親歷了久已存在的困境罷了。

我的工作或許位於「思想史」研究的邊緣上。在尋繹研究對象的思想史的意義時，我不免想到是否正是「思想史」（有時即＝「理學史」）的既定格局，限制了對「思想」的整理，使得大量生動的思想材料因無從納入其狹窄的框架，而不能獲取應有的「意義」。引起我興趣的，通常更是一些像是未經系統化的思想材料，甚至為一般思想史棄而不用的材料。我相信「思想史」並非僅由那些已被公認的主題構成。或也由於文學研究中的積習，我力圖把握「人與思想」的聯結，在生動的「人的世界」尋繹「思想」之為過程。無論這樣做有怎樣的困難，我都認為其不失為值得致力的目標。

我自知嚴格的思想史的方法（是否有此「方法」？），對於我並不適宜。我在面對「明清之際」時，仍然是「文學研究者」。我曾力

圖擺脫那個角色，但後來半是無奈半是欣慰地發現，已有的學術經歷與訓練，正是我進入新的領域的鑰匙。對於「人」的興趣，始終是我做上述課題的動力：那一時期士人的心態，他們的諸種精神體驗，以至我所涉及的人物的性情，由這些極具體的人交織而成的那一時期複雜的關係網絡。即使對事件的研究，吸引了我的往往也是「心理」的方面，儘管我並非有意於「心態史」。一家刊物在有關我的論文的編輯說明中，說到「史料與體驗的結合」，這種說法並不使我感到鼓舞。「體驗」在歷史研究中似不具有方法論的意義。但「體驗」或許確實是我暗中所憑藉的。正是體驗支持了「直覺」，並為論說勾畫了方向，甚至潛在地確定了論說的態度。「體驗」將我與研究對象的聯繫個人化且內在化了。

我還應當說，我所選擇的時段以其豐富性，擴大了我有關「歷史」的概念。在研究中我對歷史生活的日常的方面，有日益增長的興趣。「鼎革」這一事件對於日常生活層面的影響，還遠沒有被描述出來。復現朝代更迭中廣闊的社會生活圖景，無疑是繁難而誘人的課題。閱讀中我往往會被某些細節所吸引。比如見諸士人文集的有關賑災的記述，在我看來，就可供作專題研究——不但據以研究災變，而且藉此考察暴露在災變中的社會財富分配及社會各層的生活狀況，考察士人借諸賑災的民間政治的展開，士的民間組織與官方機構的關係，以至賑災的技術性方面，從事賑濟者的具體操作。

令人興奮的是，明清之際歷史生活的豐富性，其思想史意義，在被不斷發掘出來。近期《學人》所刊王汎森先生關於明末修身之學對清末民初知識界的影響的分析（《中國近代思想中的傳統因素》，《學人》第 12 輯，江蘇文藝出版社，1997），就引起了我極大的興趣。該文所談到的劉宗周的《人譜》，也屬於我正待研究的課題。

　　在近幾年所做學術回顧中，我曾說到對當初不得已地選擇學術心懷「感激」；說到這種選擇正是在作為「命運」的意義上，強制性地安排了我此後的人生；寫到了那種「像是『生活在』專業中」的感覺，也寫到了「認同」所構成的限制。我以為，學術有可能是一種積極的生活方式：經由學術讀解世界，同時經由學術而自我完善。對於我更重要的或許是，學術有可能提供「反思」賴以進行的空間。人文學科因以「人」及其「關係」作為對象，所提供的一種可能，就是研究者經由學術過程不斷加深對自己的認識。即如我上面所說到的諸種缺陷，倘若沒有一定的反省條件，有可能永遠不被察覺。我不便因此而宣稱我的研究是所謂「為己之學」。但自我完善之為目的，確實使我並不需要為「耐得寂寞」而用力。我曾說到過「無人喝彩，從不影響我的興致」。

　　學術作為生活方式，自有它的意境。在研究中我曾一再地被對象所激動。激動了我的，甚至有理學家那種基於學理的對於「人」的感情。我經由我所選擇的題目，感受明清之際士人的人格、思想的魅力；在將那些人物逐一讀解，並試圖把握其各自的邏輯時，不斷豐富著對於「人」的理解。作為艱苦的研究的補償的，是上述由對象的思想以及文字引起的興奮與滿足。如顧炎武表達的洗煉，如錢謙益、吳偉業、陳維崧式的生動，如王夫之議論的犀利警策。更令人陶醉的，還是那種你逐漸「進入」、「深入」的感覺。在這過程中甚至枯燥的「義理」，也會在你的感覺中生動起來。

　　儘管因素乏捷才，不能不孜孜，一點一滴地累積，這份研究工作仍然不總是枯燥乏味的。治學作為艱苦的勞動，從來有其補償。清代樸學大師梅文鼎（定九）自說其治學狀態，曰：「鄙性於書之難讀者，不敢輒置，必欲求得其說，往往至廢寢食。或累日夕不能通，格於他端中輟，然終耿耿不能忘。異日或讀他書，忽有所獲，則亟存諸

副墨。又或於籃輿之上，枕簟之間，篷窗之下，登眺之餘，無意中舂然有觸，而積疑冰釋：蓋非可以歲月程也。每翻舊書，輒逢舊境，遇所獨解，未嘗不欣欣自慰。然精神歲月，消磨幾許——又黯然自傷」（《續學堂文鈔》卷一《與史局友人書》，《續修四庫全書》集部別集類）。我想我熟悉類似的緊張與興奮，緊張中生命的飽滿之感，以及那種生命消耗中的猶疑與「自傷」。梅氏又說：「往往積思所通，有數十年之疑。無復書卷可證，亦無友朋可問。而忽觸他端，渙然冰釋，亦且連類旁通，或乘夜秉燭，亟起書之。或一旦枕上之所得，而累數日書之不盡，引申不已，遂更時日」（同卷《復沈超遠書》）。誰說「學術生涯」沒有其特殊的詩意呢！

在本書完成之時，我感謝鼓勵和幫助了我的友人，尤其平原、曉虹夫婦；感謝為我的有關研究提供了發表機會的刊物，《中國文化》、《學人》、《傳統文化與現代化》、《上海文化》、《文學遺產》、《中國文化研究》、《社會科學陣線》等。由現當代文學研究到目下進行的研究，我始終得到師友、同行與出版界的鼓勵。我不能不一再重複地說，我是幸運的。

1998 年 5 月

# 《制度・言論・心態——《明清之際士大夫研究》續編》後記

　　我的起始於上個世紀 90 年代初的關於「明清之際士大夫」的研究，因了這部書稿的完成，有可能告一段落，儘管某些具體方向上的研究，還將在一段時間中繼續。寫這部「續編」在我，是一段艱難的經歷，這不但因了論題本身的難度，也因了「狀態」在時間中的變化。一位北大的研究生在以我為題的作業中，談到她閱讀本書以論文形式發表的個別章節時的印象，說續編較之正編，有「論述策略的調整」，這種策略即「更加注重對於周邊材料的搜集，兼採其它研究者關於時代背景與歷史源流的諸種『外部研究』，使得文章更具有某種堅實的支撐與深遠的語境」。我卻不禁要想像這年輕人讀到那些文字時的失望。她很可能有更大的期待，尤其在研究的方法、路徑方面，而本書所提供的，遠不能使她滿足。

　　仍有必要對本書的內容及我的意圖做概略的說明。

　　本書的上編刻意避免以「士風」標目，出於對那種過分追求同一性、不惜為此而剪裁「事實」以就成見的概論式的論述方式的懷疑。我當然明白自己無以避免「概論」，無以避免化約。似是而非，籠統，模糊影響，根源於我們的認識方式與認識能力，也根源於表達的困境，無從逃避。但也因有上述警覺，此編各章更用力於「分析」，並力圖保存現象、趨向的豐富性。我當然明白繞開「士風」這概念，並非就能繞開如下質疑：被你選中了作為分析對象的現象隱含了怎樣

的「量」的因素，以至獲得了你所認為的重要性的？我只能說，對於上編所示的那些現象的敏感，固然生成在個人的經歷、經驗中，也一定受到了既有論述的提示、暗示。

不以「士風」標目，也因了有關「晚明士風」的已有論述，難以為我個人的閱讀經驗所印證。這裏涉及的，並非真實與否的問題。對於那一以及任一歷史時代，找到相當數量的材料支持某種並非輕率的判斷，都並不困難。我和其它研究者不過基於不同的期待、依據不同的材料、由不同的方面試圖接近那一時期；我們的所得或許可以互為補充：不是在達成「完整」的意義上，而是在復原歷史生活本有的豐富性的意義上。即如王汎森先生所謂的「道德嚴格主義」，與通常關於「晚明士風」的詩意描述即不免大相徑庭。也正是種種「犯沖的色素」，以及無窮無盡的中間色，使得我們的歷史想像大大地複雜化了。由此不也證明了「總體描述」的不無意義？任何一種出於嚴肅意圖的確有依據的描述，都有可能包含了「真相」；更有意義的是，這種描述將作為質疑的對象，引出更多的發現。

作為本書所處理的一部分材料的，有明末「任事」者的文集。那些人物中有易代之際的所謂「忠義」（忠義／遺民）：孫承宗、鹿善繼、孫傳庭、史可法、金聲、金鉉、范景文等等。較之臨難之際的表現，在本書中我更關心他們任事時的動力與姿態。那些人物儘管文采風流不足以映照一時，其人的志節、心跡，卻自有動人之處。任事者的言論，自然方便了對明末政治的考察；我所關心的，也仍然更是言說的人，是言說者的思路、態度、方式，以至透露於言論的性情。我由自己的意圖出發讀彼時的論政文字，讀出的確也更是其人。「經世文編」、「名臣奏稿」讀之不足，即更向文集中尋訪——文集對於我的目的，依然有著不可替代的價值。《皇明經世文編》宋徵璧所擬《凡例》，說「藏書之府，文集最少」，慨歎於當代文獻的湮滅無聞，即

「名公巨卿」的文字，亦不能「盡備」，「如韓襄毅、徐武功，皆本吳產，襄毅疏草，武功文集，訪其後人，竟未可得」（按韓襄毅，韓雍；徐武功，徐有貞）。如此看來，即使我所搜檢的文集未見得罕見，對於這一種材料的運用，也有利於保存文獻的吧。

在「經世‧任事」這一題目下，我試圖分析明末清初士人的經世取向，危機時刻承當事任者的姿態與情懷；分析經世取向在著述中的體現，諸種論政文體的運用，掩蔽於此種文體的士人心跡；分析士人在清初這一敏感時期所遭遇的與經世取向有關的倫理難題。於此我嘗試著探究的，可能是與正編不同以致看似相反的面向。那本書論及易代過程中巨大的道德壓力下可不死的死，此章置於正面的，卻是士人的知不可而為。景觀的不同不過繫於看取的角度——那個歷史時代是經得住由各個方向察看的。

「談兵」本是志在「經世」的士人的具體動作。選擇這一動作進行分析，多少因了它的戲劇性，卻也出於對古代中國文士與兵事的關係的興趣。我試著說明支持士人談兵的諸種條件，包括制度條件；在講述文臣文士對於明末軍事的參與時，涉及了王朝權力結構中的文／武，介入軍事、擔當軍事責任的文士所實際經歷的文武衝突；我感到興趣的，還有那一時期由火器的軍事運用所激發的製器熱情；最後，則是其時士人與兵事有關的倫理思考——在我看來，此中正有那一時期所提供的富於深度的思想。

在「遊走與播遷」這一題目下，我試圖分析士人在明清之際的常態及非常態的流動，推動了此種流動的諸種因素，士人的流動與「易代」這一事件的關聯，展開在「流動」中的士人命運。「師道與師門」一章所清理的，有其時士人言說中的「師」之一名，師道與師門，講學以及官學與私學，等等。在我看來那一時期與座主／門生有關的言論，尤有分析的價值。師弟子對於界定士之為士，從來有其重

要性。明清之際的有關言說，更包含了士對自身處境的緊張關注，大動盪之餘倫理修復、人格重建的努力。

「明清之際」是一個起止不明確的時段。我繼續利用「之際」之為界域的模糊性，以便伸縮自如；在做具體分析時，興趣卻更在此「際」的明代一方，力圖緣此而上溯，為此際尋求解釋。我知道當我所分析的現象發生時，不但有明二百餘年，且此前的全部歷史都參與其間。我遠不能窮盡有關現象的遠緣以至近因。但我仍在這一方向上盡了努力。面對我所選取的現象，我所強調的，依然是「明清易代」這一歷史情境的特殊性，際此世變的人及其選擇。易代關頭的經世取向，勢必有不同於平世；談兵亦然。士夫從來有性質、目標不同的遊走，「播遷」這一種流動，則以「鼎革」之際為甚。「師道」、「師門」雖古已有之，我的關注卻更在意涵特殊的師道論述，與亂世師門。

由正編延伸，續編仍然以其時的儒家之徒（以及儒學影響下的士人）的著述作為主要的材料來源。上文說到已有的關於「晚明士風」的描述不能為我的閱讀經驗所印證，多少也應因了我所選來閱讀的文獻。支持文學史（以至文化史）關於「晚明士風」的描述的，主要是文人詩文與筆記，而我從事這項研究，卻更倚重儒家之徒的文集；儘管「儒者」、「文人」的類型劃分，用於其時的士人，難免不削足適履。

上編中的大部，已有關於「話題」的討論，只不過進入了下編，話題更為傳統而已。黃子平在為那本《明清之際士大夫研究》所寫書評中，提到思想史研究通常想到的是「啟蒙」這個慣用詞，「或『君主觀』『封建論』等與政治思想或制度創新有關的『傳統』話題；趙園卻有意無意避開了這些套路，直探『戾氣』『節義』『用獨』等更具『精神氣質』又與歷史語境密不可分的話題」（《危機時刻的思想與言

說》，刊《二十一世紀》）。我卻及時地以此書證明了自己並不能拒絕「傳統話題」、「套路」的誘導，儘管明知某些題目被認為的重要性，是經由一再的論說而生成的。

本書寫作中的艱難，部分地也因了話題的「傳統」。那些話題的確有太過漫長的歷史，有待於做近乎無窮的追溯，限於學力，我卻只能大致以「有明一代」為限──即此也難免於掛一漏萬。但我仍然要說明，我的興趣不在觀念史，不在為有關的思想清理出一條「演進」的線索，而在言論者的旨趣，隱蔽在言論背後的動機，那些思想、言說與「明清之際」的關係，思想的歷史內容以及個人經驗內容。為此我努力避免先入之見，避免一意向「前近代」為「近代思想」尋找本土源泉。我更希望做到的，是讓言論回到它之被言說的歷史情境，無論我能在何種程度上（以至能否）做到這一點。也因此在處理如「君主」、「井田、封建」這類思想史的題目時，我的方式不可能是嚴格思想史的。這固然限於能力，也繫於旨趣。這種研究的局限是一望可知的。比如不能解釋一種思想何以能由普遍認識中拔出，何以突破了「歷史條件」的限制；也難以解釋有相似經歷的個人間思路的不同（以至相左）。對於明清之際士人的君主論，我感到興趣的，更是士經由君／臣一倫的自我界定，他們對「臣」對「士」的倫理地位的闡發；井田論作為對於深刻的社會危機的回應，令我動心的，則是明中葉以降士人的均平籲求，士人中的優秀者超越「階級利益」拯饑濟溺的熱忱；「文質」一章則著重討論士人與「文」有關的想像，他們──尤其儒家之徒──對於「辭章」的態度，作為有可能繼續展開的文人／儒者論的張本。

本書寫作期間應邀完成了一本小書《易堂尋蹤──關於明清之際一個士人群體的敘述》（江西教育出版社，2001年），附錄中的《易

堂三題》，是借諸易堂的由若干角度的論述，與正文的某些章節有呼
應。至於《廉吏・循吏・良吏・俗吏》一篇，則像是「非常異義可
怪」之論。在我看來，即使涉及「廉」、「清」的敏感話題，也仍然有
討論的餘地——問題的別一方面，問題間的別一種關聯，士人有關此
一問題的「另類」見解，那見解背後的思理、經驗背景，以見彼時思
想材料之豐富，士人思路之紛歧，思想空間之恢闊。由此一端，不也
可聞「眾聲喧嘩」？分辨其時的不同聲音，始終是我致力的方面，何
況那另類見解的確富於深度！

　　我曾在正編的後記中提到「是否正是『思想史』（有時即等於
『理學史』）的既定格局，限制了對『思想』的整理，使得大量生動
的思想材料因無從納入其狹窄的框架，而不能獲取應有的『意義』」。
還說「引起我興趣的，通常更是一些像是未經系統化的思想材料，甚
至為一般思想史棄而不用的材料」。其時如王夫之這樣的儒者，其思
想固非理學所能框限。關於王氏，侯外廬說，「他的直接傳統，在我
看來，已經不是理學……影響了他的學說的人，實在不完全是張載」
（《船山學案》第 8 頁，嶽麓書社，1982）。還說：「船山為顛倒理學
的頭足者，理學的外表甚濃，而其內容則洗刷乾淨」（同書第 22
頁）。對侯氏上述論斷，我不能置一辭，想說的卻是，我自己迄今為
止的明清之際士大夫研究，倘沒有王夫之和他的那些「非常異義可
怪」之論，即使還能進行，面貌也將相當不同。

　　所擬書名「制度・言論・心態」中的「制度」不免誇張。書稿中
的薄弱部分應即「制度」。這裏的「制度」，或許更宜於讀做意向——
探究制度對於人（士大夫）的塑造，確是我的部分意圖。涉及「制
度」的材料，多半是作為言論、話題分析的，關心既在「士風」賴以
造成的制度條件，卻更在士人對有關制度的詮釋，他們的制度批評，

即作為話題的制度論。令我自己也略感意外的是，因了「求知」與「求解」的渴望，那些制度文獻，竟也讀得津津有味。

在有了一定的累積之後，閱讀也即比較、辨析──真正的學術工作於焉展開。即使原來以為枯燥的題目，也會漸饒趣味。也就這樣一點一點地艱難推進，對象的輪廓漸次顯現，其層次肌理儼若觸摸可及；由此及彼，由近及遠，版圖於是乎擴張。進入愈深，也愈有深入的願望。隨著問題的日益明確，線索日見清晰，反而加劇了求知求解的緊張，對象在感覺中愈見茫茫無涯際，計劃中閱讀的書單不斷伸長，於是痛切地感到了精力衰退中的力不從心。至於本書引文的密匝，固然因論斷之難，也為了存「言論」，冀稍近於「真相」。謝國楨在其《明清之際黨社運動考》的自序中說，最初為使讀者「不感枯燥」，「有時文章也不免稍為煊赫一點」，後來修訂時「感覺所謂『煊赫』的地方，總歸於不忠實，遂把他刪去了，仍抄錄原文以存真相」。我不敢自信「存真相」，只能說存文獻的原貌。

我的這項研究自始就不曾以「完整性」為追求。這不僅因了窮盡對象之不可能，也因了我一向較為狹窄的視野與關注範圍。我往往是被一個個具體的認知目標所吸引，被由一個目標衍生出的另一個目標所推動，被蟬聯而至的具體「任務」所牽繫；在工作中我的快感的獲得，通常也由於向這些具體目標的趨近，是似乎終於抽繹出了現象間的聯結，是發現了言論間的相關性；錯綜交織的「關係」如網一般在不意間張開，這背後無窮深遠的「歷史」，似漸漸向紙面逼來……我明白這是一些渺小的屬於一己的快樂，但它們切切實實地潤澤了我的生活。

在這過程中，聊可作為休憩的，是與較具文學意味的材料的遭逢──披沙揀金，偶遇奇文，精神未始不為之一振；儘管那些文字，通常為「文選」所不收。黃宗羲說，「有平昔不以文名，而偶見之一

二篇者，其文即作家亦不能過」（《錢屺軒先生七十壽序》，《黃宗羲全集》第 10 冊第 653 頁，浙江古籍出版社，1993）。可惜的是未能採集，事後竟無從追索，否則可輯為一編的吧。

我也依舊為「人物」所吸引，為人物光明俊偉的氣象所吸引，為他們正大的人格所吸引，時有觸動、感動，以至感慨不已。即使在關於「明清之際士大夫」的研究結束之後，那些人物，那些問題，仍將在我的念中。它們已成為我的生活的一部分，亦如「中國現代文學」一樣無從割捨。與這些不同時段的「知識人」同在的感覺，是學術之於我的一份特殊賜予，我珍視這種感覺。我也曾設想在京城及周邊地區搜尋明清之際士大夫的蹤跡。即使遺痕全無，也無妨站在「實地」，遙想其時情景，追尋那些痕跡被「歲月的潮水」沖刷的過程。但我的所長，或許只在憑藉文字的想像與重構；尋蹤的設想，多半只是設想而已。


本書的大部分章節，在正編的寫作中，題目已約略生成。該書完稿至今的七年裏，經了持續的累積，才有了續編所呈現的面貌。這是一段漫長的行程。某些章節曾一再調整，甚至有大幅度的改寫。力有不能及，於是處處見出掙扎。偶而翻看正編，竟也暗自驚訝，想到這些文字倘若寫在一些年後，不知還能否如此「揮灑自如」。較之正編，續編更避免過度的「介入」。這既與年齡、寫作狀態有關，也出於自覺的約束。依然有不自信——不自信於對材料的掌握，不自信於對文本的解讀與判斷。「不自信」有效地抑制了議論的衝動。當然，向史學的學習，也參與造成了上述態度，儘管這態度不便用「客觀」來形容。

改稿到最後，是 2005 年夏最熱的一段日子。偶而由電腦螢幕望向窗外，看到的是滿樹桐葉森然的綠。世道、人心都變化得太快，時

過不久，即成懷念。即如我，就懷念初入「明清之際」的那段時間，懷念那時感受到的極新鮮的刺激，與人物及其思想驀地遭遇時的震撼。章學誠說：「夫學有天性焉，讀書服古之中，有入識最初，而終身不可變易者是也。學又有至情焉，讀書服古之中，有欣慨會心，而忽焉不知歌泣何從者是也。功力有餘，而性情不足，未可謂學問也。性情自有，而不以功力深之，所謂有美質而未學者也」（《文史通義校注》內篇二《博約中》，第 161-162 頁，中華書局，1983）。「學」是可以在時間中積蓄的，「性情」卻難免於時間中的磨損。莊子曾說自己「憊也，非憊也」（《莊子·山木》）。我個人近年來的狀況，卻正宜用一「憊」字形容。回想初入「明清之際」、撰「戾氣」諸篇之時，已恍如隔世。讀者諸君倘能由此書的文字間讀出這種「憊」，或能有一份體諒的吧。

　　本書寫作過程中，繼續得到陳平原、夏曉虹夫婦與賀照田等朋友的支持與鼓勵。意外地收到了臺灣「中央研究院」文哲所惠贈的《劉宗周全集》，以及王汎森先生的系列論文的複印稿，令我有無以為報的慚愧。我還應當感謝社科院及文學所的圖書館，它們的藏書與借閱條件，使這項研究成為可能。

2005 年 8 月

# 徵引書目

王夫之《船山全書》第 1 冊，長沙：嶽麓書社，1988。

　　　《船山全書》第 10 冊，嶽麓書社，1988。

　　　《船山全書》第 11 冊，嶽麓書社，1992。

　　　《船山全書》第 12 冊，嶽麓書社，1992。

　　　《船山全書》第 13 冊，嶽麓書社，1993。

　　　《船山全書》第 15 冊，嶽麓書社，1995。

《黃宗羲全集》第 1 冊，杭州：浙江古籍出版社，1985。

《黃宗羲全集》第 2 冊，浙江古籍出版社，1986。

《黃宗羲全集》第 6 冊，浙江古籍出版社，1992。

《黃宗羲全集》第 10 冊，浙江古籍出版社，1993。

《黃宗羲全集》第 11 冊，浙江古籍出版社，1993。

黃宗羲《明儒學案》，北京：中華書局，1985。

顧炎武《顧亭林詩文集》，中華書局，1983。

　　　《日知錄集釋》，鄭州：中州古籍出版社，1990。

劉宗周《劉子全書》，道光乙未刊本。

黃道周《黃漳浦集》，道光戊子刻本。

孫奇逢《夏峰先生集》，畿輔叢書。

傅　山《霜紅龕集》，太原：山西人民出版社，1985。

方以智《浮山文集後編》，《清史資料》，中華書局，1985。

　　　《東西均》，中華書局，1962。

　　　《陳確集》，中華書局，1979。

張履祥《楊園先生全集》，道光庚子刊本。

陸世儀《桴亭先生遺書》，光緒乙亥刻本。

　　　《思辨錄輯要》，正誼堂全書。

　　　《論學酬答》，小石山房叢書。

屈大均《翁山文外》，宣統二年上海國學扶輪社刊本。

　　　《翁山文鈔》，商務印書館，1946。

　　　《翁山佚文輯》，同上。

劉獻廷《廣陽雜記》，中華書局，1957。

呂留良《呂晚村先生文集》，同治八年序刊本。

杜　濬《變雅堂遺集》，光緒二十年黃岡沈氏刊本。

徐　枋《居易堂集》，1919年上虞羅氏刊本。

　　　《歸莊集》，上海：上海古籍出版社，1984。

萬斯同《石園文集》，四明叢書。

陳貞慧《陳定生先生遺書》，光緒乙未武進盛氏刻本。

黃宗會《縮齋文集》，上海古籍出版社，1983。

彭士望《樹廬文鈔》，道光甲申刊本。

魏　禧《魏叔子文集》，《寧都三魏文集》，道光二十五年刊本。

魏　禮《魏季子文集》，同上。

邱維屏《邱邦士文鈔》，《易堂九子文鈔》，道光丙申刻本。

彭士望《彭躬庵文鈔》，同上。

錢澄之《藏山閣文存》，龍潭室叢書。

姜　垓《敬亭集》，光緒己丑山東書局重刊。

孫枝蔚《溉堂集》，上海古籍出版社，1979。

朱鶴齡《愚庵小集》，上海古籍出版社，1979。

熊開元《魚山剩稿》，上海古籍出版社，1986。

李　楷《河濱文選》，同治十年刊本。

惲日初《遜庵先生稿》，清末惲氏家刻本。

祝　淵《祝月隱先生遺集》，適園叢書。

梁　份《懷葛堂集》，民國胡思敬校刊本。

王餘祐《五公山人集》，康熙乙亥刻本。

刁　包《用六集》，道光癸卯刻本。

張爾岐《蒿庵集》，齊魯書社，1991。

陳瑚輯《從遊集》，峭帆樓叢書。

　　　《離憂集》，同上。

吳應箕《樓山堂集》，《貴池二妙集》，貴池先哲遺書，1920 年刊本。

　　　《留都見聞錄》，同上。

劉　城《嶧桐集》，《貴池二妙集》。

閻爾梅《閻古古全集》，北京中國地學會，1922。

王弘撰《砥齋題跋》，小石山房叢書。

張自烈《芑山文集》，豫章叢書。

冒　襄《巢民文集》，如皋冒氏叢書。

　　　《岕茶匯鈔》、《宣爐歌注》，同上。

李鄴嗣《杲堂詩文集》，浙江古籍出版社，1988。

金　堡《徧行堂集》，上海國學扶輪社，1911。

　　　《祁彪佳集》，中華書局，1960。

張煌言《張蒼水集》，中華書局，1959。

朱之瑜《朱舜水集》，中華書局，1981。


錢謙益《牧齋初學集》，上海古籍出版社，1985。

　　　《牧齋有學集》，上海古籍出版社，1996。

　　　《錢牧齋全集》，鐩漢齋校刊。

　　　《列朝詩集小傳》，上海古籍出版社，1983。

吳偉業《吳梅村全集》，上海古籍出版社，1990。

陳子龍《陳忠裕全集》，嘉慶八年刊本。

陳維崧《湖海樓全集》，乾隆乙卯浩然堂刊本。

朱彝尊《曝書亭集》，國學整理社，1937。

　　　　《靜志居詩話》，人民文學出版社，1990。

施潤章《施愚山集》，黃山書社，1993。

周亮工《因樹屋書影》，中華書局，1958。

余　懷《板橋雜記》，嘉慶庚辰刊本。

　　　　《顏元集》，中華書局，1987。

唐　甄《潛書》，上海：古籍出版社，1955。

　　　　《戴名世集》，中華書局，1986。

王　源《居業堂文集》，道光辛卯刊本。

邵廷采《思復堂文集》，浙江古籍出版社，1987。

全祖望《鮚埼亭集》，四部叢刊初編集部。

趙　翼《廿二史札記》，中國書店，1987。

　　　　《方苞集》，上海古籍出版社，1983。

閻若璩《潛邱札記》，光緒戊子同文書局刊本。

江　藩《國朝漢學師承記》，中華書局，1983。

陳夢雷《閒止書堂集鈔》，上海古籍出版社，1979。

　　　　《呂坤哲學選集》，中華書局，1962。

鄭　曉《今言》，中國書局，1984。

于慎行《谷山筆麈》，中華書局，1984。

王世貞《弇山堂別集》，中華書局，1985。

丁元薦《西山日記》，康熙己巳先醒齋刊本。

李　贄《焚書》，中華書局，1975。

　　　　《初潭集》，中華書局，1974。

佚　名《研堂見聞雜錄》,《烈皇小識》,上海書店,1982。

李　清《南渡記》,浙江古籍出版社,1988。

徐秉義《明末忠烈紀實》,浙江古籍出版社,1987。

邵廷采《西南紀事》,邵武徐氏叢書初刻。

　　　　《明季北略》,中華書局,1984。

　　　　《明季南略》,中華書局,1984。

　　　　《小腆紀傳》,中華書局,1958。

　　　　《碑傳集》、《碑傳集補》,《清代碑傳全集》,上海古籍出版
　　　　　社,1987。

陳寅恪《柳如是別傳》,上海古籍出版社,1980。

陳　垣《明季滇黔佛教考》,中華書局,1962。

　　　　《清初僧諍記》,《勵耘書屋叢刻》,北京師範大學出版社,
　　　　　1982。

孟　森《明清史論著集刊》,中華書局,1959。

　　　　《心史叢刊(外一種)》,嶽麓書社,1986。

錢　穆《中國近三百年學術史》,中華書局,1986。

　　　　《梁啟超論清學史二種》(《清代學術概論》、《中國近三百年學
　　　　　術史》),復旦大學出版社,1985。

周作人《風雨談》,嶽麓書社,1987。

謝國楨《顧寧人先生學譜》,上海商務印書館,1957。

孫靜庵《明遺民錄》,浙江古籍出版社,1985。

謝正光《明遺民傳記索引》,上海古籍出版社,1992。

王蘧常輯注、吳丕基標校《顧亭林詩集匯注》,上海古籍出版社,
　　　　　1983。

錢仲聯主編《清詩紀事·明遺民卷》,江蘇古籍出版社,1987。

余英時《方以智晚節考》（增訂版），臺北允晨文化實業股份有限公
　　　司，1986。

郭　朋《明清佛教》，福州：福建人民出版社，1982。

包遵彭主編《明代政治》，臺灣學生書局，1968。

劉鳳雲《清代三藩研究》，中國人民大學出版社，1994。

馮其庸、葉君遠《吳梅村年譜》，南京：江蘇古籍出版社，1990。

羅振玉輯《徐俟齋先生年譜》，鉛印本。

任道斌《方以智年譜》，合肥：安徽教育出版社，1983。

袁　珂《山海經校注》，成都：巴蜀書社，1993。

顧　治《冒襄研究》，南京：江蘇文藝出版社，1993。

　　　《明史》，中華書局版。

　　　《清史稿》，中華書局版。

# 後記

　　有人將我的《明清之際士大夫研究》作為遺民研究的專書，實則「明遺民研究」只是該書的一部分。只不過同書的其它部分，也大量徵引了遺民的言論，包含了「遺民研究」的成分——那一時期最有分量的人物中，正有著名遺民，如顧炎武、黃宗羲、王夫之，如方以智、陳確、傅山，等等。

　　我的以遺民為論題，始自 1990 年代初在香港中文大學圖書館讀全祖望的《鮚埼亭集》。全祖望的那些記述明遺民的文字，不期然地打動了我，引導了我最初的選擇。而在完成了《明清之際士大夫研究》之後，無論《續編》還是《易堂尋蹤》，都繼續了與遺民有關的討論。《想像與敘述》也有《忠義與遺民的故事》一篇，作為對遺民現象的討論的延展。如此看來，說「明遺民研究」在我關於明清之際的考察中具有貫穿性，是合於實際的。我的「明清之際士大夫研究」以「話題」組織論題，結構鬆散，其中具「整體性」的，惟涉及遺民的部分。此次將這一部分抽出，作為一冊，正合於我的心願。我為此對北京師範大學出版社與譚徐鋒先生心懷感激。

　　我在寫「明遺民」的時候曾暗自驚訝：何以這樣有趣的現象不能吸引更多的研究者？近年來發現，遺民作為現象，已引起了越來越多的關注，而那個在香港中文大學讀遺民的冬天，已過去了二十年。

　　不久前在上海一所高校演講時，提問的女生引了收入本書的《遺民論》中的一段話，即「遺民未必是特殊的士，士倒通常是某種意

義、某種程度上的遺民」：這也正是「遺民」這一現象吸引了我的一部分原因。

趙　園

2013 年 11 月

當代名家叢書・趙園選集 A0502010

# 明清之際士大夫研究：作為一種現象的遺民

作　　者　趙　園
責任編輯　蔡雅如

發 行 人　林慶彰
總 經 理　梁錦興
總 編 輯　張晏瑞
編 輯 所　萬卷樓圖書股份有限公司
臺北市羅斯福路二段 41 號 6 樓之 3
電話 (02)23216565
傳真 (02)23218698

出　　版　昌明文化有限公司
桃園市龜山區中原街 32 號
電話 (02)23216565
發　　行　萬卷樓圖書股份有限公司
臺北市羅斯福路二段 41 號 6 樓之 3
電話 (02)23216565
傳真 (02)23218698
電郵 SERVICE@WANJUAN.COM.TW

**ISBN 978-986-496-039-2**
2017 年 7 月初版
定價：新臺幣 460 元

如何購買本書：

1. 劃撥購書，請透過以下郵政劃撥帳號：
　　帳號：15624015
　　戶名：萬卷樓圖書股份有限公司

2. 轉帳購書，請透過以下帳戶
　　合作金庫銀行　古亭分行
　　戶名：萬卷樓圖書股份有限公司
　　帳號：0877717092596

3. 網路購書，請透過萬卷樓網站
　　網址 WWW.WANJUAN.COM.TW

大量購書，請直接聯繫我們，將有專人為您
服務。客服：(02)23216565　分機 610

如有缺頁、破損或裝訂錯誤，請寄回更換
版權所有・翻印必究

Copyright©2016 by WanJuanLou Books CO., Ltd.

All Rights Reserved　　　　**Printed in Taiwan**

國家圖書館出版品預行編目資料

明清之際士大夫研究：作為一種現象的遺民
/ 趙園著. -- 初版. -- 桃園市：昌明文化出
版；臺北市：萬卷樓發行, 2017.07　面；
公分. -- (當代名家叢書. 趙園選集；
A0502010)　　ISBN 978-986-496-039-2(平裝)
1.知識分子　2.明代　3.清代

546.1135　　　　　　　　　　　　106011523

本著作物經廈門墨客知識產權代理有限公司代理，由北京師範大學出版社（集團）有
限公司授權萬卷樓圖書股份有限公司出版、發行中文繁體字版版權。